高职高专财务会计专业精编教材

纳税实务

伊虹 田淑华 主编

清华大学出版社
北 京

内 容 简 介

本书按照“营改增”后的税收法律法规进行编写。内容包括三部分：第一部分主要介绍纳税中应掌握的税法基本理论，包括税收与税法、税法要素、税种分类和纳税程序要素等内容；第二部分为本书的重点及核心内容，分税种介绍现行税收法律、法规，该部分各章统一按照税种概述、税种的税法规定、税额计算和纳税管理四个层次对我国税收制度进行详细叙述；第三部分介绍税收管理的相关法律制度，主要阐述了税收征收管理的内容。

本书适合高等职业教育财经管理类专业学生作为教材使用。同时适合一般社会读者阅读参考。

图书在版编目(CIP)数据

纳税实务/伊虹，田淑华主编. —北京：清华大学出版社，2017
(高职高专财务会计专业精编教材)
ISBN 978-7-302-45339-0

Ⅰ. ①纳…　Ⅱ. ①伊…　②田…　Ⅲ. ①纳税－税收管理－中国－高等职业教育－教材　Ⅳ. ①F812.423

中国版本图书馆 CIP 数据核字(2016)第 260901 号

责任编辑：刘士平
封面设计：于晓丽
责任校对：刘　静
责任印制：刘海龙

出版发行：清华大学出版社
网　　址：http://www.tup.com.cn，http://www.wqbook.com
地　　址：北京清华大学学研大厦 A 座　　**邮　　编**：100084
社 总 机：010-62770175　　**邮　　购**：010-62786544
投稿与读者服务：010-62776969，c-service@tup.tsinghua.edu.cn
质量反馈：010-62772015，zhiliang@tup.tsinghua.edu.cn
课件下载：http://www.tup.com.cn，010-62770175-4278
印 装 者：北京泽宇印刷有限公司
经　　销：全国新华书店
开　　本：185mm×260mm　　**印　　张**：17.75　　**字　　数**：425 千字
版　　次：2017 年 3 月第 1 版　　**印　　次**：2017 年 3 月第 1 次印刷
印　　数：1～3000
定　　价：35.00 元

产品编号：066991-01

前　言

本书系辽宁省教育科学“十二五”规划课题《基于会计平台税收应用型人才培养模式的构建》的研究成果，该课题批准号为：JG15DB138。

本书的内容主要包括三部分。第一部分为企业纳税实务基础，为本书的第一章。该部分主要介绍税法的基本理论，包括税法概述、税收原则、税收法定要素等内容，主要使读者对税收及税法有一个基本的把握；第二部分为第二章至第九章，以流转税、财产税、行为目的税、资源税和所得税为主线，系统讲授我国目前开征的各税种的构成要素。该部分各章统一按照税种概述、税种的税法规定、税额计算和纳税管理四个层次对我国税收制度进行详细叙述；第三部分为违反税法的法律责任，即本书的第十章，主要阐述了税收法律责任和税务行政法制等内容，帮助读者了解我国的税收管理体制。

本书在编写时始终遵循高等职业教育人才培养模式，在写作中立足于高等职业教育人才培养目标的要求，突出税法的应用性，较好地处理了税收理论与税收实务的关系。

基于以上的编写思路，本书在编写上体现以下几个特点。

第一，本书的内容与国家最新的税制改革同步，具有很强的时效性。随着我国财税体制改革的不断推进，相关税收法律、法规也进行了大幅度的变更与调整。本书的增值税部分以2016年5月1日开始的全面“营改增”的内容编写；资源税以2016年7月1日的税制改革内容进行调整；企业所得税增加了小微企业的税收优惠调整等内容。本书的内容以我国最新税收法律、法规为依据进行编写，与当前最新税制同步。

第二，注重企业纳税活动中的实务操作性，实用性强。本书在内容的设计上，除了税收基本规定的讲解外，还安排了大量的例子进行阐述，提高读者的实际操作能力。

第三，本书内容新颖、可读性强。每章开篇设有“本章要点”和“案例引入”。“本章要点”帮助读者在正式阅读学习前对本章知识有一个大体的了解；“案例引入”在每章开篇列举一个案例并提出问题，引导读者带着问题去阅读、学习、思考。问题是学习的第一动力，是学习的起点，通过这样的方式激发读者学习的积极性；在税种的具体讲解时，通过大量的小思考、即学即用等方式，帮助读者理解、记忆、运用相关税法条文；章末安排“课后讨论”环节，通过课后思考与讨论，强化读者对知识的记忆和理解。

本书可以作为高等职业教育财经管理类各专业的教学用书，也可作为税务干部、企业经营管理人员、财会人员学习、工作的参考用书。

本书编者在编写过程中参阅大量国内外学者的论文、专著和教材，在此表示衷心的感谢。限于编者的水平，书中难免有疏漏和不足，希望读者朋友给予指正。

编　者

2016年12月

目　录

第一章 纳税实务基础

本章要点

- 税收的概念和特征
- 税法的构成要素
- 税种的分类
- 我国税收的征管程序

案例引入

下岗职工孙明2012年开始在农村承包荒山进行开发。开发的前几年他已投资10万余元用于种树、养鸡。2016年1月,孙明准备扩大投资成立一家孵化厂,但是资金不够,于是联系到另外的3名养殖业户,共同组建一家有限责任公司。股东共同制定了公司章程,到当地工商部门申请工商登记,按照规定提供工商注册所需的资料,取得了"三证合一"的营业执照。公司的名称为某市常青畜牧有限公司,注册资本为人民币50万元,企业类型为有限责任公司,经营范围为饲养销售牲畜。根据常青畜牧有限公司的公司章程,孙明负责公司的财税工作。公司设立后,会计向工商部门的工作人员提出购买发票的要求。工作人员告诉他,实行"三证合一"后,纳税人虽然不需要到税务机关办理税务登记,但仍需要到其主管税务机关办理发票领购等税收事宜。

该公司在设立阶段将涉及哪些税收事宜呢?

第一节　税收与税法

税收与税法是两个不同的概念,税收属于经济学概念,而税法则属于法学概念,但二者却是密不可分的。税收作为一种经济活动,属于经济基础范畴;而税法作为一种法律制度,属于上层建筑范畴。国家和社会对税收的客观需要,决定了与税收相对应的税法的存在,而税法则对税收的有序进行和税收目的的实现起着重要的法律保障作用。学好税法知识必须在充分理解税收的基础上进行。

一、税收的概念及特征

(一)税收的概念

税收是政府为了满足社会公共需要,凭借其政治权利,依法向社会成员强制地、无偿地取得财政收入的一种形式。

国家是以履行社会公共职能为基础的行政权力机关，国家在履行其公共职能的过程中必然要有一定的公共支出。公共支出包括为保障社会和平、安定的国防支出，兴建交通、通讯等公共工程支出，举办文化、教育、卫生等公共事业支出等公共支出，而公共支出只能由政府来提供。因此，政府为提供公共产品与公共服务所需要的支出的要来源则是税收，即国家征税的目的主要是满足国家提供公共产品的财政需要。

税收是财政收入的主要形式，但不是唯一形式。现代经济社会，国家财政收入除了税收以外，还包括债、费、利等多种形式的财政收入。其中，债，是指国家作为债务人，以发行债券的形式有偿使用社会成员的货币资金；费，是指国家在向社会提供各种劳务和服务过程中，按受益原则所收取的服务费；利，是指国家从国有企业或国有资产经营受益中获得的利润。税收则是在上述各种财政收入形式中最主要的收入形式，也是大部分国家取得财政收入的主要形式。

（二）税收的特征

1. 强制性

税收的强制性是指国家征税是依靠其政治权力，通过制定法律加以规范的。国家通过制定法律确定了征税人（国家）和纳税人（社会成员）双方的权利和义务。国家作为征税人，具有向全体社会成员征税的权利，同时承担向全体社会成员提供公共产品和公共服务的义务；而全体社会成员作为纳税人，具有分享国家提供公共产品和公共服务的权利，同时有义务补偿国家为提供公共产品和公共服务付出的成本，其补偿方式就是纳税。征纳双方的关系以法律形式确定，这种法律规范对双方当事人都具有法律上的约束力，任何一方违反税法都要承担相应的法律责任。

2. 税收的无偿性

税收的无偿性是指对于国家和纳税人而言，权利和义务是不对等的。尽管国家收税的同时，负有向纳税人提供公共产品和公共服务的义务，但对于具体的纳税人而言，国家向其征税，税款由国家所有，并且不以具体的公共产品或者公共服务作为报酬或代价进行交换；同样，具体纳税人向国家缴纳税款，也不是以分享具体的公共产品和公共服务为交换条件。正是因为税款征收者（国家）和税款缴纳者（具体纳税义务人）二者之间不存在直接的支付报酬与交换的关系，所以税收是无偿的。

3. 税收的固定性

税收的固定性是指国家在征税之前，通过法律的形式预先确定了征税标准，包括各税种的征税对象、纳税人、征收比例、征收方法以及违法处罚标准等基本内容，由征纳双方共同遵守。并且征收标准必须是统一的，任何单位和个人都不得擅自更改，必须依据法律执行，因此税收具有时间上的连续性和收入上的稳定性特点，保证国家财政收入的稳定。税收的固定性是相对于某一时期而言的，并非永远固定不变。随着客观情况的变化，征税对象、征收标准等也要依照合法的程序进行适当的调整。

上述税收的三个形式特征，是相互联系、不可分割的统一体，税收的无偿性是由财政支出的无偿性决定的，是税收这一特征分配形式的本质体现，税收的强制性是实现税收无偿征收的强有力保证，而税收的固定性，则是税收无偿性和强制性得以实现的必要条件。税收的三个形式特征是古今中外一切税收的共性，是税收区别于其他财政收入形式的基本标志，只有同时具备以上特征的财政收入形式才是税收。

小思考

国家征税与国家以所有者身份按比例从国有企业中分得利润都是国家取得财政收入的方式。思考一下两种财政收入的不同。

二、税收的职能

税收的职能，是指税收所具有的满足政府需要的能动性，是税收内在的、固有的职责与功能。不同的经济社会，由于政府的职能不同，执行职能的需要不同，税收的职能也是不同的。税收具有财政收入和调节两个基本职能。

（一）财政收入职能

税收的财政收入职能，是指税收具有依据法律规定从社会成员强制性地取得一部分收入，以便国家提供公共产品、满足社会公共需要的职能。

税收收入与其他财政收入形式相比，具有相对优越性：第一是税收收入来源的广泛性，国家提供公共产品和公共服务惠及全体社会成员，因此有权向全体社会成员征税，同时享有公共产品和公共服务的全体社会成员也都有义务向国家纳税，相应地使得税收具有广泛的收入来源。而其他非税财政收入都有一定的局限性，例如，政府的利润收入受国有企业所有权的限制，政府的行政事业性收费收入受可收费的行政服务的限制。第二，收入的稳定性。税收收入具有一定的稳定性，一方面是税收来源的广泛性，使不确定因素对其影响较小；另一方面，税收是依法按事先确定的标准征收，只要社会再生产不断地进行，有稳定的经济活动，就有持续的、稳定的税收，并且受法律的保护，税款的征收强制执行，保证了税收收入的实现。第三，占有的长久性。政府取得税收后，收入归政府所有，无须直接归还给纳税人，能为政府长期占有和支配使用。相对而言，部分其他财政收入形式则需要归还，例如，以公债形式取得的收入需要到期归还，同时还要支付利息。

（二）调节职能

税收的调节职能是税收所具有的调节经济活动与社会生活、实现经济发展与社会进步的能动性。税收的调节职能包括调节资源配置、调节经济总量和调节收入分配。

1. 调节资源配置的职能

税收的资源配置职能是指税收影响社会成员的经济利益，引导企业和个人经济行为的职能。

税收作为政府执行财政政策重要手段，在调节产业结构、区域经济结构方面具有其他经济手段不可替代的作用。例如，通过增税与减免税等手段来影响社会成员的经济利益，引导企业、个人的经济行为，从而使投资额与储蓄额、资产结构和产业结构发生一定的变化，起到优化资源配置的作用。因此，政府在调节产业结构、区域经济结构等方面的资源配置时，必然要把税收作为一个重要的经济杠杆。

2. 调节经济总量的职能

保持宏观经济的稳定增长，关键是能够保持总供给和总需求的基本平衡。税收对于经济总量的调节职能包括对社会供给总量的调节和社会需求总量的调节，以促进经济平衡、稳定发展。

社会总供给是一个社会潜在的生产能力，取决于资源开发、劳动供给、资本形成和技术进步等因素，是社会经济增长的基础。通过促进资源开发、劳动供给、资本形成和技术进步等方式增加社会总供给可以促进经济的增长，而税收对于资源开发、劳动供给、资本形成和技术进步具有重要的影响，因此税收是调节社会总供给的一个重要经济手段。

社会总需求是一个社会在一定时期内能够并且愿意支付的货币购买力总量。社会总需求由总投资、总消费和出口总额构成，税收通过对总投资、总消费和出口总额的影响来调节社会总需求，进而影响社会经济发展。例如，当社会总需求过剩、经济过热时，通过提高税率、减少税收优惠等增税措施减少企业和个人的货币购买力总量，降低社会总需求，促进经济平稳；当社会总需求不足、经济发展缓慢时，通过提高税率、加大税收优惠等减税措施，增加企业和个人的货币购买力总量，提高社会总需求，促进经济增长。

3. 调节收入分配职能

税收是调节收入分配的主要手段。税收作为国家参与国民收入分配最主要和最规范的形式，规范政府、企业和个人之间的分配关系。从不同税种的功能来看，在分配领域发挥着不同的作用。例如，通过消费税对特定的消费品征税，调节各类商品的相对价格，能达到调节收入分配和引导消费的目的；通过企业所得税调节公司的利润水平；通过个人所得税调节个人的劳动收入和非劳动收入，使其维持在一个合理的差距范围内；通过资源税收调节由于地理条件和资源条件而形成的级差收入等。

三、税法的概念及分类

（一）税法的概念

税法是国家制定的用以调整国家和纳税人之间在征纳方面的权利及义务关系的法律规范的总称，具体形式表现为法律、法规、规章。税法的目的是保障国家利益和纳税人的合法权益，维护正常的税收秩序，保证国家的财政收入。税法的内容主要包括各税种的法律法规以及为了保证这些税法得以实施的税收征管制度和税收管理体制。

税法的本质是正确处理国家与纳税人之间因税收而产生的税收法律关系和社会关系，既要保证国家税收收入，也要保护纳税人的权利，两者缺一不可。片面强调国家税收收入或纳税人权利都不利于社会的和谐发展。如果国家征收不到充足的税款，就无法履行其公共服务的职能，无法提供公共产品，最终也不利于保障纳税人的利益，从这个意义上讲，税法的核心在于兼顾和平衡纳税人权利，在保障国家税收收入稳步增长的同时，也保证对纳税人权利的有效保护，这是税法的核心。

（二）税法的分类

税法按立法目的、征税对象、权限划分、适用范围、职能作用的不同，可分为不同类型。

1. 按照税法的基本内容和效力的不同分类

按照税法的基本内容和效力的不同，可分为税收基本法和税收普通法。

(1) 税收基本法

税收基本法也称税收通则，是税法体系的主体和核心，在税法体系中起着税收母法的作用。其基本内容包括税收制度的性质、税务管理机构、税收立法与管理权限、纳税人的基本权利与义务、征税机关的权利和义务、税种设置等。我国目前还没有制定统一的税收基本法，随着我国税收法制建设的发展和完善，将研究制定税收基本法。

(2) 税收普通法

税收普通法是根据税收基本法的原则，对税收基本法规定的事项分别立法实施的法律，如个人所得税法、税收征管法等。

2. 按照税法的职能作用不同分类

按照税法的职能作用的不同，可分为税收实体法和税收程序法。

(1) 税收实体法

税收实体法是规定税收法律关系主体的实体权利、义务的法律规范的总称。其主要内容包括纳税主体、征税客体、计税依据、税目、税率、减税免税等，是国家向纳税人行使征税权和纳税人负担纳税义务的要件，只有具备这些要件时，纳税人才负有纳税义务，国家才能向纳税人征税。税收实体法直接影响到国家与纳税人之间权利义务的分配，是税法的核心部分，没有税收实体法，税法体系就不能成立。例如，《中华人民共和国企业所得税法》《中华人民共和国个人所得税法》就属于税收实体法。

(2) 税收程序法

税收程序法是税收实体法的对称。是指以国家税收活动中所发生的程序关系为调整对象的税法，是规定国家征税权行使程序和纳税人纳税义务履行程序的法律规范的总称。其内容主要包括税收确定程序、税收征收程序、税收检查程序和税务争议的解决程序。《中华人民共和国税收征收管理法》(以下简称《税收征管法》)就属于税收程序法。

小思考

实体法和程序法有哪些不同？

3. 按照税法的法律效力不同分类

按照税法的法律效力不同，可以分为税收法律、法规、规章。

(1) 税收法律

税收法律是指享有国家立法权的国家最高权力机关，依照法律程序制定的规范性税收文件。我国税收法律是由全国人民代表大会及其常务委员会制定的，其法律地位和法律效力仅次于宪法而高于税收法规、规章。我国现行税法体系中，主要有《中华人民共和国个人所得税法》《中华人民共和国企业所得税法》和《税收征管法》等属于税收法律。

(2) 税收法规

税收法规是指国家最高行政机关、地方立法机关根据其职权或国家最高权力机关的授权，依据宪法和税收法律，通过一事实上法律程序制定的规范性税收文件。我国目前税法体系的主要组成部分即是税收法规，由国务院制定的税收行政法规和由地方立法机关制定的地方税收法规两部分构成，其具体形式主要是“条例”或“暂行条例”。税收法规的效力低于宪法、税收法律高于税收规章。

(3) 税收规章

税收规章是指国家税收管理职能部门、地方政府根据其职权和国家最高行政机关的授权，依据有关法律、法规制定的规范性税收文件。在我国，具体是指财政部、国家税务总局、海关总署以及地方政府在其权限内制定的有关税收的“办法”“规则”“规定”。如《税务行政复议规则》《税务代理试行办法》等。税收规章可以增强税法的灵活性和可操作性，是税法体系的必要组成部分，但其法律效力较低。

小思考

税收法律、税收法规、税收规章的制定部门有何不同？

4. 按照立权国家行使税收管辖权的不同分类

按照主权国家行使税收管辖权的不同，可分为国内税法、国际税法、外国税法等。

(1) 国内税法

国内税法是指一国在其税收管辖权范围内调整税收分配过程中形成的权利义务关系的法律规范的总称，一般是按照属人或属地原则，规定一个国家的内部税收制度。我们通常所说的税法即指国内税法。

(2) 国际税法

国际税法是指调整国家与国家之间税权权益分配的法律规范的总称。主要包括双边或多边国家间的税收协定、条约和国际惯例等，一般而言，其效力高于国内税法。

(3) 外国税法

外国税法是指外国各个国家制定的税收制度。

四、税法的原则

税法的原则反映税收活动的根本属性，是税收法律制度建立的基础。税法的原则包括税法基本原则和税法适用原则。

(一) 税收法定原则是税法基本原则的核心

税法基本原则是统领所有税收规范的根本准则，为包括税收立法、执法、司法在内的一切税收活动所必须遵守。其中税收法定原则是税法基本原则中的核心。

1. 税收要件法定原则

税收要件法定原则是指有关纳税人、课税对象、课税标准等上述要件必须以法律形式作出规定，且有关课税要素的规定必须尽量明确。具体来说它的要求有如下三点。

(1) 国家对其开征的任何税种都必须由法律对其进行专门确定才能实施。

(2) 国家对任何税种征税要素的变动都应当按照相关法律的规定进行。

(3) 征税的各个要素不仅应当由法律做出专门的规定，这种规定还应当尽量明确。如果规定的不明确则一定会产生漏洞或者歧义，在税收的立法过程中对税收的各要素加以规定之后还应当采用恰当准确的用语，使之明确化，尽量避免使用模糊性的文字。

2. 税务合法性原则

税务合法性原则是指税务机关按法定程序依法征税，不得随意减征、停征或免征，无法律依据不征收。

(1) 要求立法者在立法的过程中要对各个税种征收的法定程序加以密切规定，既可以使纳税得以程序化，提高工作效率，节约社会成本，又尊重并保护了税收债务人的程序性权利，促使其提高纳税意识。

(2) 要求征税机关及其工作人员在征收过程中，必须按照税收 程序法和税收实体法律的规定来行使自己的职权，履行自己的职责，充分尊重纳税人的各项权利。

(二) 税法的其他基本原则

1. 税法的公平原则

一般认为税收公平原则包括税收横向公平和纵向公平，即税收负担必须根据纳税人的负担能力分配，负担能力相等，税负相同；负担能力不等，税负不同。税收公平原则源于法律上的平等性原则，所以许多国家的税法在贯彻税收公平原则时，都特别强调"禁止不平等对待"的法理，禁止对特定纳税人给予歧视性对待，也禁止在没有正当理由的情况下对特定纳税人给予特别待遇。

2. 税收效率原则

税收效率原则包含两方面：一是经济效率；二是行政效率。前者要求税法的制定要有利于资源的有效配置和经济体制的有效运行，后者要求提高税收行政效率，节约税收征管成本。

3. 实质课税原则

实质课税原则指应根据客观事实确定是否符合课税要件，并根据纳税人的真实负担能力决定纳税人的税负，而不能仅考虑相关外观和形式。

(三) 税法适用原则

税法适用原则是指税务行政机关和司法机关运用税收法律规范解决具体问题所必须遵循的准则。税法适用原则含有较多的法律技术性准则，主要包括以下内容。

1. 法律优位原则

法律优位原则的基本含义是法律的效力高于行政立法的效力。法律优位原则在税法中的作用主要表现在处理不同等级税法的关系上。法律优位原则明确了税收法律的效力高于税收行政法规的效力，对此还可以进一步推论为行政法规的效力高于优于税收现在规章的效力。效力低的税法与效力高的税法发生冲突，效力低的税法即是无效的。

2. 法律不溯及既往原则

法律不溯及既往原则是绝大多数国家所遵循的法律程序技术原则。其基本含义为：一部新法实施后，对新法实施之前人们的行为不得适用新法，而只能沿用旧法。在税法领域内坚持这一原则，目的在于维护税法的稳定性和可预测性，使纳税人在知道纳税结果的前提下作出相应的经济决策，税收的调节作用才会较为有效。

3. 新法优于旧法原则

新法优于旧法原则也称后法优于先法原则，其含义为：新法、旧法对同一事项有不同规定时，新法的效力优于旧法。其作用在于避免因法律修订带来新法、旧法对同一事项有不同的规定而引起法律适用的混乱，为法律的更新与完善提供法律适用上的保障。

4．特别法优于普通法的原则

特别法优于普通法原则的含义是对同一事项两部法律分别定有一般和特别规定时，特别规定的效力高于一般规定的效力。特别法优于普通法原则打破了税负效力等级的限制，即居于特别法地位的级别较低的税法，其效力可以高于作为普通法的级别较高的税法。

5．实体从旧、程序从新原则

实体从旧、程序从新原则的含义包括两个方面：一是实体税法不具备溯及力。即在纳税义务的确定上，以纳税义务发生时的税法规定为准，实体性的税法规则不具有向前的溯及力。二是程序性税法在特定条件下具备一定的溯及力。即对于新税法公布实施之前发生，却在新税法公布实施之后进入税款征收程序的纳税义务，原则上新税法具有约束力。

6．程序优于实体原则

程序优于实体原则是关于税收争讼法的原则，其基本含义为：在诉讼发生时税收程序法优于税收实体法。适用这一原则，是为了确保国家课税权的实现，不因争议的发生而影响税款的及时、足额入库。

小思考

为什么特别法要优于普通法？

第二节　税种的分类

我国的税收制度由多个税种组成，即实行的是复合税制。复合税制使税种形式多样，每个税种都具有自身的特点和功能，适于现代经济社会发展的复杂化和政策调节多样化的需要。复合税制下税种按照不同的标准有不同的分类，对税种按不同的标准进行分类，可以帮助人们从繁多的税种中归纳出类别，找出某些税种的共性。

一、按征税对象的性质划分

按征税对象的性质，可将税种划分为流转税、所得税、财产税、行为税和资源税五大类。

1．流转税类

流转税类，是指以商品或劳务的流转额为征税对象征收的一类税。流转税的经济前提是存在商品交换和劳务提供，其计税依据是商品流转额或劳务流转额。我国现行税制中的增值税、消费税、关税都属于流转税。其特点是与商品生产、流通、消费有着密切的联系，不受成本费用的影响，具有税源稳定、征收及时便利等特点。

2．所得税类

所得税类，是指以纳税人的所得额为征税对象征收的一类税。所得额是指自然人、法人和其他经济组织由于劳动、从事生产、经营、投资活动及把财产提供给他人使用而获得的收入，扣除为取得收入所需成本费用后的余额。如企业所得税、个人所得税等属于所得税。其特点是可以直接调节纳税人的收入水平，发挥税收公平税负和调整分配关系的作用。

3. 财产税类

财产税类，是指以纳税人所拥有或控制的财产为征税对象征收的一类税。财产税的经济来源是财产的收益或财产所有人的收入。财产税一般会选择某些特定的财产征税，如我国现行税种中的房产税、车船税、契税等属于财产税。财产税的主要特点是避免财产闲置浪费，促进财产的节约和合理利用。

4. 行为税类

行为税类，是指以纳税人的某种特定行为为征税对象征收的一类税。行为税具有征税对象单一、税源分散、税种灵活等特点。开征行为税，主要是为了加强对某些特定行为的监督、限制和管理，或者是对某些特定行为的认可，从而实现政治或经济上的特定目的或管理上的需要。我国现行税制中的印花税、车辆购置税、城市维护建设税等都属于行为税。

5. 资源税类

资源税类，是指以纳税人开发和利用的自然资源为征税对象征收的一类税。资源税具有征税范围固定和采用差别税额征收的特点，可以调节因自然资源和客观原因所形成的级差收入，避免资源浪费，保护合理使用国家自然资源。我国现行税制中的资源税、城镇土地使用税和土地增值税等属于资源税类。

 **小思考**

我国税法是否规定对纳税人拥有的所有财产征收财产税？

二、按计税依据的标准划分

按计税依据的标准分类，可将税收分为从价税和从量税。

1. 从价税

从价税，是以征税对象的价值或价格为依据，按一定比例计征的一类税。如增值税、营业税、关税等。从价税的应纳税额随征税对象价格的变化而变化，配合价格调节生产和消费的作用明显。

2. 从量税

从量税，是以征税对象的重量、件数、容积、面积等数量为依据，采取固定税额计征的一类税。如资源税、车船税和城镇土地使用税等。从量税的税额随征税对象数量的变化而变化，不受价格变动的影响，税收收入弹性较差，税负不合理。

三、按税收与价格的组成关系划分

按税收与价格的组成关系，可将税种划分为价内税和价外税。

1. 价内税

价内税，是指税金作为商品或劳务价格组成部分的一类税种。价内税的优点在于税额包含在商品价格内，容易为人们所接受；税额随商品价格的实现而实现，有利于及时组织财政收入；税额随商品价格的提高而增加，使税收收入有一定的弹性；且计税简便，征收费用低。但价内税易发生商品价格与价值背离的情况，造成价格失真，并易发生税负转嫁。

2. 价外税

价外税,是指税金作为价格的附加,不构成商品或劳务价格组成部分的一类税种。价外税的优点是税价分离,税额明确,税额不受价格变动的限制,收入较稳定,税负与纳税人的利益不直接挂钩,从而有利于促进企业降低生产成本、提高产品质量;有利于引导社会经济活动达到预期的目标。但价外税容易导致税负不合理现象。

四、按税收管理和税款使用权限划分

按税收管理和税款使用权限分类,可将税收分为中央税、地方税、中央地方共享税。

1. 中央税

中央税由中央政府征收,其收入归中央支配,如消费税、关税等。一般地讲,中央税属于税源集中,涉及面广,需要中央统一管理和实施宏观调控的税种。

2. 地方税

地方税由地方政府征收、其收入归地方政府支配,如财产税、城市维护建设税等。地方税属于税源零星分散,需要在统一规定基础上由地方因地制宜管理的税种。

3. 中央地方共享税

由中央和地方按一定比例分配后归属各自支配使用的税种为共享税。如增值税、证券交易印花税、所得税等。共享税属于税源普遍,收入大,能够兼顾中央和地方利益,具有调节中央与地方财政收支平衡功能的税种。

小思考

国家为什么要设定中央与地方共享税?

五、按税收负担能否转嫁划分

按税负能否转嫁分类,可将税收分为直接税和间接税。

1. 直接税

直接税,是指由纳税人直接负担税款,税负不发生转嫁的一类税。如所得税、财产税等。这类税种难以将税收负担转嫁给他人。因此,直接税的纳税人与负税人往往是同一个人。

2. 间接税

间接税,是指纳税人能将税负转嫁给他人负担的一类税。主要是对商品流转额征收的各种税,如消费税、增值税等。这类税种的征税对象与商品的价格紧密联系在一起,纳税人可以通过提高商品的销售价格将税收负担转嫁给购买者,纳税人虽然依法履行了纳税义务,但最终却没有或没有全部负担税款;负税人虽然不负有纳税义务,但却是税负的最终承担者。

第三节 税收实体法的构成要素

税收实体法是规定税收法律关系主体的实体权利和义务的法律规范的总称,其主要内容包括纳税主体、征税客体、计税依据、税率、减免税等,是国家向纳税人行使征税权和纳税人负担纳税义务的要件，即法定税收要素。税法要素一般包括纳税义务人、征税对象、税率、税收减免、纳税环节、纳税期限等项目。

一、纳税人

纳税人又称纳税义务人，是指税法上规定的直接负有纳税义务的单位和个人，它是纳税的主体。税法规定的纳税人有两种形式：然人和法人。自然人，是指有享有民事权利和承担民事义务的个人，也包括外国人和无国籍人。法人，是基于法律规定享有权利能力和行为能力，具有独立的财产和经费，依法独立承担民事责任的社会组织。我国的法人主要有机关法人、事业法人、企业法人和社团法人。

与纳税人相关的还有扣缴义务人及代收代缴义务人。扣缴义务人，指税法规定负有代收代缴、代扣代缴义务的单位和个人。代收代缴义务人是指虽不承担纳税义务，但依照税法，在向纳税人收取商品或劳务收入时，有义务代收代缴其应纳税款的单位和个人。扣缴义务人虽不负有纳税义务，但负有扣缴义务，必须严格履行其职责，如果未按规定代扣代缴或代收代缴税款，造成的应纳税款流失或将已扣缴的税款私自截留挪用、不按时缴入国库，一经税务机关发现，将要承担相应的法律责任。

理解纳税人的概念时要注意同负税人相区别。负税人，是指税款的最终负担者。纳税人与负税人是两个既有区别又有联系的概念。首先，纳税人是直接缴纳税款的人，税收负担人是最终负担税款的人。其次，纳税人与负税人有时是一致的，有时是不一致的，之所以会出现不一致，是因为有些税种纳税人可以通过提高商品销售价格或降低商品购买价格的方式将税款转嫁给商品购买者或商品供应者，所以纳税人与负税人是否一致关键取决于税负能否转嫁，当税负可以转嫁时，纳税人与负税人不一致；当税负不可以转嫁时，纳税人与负税人则是一致的。

小思考

正确理解纳税人与负税人对税收征纳有何实际意义？

二、征税对象

征税对象，是征税的客体，指的是税法中规定的征税标的物，即对什么征税。征税对象的内容包括货物、财产、资源、所得、行为等。每一种税都要规定其征税对象，如消费税的征税对象是应税消费品，所得税的征税对象是所得额，房产税的征税对象是房产等。征税对象是一种税区别于另一种税的主要标志，是国家据以征税的依据。与征税对象相关的概念有计税依据与税目。

1. 计税依据

计税依据，也叫税基，是据以计算征税对象应纳税额的直接数量依据，它解决对征税对象课税的计算问题。计税依据与征税对象是“量”与“质”的表现，即征税对象解决的是对谁征税的问题，而计税依据是解决对多大的量进行征税，是对征税对象的量的规定。计税依据与征税对象有时是一致的，有时是不一致的，这取决于征税对象的形态。当征税对象是价值形态的，则征税对象与计税依据是一致的，如企业所得税，征税对象为企业的所得额，计税依据也为企业的所得额；当征税对象是实物形态的，则征税对象与计税依据则不一致，如房产税，以房屋为征税对象，计税依据则是房产余值或房租收入。计税依据有从价、从量两种形式，前者是按征税对象的价值计算，称为从价税，如现行的增值税、企业所得税；后者是按征税对象的重量、面积等自然计量单位计算，称为从量税，如现行的车船税、土地使用税等。

2. 税目

税目是在税法中对征税对象分类规定的具体的征税项目。税目的作用一方面是明确具体的征税范围，体现着征税的广度。凡列入税目的即为应税项目，未列入税目的，则不属于应税项目。税法在有些税种在征税对象中设置了税目，如消费税；有些税种不分课税对象的具体项目，一律按照课税对象的应税数额采用同一税率计征税款，因此没有必要设置税目，如企业所得税。

即学即用

对税收实体法要素中有关课税对象的表述，下列说法正确的有（　　）。（多选题）

A. 征税对象是国家据以征税的依据

B. 税目是一种税区别于另一种税的最主要标志

C. 从实物形态分析，课税对象与计税依据是一致的

D. 从个人所得税来看，其课税对象与税源是一致的

答案：AD

题解：税目是课税对象的具体化，反映具体的征税范围，代表征税的广度。征税对象是国家据以征税的依据。

三、税率

税率，是对征税对象的征收比例或征收额度，是计算应纳税额的尺度，它体现征税的深度。税率等于应纳税额与计税依据之比，是衡量税负轻重的重要标志。税率的基本形式包括以下三种。

1. 比例税率

比例税率，是指对同一征税对象不论数额大小，只规定一个百分比的税率。采用这种税率，税额随征税对象的量等比增加，征税比例不变。例税率在具体运用中，又分为单一比例税率、差别比例税率、幅度比例税率等。

（1）单一比例税率，即一个税种只规定一个征收比例的税率。

（2）差别比例税率，即根据征税对象或纳税人的不同性质，规定高低不同征收比例的税率。我国现行税法中主要有两种类型的差别比例税率：一是产品差别比例税率，即对不同产品分别使用不同的比例税率，同一产品采用同一比例税率，如消费税、关税等；二是地区差别比例税率，即同一征税对象区分不同地区分别适用不同的比例税率，如城市维护建设税等。

（3）幅度比例税率，指税法对同一征税对象统一规定一个税率幅度，由各地区在此幅度内确定本地区具体的适用税率。

2. 累进税率

累进税率，是指对同一课征对象，随着其计税依据的增大，征收的比例也随之增高的税率。表现为将征税对象的数额按一定标准，划分若干等级，不同等级适用不同的比例税率，征税对象数额越大税率越高，征税对象数额越小税率越低。累进税率根据累进依据为绝对数和相对数两种形式。目前我国税收体系中，个人所得税中的工资薪金所得、个体工商户生产经营所得等使用的是超额累进税率，土地增值税采用超率累进税率。

3. 定额税率

定额税率又称固定税额，是对每单位征税对象规定的固定的征税数额。定额税率只与课税对象的数量有关，与课税对象的价格无关，适用于从量计征的税种。目前我国采用定额税率的有城镇土地使用税和车船税等。

税率除以上三种形式外，在实际应用中还会有特殊的形式，如加成征收。加成征收是指依据税制规定的税率征收税款后，再以应纳税额为依据加征一定成数的税款。如加一成相当于增加应纳税额的10%。我国现行的个人所得税，对劳务报酬所得就规定了加成征税。

四、税收减免

税收减免，是指税法规定的对某些特殊情况给予减轻或免除税收负担的一种税收优惠措施，是对某些纳税人或课税对象鼓励和照顾的措施。税收减免体现了国家一定时期的经济和社会政策，有较强的政策目的性和针对性。减税是对应征税款减少征收一部分，免税是全部免除其税收负担。减免税的具体形式主要包括税基式减免、税率式减免和税额式减免。税收减免的形式包括以下三种。

1. 税基式减免

税基式减免，是通过直接缩小计税依据的方式来实现的减税免税。具体包括起征点、免征额、项目扣除以及跨期结转等。起征点是指计税依据达到一定数额后开始征税的起点，未达到起征点的不征税，达到起征点的应就全部数额征税；免征额是指在计税依据中免予征税的数额，免征额的部分不征税，仅就超过免征额的部分征税；项目扣除，是指在计算应纳税额时，可以按照一定项目的数额进行扣除，以其余额作为计税依据；跨期结转，是将以前纳税年度的经营亏损从本纳税年度经营利润中扣除。

小思考

起征点与免征额都是税收优惠，两者的区别是什么？

2. 税率式减免

税率式减免，是通过直接降低税率的方式实行的减税免税。具体又包括重新确定税率、选用其他税率、零税率。可以用于解决对于某个行业或产品的减免税，例如增值税对于初级农产品适用13%的低税率，企业所得税对于高新技术企业按15%税率征收企业所得税。

3. 税额式减免

税额式减免，是指通过直接减少应纳税额的方式实现的减税免税，具体包括全部免征、减半征收、核定减免率以及另定减征额等。

五、纳税环节

纳税环节主要指税法规定的征税对象从生产到消费的流转过程中应当缴纳税款的环节。纳税环节主要是对商品课税的税种所做的规定。任何税种都要确定纳税环节，有的比较明确、固定，如所得税在分配环节纳税等；有的则需要在许多流转环节中选择确定，如果是在生产和流通过程中选择只在一个环节征税，称为一次课征制，如消费税；也可以选择在两个或两个以上环节征税，称为多次课征制，如增值税。

六、纳税期限

纳税期限，是指税法规定的关于税款缴纳时间方面的限定，它是税收强制性和固定性在时间上的体现。在税法中明确规定各税种的纳税期限，可以保证税收收入的及时取得，满足政府经常性公共财政支出的需要。关于纳税期限有以下三个概念。

1. 纳税义务发生时间

纳税义务发生时间是指纳税人应税行为，应承担纳税义务的时间。只有明确了纳税义务发生时间，才能确定纳税期限。例如，增值税条例规定采取预收货款方式销售货物的，纳税义务发生时间为货物发生的当天。

2. 纳税计算期限

纳税期限是指税法规定的纳税人计算应纳税额的间隔期。我国现行税制的纳税计算期限形式包括按期纳税、按次纳税和按年计征、分期预缴等。

3. 缴库期限

缴库期限是指税法规定的纳税期满后，纳税人应纳税款缴入国库的期限。

七、纳税地点

纳税地点主要是根据各个税种纳税对象的纳税环节和有利于税款的源泉控制而规定的纳税人和扣缴义务人的具体申报纳税地点。

第四节　我国税收征管程序及操作实务

税收征收管理，是指国家税务征收机关依据税法、征管法等有关法律、法规的规定，对税款征收过程进行的组织、管理、检查等一系列工作。税务机关对纳税人的征管包括税务登记、纳税申报及会计核算资料的监督管理等内容。

一、税务登记

税务登记又称纳税登记，是纳税人依法履行纳税义务的法定手续。税务登记是整个税务征收管理的起点，是征纳双方法律关系成立的依据和证明。

税务登记可分为设立税务登记、变更税务登记、停业与复业税务登记、注销税务登记等。

1. 设立税务登记

设立税务登记，是指纳税人依法成立并经工商行政管理部门登记后，为确认其纳税人的身份到税务机关办理的登记。企业，企业在外地设立的分支机构和从事生产、经营的场所，个体工商户和从事生产、经营的事业单位，应向生产、经营所在地税务机关申报办理税务登记。我国在 2015 年 10 月 1 日起在全国全面推行工商营业执照、组织机构代码证、税务登记证"三证合一、一照一码"登记改革。

在全面实施"三证合一"登记制度改革的基础上，从 2016 年 10 月 1 日起正式实施"五证合一、一照一码"，在更大范围、更深层次实现信息共享和业务协同，进一步为企业开办和成长提供便利化服务，降低创业准入的制度性成本，激发企业活力，推进大众创业、万众创新，促进就业增加和经济社会持续健康发展。

新设立企业领取由工商行政管理部门核发加载法人和其他组织统一社会信用代码的营业执照后，无须再次进行税务登记，不再领取税务登记证。企业办理涉税事宜时，在完成补充信息采集后，凭加载统一代码的营业执照可代替税务登记证使用。除以上情形外，其他税务登记按照原有法律制度执行。改革前核发的原税务登记证件在过渡期继续有效。

2. 变更税务登记

变更税务登记，是指纳税人办理设立税务登记后，因税务登记的内容发生变化，应当向原税务登记机关申报办理的变更税务登记的手续。

纳税人在办理税务登记后，发生下列情形之一的，应当办理变更税务登记：改变纳税人名称、法定代表人、经济性质、隶属关系、住所或经营地点(不涉及主管税务机关变化的)、生产经营范围或经营方式、生产经营期限等，或者增设、撤销分支机构，增减注册资本，改变开户银行和账号，改变生产经营权属以及其他税务登记内容的。变更税务登记的相关要求有：

(1) 纳税人已在工商行政管理机关办理变更登记的，应当自工商行政管理机关变更登记之日起 30 日内，向原税务登记机关如实提供有关证件、资料，申报办理变更税务登记。

(2) 纳税人按照规定不需要在工商行政管理机关办理变更登记，或者其变更登记的内容与工商登记内容无关的，应当自税务登记内容实际发生变化之日起 30 日内，或者自有关机关批准或者宣布变更之日起 30 日内，持有关证件到原税务登记机关申报办理变更税务登记。

即学即用

企业发生下列情形中，需要到主管税务机关办理变更税务登记的有(　　)。(多选题)

A. 甲企业扩大经营范围，由单一生产销售 A 电子产品转为生产销售 A、B、C 电子产品并提供设计劳务

B. 乙企业进行股份制改造，由有限责任公司变更为股份有限公司

C. 由于经济效益良好，丙企业的股东决定追加投资，从 1 000 万元增资为 1 800 万元

D. 丁企业由于经营范围扩大，总机构从西安迁至上海

答案：ABCD

题解：改变纳税人名称、法定代表人、经济性质、隶属关系、住所或经营地点(不涉及主

管税务机关变化的)、生产经营范围或经营方式、生产经营期限等，或者增设、撤销分支机构，增减注册资本，改变开户银行和账号，改变生产经营权属以及其他税务登记内容的应当办理变更税务登记。

3. 停业与复业税务登记

停业与复业税务登记，是指实行定期定额征收方式的纳税人，因自身经营的需要暂停经营或者恢复经营而向主管税务机关申请办理的税务登记手续。纳税人的停业期限不得超过一年。

纳税人在申报办理停业登记时，应如实填写《停业复业报告书》，说明停业理由、停业期限、停业前的纳税情况和发票的领、用、存情况，并结清应纳税款、滞纳金、罚款。税务机关应收存其税务登记证件及副本、发票领购簿、未使用完的发票和其他税务证件。纳税人在停业期间发生纳税义务的，应当按照税收法律、行政法规的规定申报缴纳税款。

纳税人应当于恢复生产经营之前，向税务机关申报办理复业登记，如实填写《停复业报告书》，领回并启用税务登记证件、发票领购簿及其停业前领购的发票。

4. 注销税务登记

纳税人需要办理注销税务登记的情形有：纳税人因经营期限届满而自动解散；企业由于改组、分立、合并等原因而被撤销；企业资不抵债而破产；纳税人住所、经营地址迁移而涉及改变原主管税务机关；纳税人被工商行政管理部门吊销营业执照；以及纳税人依法终止履行纳税义务的其他情形。注销税务登记的时间和地点要求：

(1) 纳税人发生解散、破产、撤销以及其他情形，依法终止纳税义务的，应当在向工商行政管理机关或者其他机关办理注销登记前，持有关证件向原税务登记机关申报办理注销税务登记。

(2) 按照规定不需要在工商行政管理机关或者其他机关办理注册登记的，应当自有关机关批准或者宣告终止之日起 15 日内，持有关证件向原税务登记机关申报办理注销税务登记。

(3) 纳税人被工商行政管理机关吊销营业执照或者被其他机关予以撤销登记的，应当自营业执照被吊销或者被撤销登记之日起 15 日内，向原税务登记机关申报办理注销税务登记。

(4) 纳税人因住所、经营地点变动，涉及改变税务登记机关的，应当在向工商行政管理机关或者其他机关申请办理变更、注销登记前，或者住所、经营地点变动前，持有关证件和资料，向原税务登记机关申报办理注销税务登记，并自注销税务登记之日起 30 日内向迁达地税务机关申报办理税务登记。

(5) 境外企业在中国境内承包建筑、安装、装配、勘探工程和提供劳务的，应当在项目完工、离开中国前 15 日内，持有关证件和资料，向原税务登记机关申报办理注销税务登记。

即学即用

下列各项中，属于纳税人办理注销税务登记的适用范围的有(　　)。(多选题)

A. 纳税人因经营期限届满而自动解散

B. 企业资不抵债而破产

C. 纳税人住所、经营地址迁移不涉及主管税务机关变动的

D. 纳税人被工商行政管理部门吊销营业执照

答案：ABD

题解：纳税人住所、经营地址迁移不涉及主管税务机关变动的，办理变更税务登记。

5. 税务登记证的使用和管理

税务登记证件包括税务登记证及其副本、临时税务登记证及其副本。扣缴税款登记证件包括扣缴税款登记证及其副本。

税务登记证只限于纳税人自己使用，不得涂改、转借或转让、损毁、买卖或伪造。除按照规定不需要发给税务登记证件的外，纳税人开立银行账户和领购发票时，必须持税务登记证件。纳税人应当将税务登记证件正本在其生产、经营场所或者办公场所公开悬挂，接受税务机关检查。纳税人、扣缴义务人遗失税务登记证件的，应当自遗失税务登记证件之日起15日内，书面报告主管税务机关，如实填写《税务登记证件遗失报告表》，并在税务机关认可的报刊上作遗失声明，凭报刊上刊登的遗失声明到主管税务机关补办税务登记。

二、纳税申报

纳税申报，是指纳税人按照税法规定的期限和内容，向税务机关提交纳税事项书面报告的法律行为。一切负有纳税义务的单位和个人以及负有扣缴义务的单位和个人，都是办理纳税申报的主体。纳税人和扣缴义务人在纳税期内没有应纳税款的，也应当按照规定办理纳税申报。纳税人享受减税、免税待遇的，在减免税期间应当按照规定办理纳税申报。

纳税人和扣缴义务人都必须按照法定的期限办理纳税申报。纳税申报期限有两种：一种是法律、行政法规明确规定的期限；另一种是税务机关按照法律、行政法规的原则规定，结合纳税人生产经营的实际情况及其所应缴纳的税种等相关问题予以确定的。两种期限具有同等法律效力。目前我国纳税人、扣缴义务人的纳税申报方式有以下几种。

1. 直接申报

直接申报也称上门申报，是指纳税人、扣缴义务人在规定的申报期限内，自行到主管税务机关办理纳税申报或者代扣代缴、代收代缴税款报告表的申报方式。这是一种传统的纳税申报方式。

2. 邮寄申报

邮寄申报，是指经税务机关批准的纳税人、扣缴义务人通过邮寄的方式向主管税务机关办理纳税申报或者代扣代缴、代收代缴税款报告表的申报方式。纳税人采取邮寄方式的，应当使用统一的纳税申报专用信封，并以邮政部门收据作为申报凭据。邮寄申报以寄出的邮戳日期为实际申报日期。

3. 数据电文申报

数据电文申报也称电子申报，是指经税务机关批准的纳税人、扣缴义务人通过电话语音、电子数据交换和网络传输等方式向主管税务机关办理纳税申报或者代扣代缴、代收代缴税款报告的申报方式。网上申报是其中最普遍的方式。纳税人采取电子方式办理纳税申报的，应当按照税务机关规定的期限和要求保存有关纸质资料，并定期书面报送主管税务机关。数据电文申报是以税务机关计算机网络系统收到该申报数据的时间为实际申报日期。

除上述方式外，实行定期定额缴纳税款的纳税人，可以实行简易申报、简并征期等纳税申报方式。简易申报，是指实行定期定额缴纳税款的纳税人在法律、行政法规规定的期限内或者税务机关依照法律、行政法规的规定确定的期限内缴纳税款的，税务机关可以视同申报。简并征期，是指实行定期定额缴纳税款的纳税人，经税务机关批准，可以采取将纳税期限合并为按季、按半年、按一年的方式缴纳税款，具体期限由省级税务机关根据具体情况确定。

三、账簿、凭证等会计核算资料的税务管理要求

账簿是纳税人、扣缴义务人连续地记录其各种经济业务的账册或簿籍。凭证是纳税人用来记录经济业务，明确经济责任，据以登记账簿的书面凭证。企业会计账簿的设置既要满足企业会计核算的要求，符合《中华人民共和国会计法》《会计基础工作规范》的规定，又要符合《税收征管法》对设置会计账簿的要求。《税收征管法》规定：纳税人、扣缴义务人应按有关法律、行政法规和国务院财政、税务主管部门的规定设置账簿，根据合法、有效凭证记账，进行核算。

（一）账簿、凭证的税务管理要求

1. 账簿的设置要求

纳税人、扣缴义务人按照有关法律、行政法规和国务院财政、税务主管部门的规定设置账簿。

（1）从事生产、经营的纳税人应当自领取营业执照或者发生纳税义务之日起15日内，按照国家有关规定设置账簿。

（2）扣缴义务人应当自税收法律、行政法规规定的扣缴义务发生之日起10日内，按照所代扣、代收的税种，分别设置代扣代缴、代收代缴税款账簿。

（3）生产、经营规模小又确无建账能力的纳税人，可以聘请经批准从事会计代理记账业务的专业机构或者经税务机关认可的财会人员代为建账和办理账务；聘请上述机构或者人员有实际困难的，经县以上税务机关批准，可以按照税务机关的规定，建立收支凭证粘贴簿、进货销货登记簿或者使用税控装置。

2. 对会计核算的要求

纳税人和扣缴义务人应根据合法、有效的凭证进行账务处理。

（1）从事生产、经营的纳税人应当自领取税务登记证件之日起15日内，将其财务、会计制度或者财务、会计处理办法报送主管税务机关备案。纳税人、扣缴义务人应依照国务院或者国务院财政、税务主管部门有关税收的规定计算应纳税款、代扣代缴和代收代缴税款。

（2）纳税人使用计算机记账的，应在使用前将会计电算化系统的会计核算软件、使用说明书及有关资料报送主管税务机关备案。纳税人建立的会计电算化系统应当符合国家有关规定，并能正确、完整核算其收入或者所得。

（3）纳税人、扣缴义务人会计制度健全，能够通过计算机正确、完整计算其收入和所得或者代扣代缴、代收代缴税款情况的，其计算机输出的完整的书面会计记录，可视同会计账簿。纳税人、扣缴义务人会计制度不健全，不能通过计算机正确、完整计算其收入和所得或

者代扣代缴、代收代缴税款情况的，应当建立总账及与纳税或者代扣代缴、代收代缴税款有关的其他账簿。

3. 账簿、凭证等涉税资料的保存要求

(1) 从事生产、经营的纳税人、扣缴义务人必须按照国务院财政、税务主管部门规定的保管期限保管账簿、记账凭证、完税凭证及其他有关资料。账簿、记账凭证、完税凭证及其他有关资料不得伪造、变造或者擅自损毁。账簿、记账凭证、报表、完税凭证、发票、出口凭证以及其他有关涉税资料应当合法、真实、完整。

(2) 账簿、记账凭证、报表、完税凭证、发票、出口凭证以及其他有关涉税资料应当保存10年；但是，法律、行政法规另有规定的除外。

（二）发票管理

税务机关是发票的主管机关，负责发票印制、领购、开具、取得、保管、缴销的管理和监督。纳税人在购销商品、提供或者接受经营服务以及从事其他经营活动中，应当按照规定开具、使用、取得发票。发票管理是税收征管的重要组成部分，是进行税源监控的主要手段。

1. 发票的领购管理

依法办理了税务登记的单位和个人，在领取税务登记证后，可以申请领购发票；依法不需要办理税务登记的单位和个人，需要使用发票的，可凭单位介绍信和其他有效证件向当地主管税务机关办理；临时经营发票一般直接由税务机关代开，如果需要直接填开发票应提供发生购销业务、接受业务或者其他经营活动的书面证明；临时到本省、自治区、直辖市以外从事经营活动的单位和个人，可以凭所在地主管税务机关开具的外出经营税收管理证明，在提供保证人或缴纳保证金的前提下，向经营地税务机关申请领购发票。

2. 发票填开的要求及操作要点

销售商品、提供服务以及从事其他经营活动的单位和个人，凡对外发生经营业务收取款项的，都应由收款方向付款方开具发票。但在特殊情况下，即领购单位和扣缴义务人支付个人款项时，由付款方向收款方开具发票。

填开发票的单位和个人必须在发生经营业务确认营业收入时开具发票；开具发票应当按照规定的时限、顺序，逐栏、全部联次一次性如实开具，并加盖单位财务章或者发票专用章；开具发票应当使用中文，民族自治地方可以同时使用当地通用的一种文字，外商投资企业和外国企业可以同时使用一种外国文字；任何单位和个人不得转借、转让、代开发票，未经税务机关批准，不得拆本使用发票，不得自行扩大专业发票的使用范围；不符合规定的发票，不得作为报销凭证，任何单位和个人有权拒收。

3. 违反发票管理的法律责任

开具发票的单位和个人应当建立发票使用登记制度，设置发票登记簿，并定期向主管税务机关报告发票使用情况。发票的存放和保管应按税务机关要求办理，不得丢失和擅自销毁。已开具的发票存根联和发票登记簿，应当保存5年，保存期满报经税务机关查验后销毁。发票丢失，应于丢失当日书面报告主管税务机关，并在报刊和电视等传播媒介上公开声明作废。

税务机关在发票检查中享有以下职权：①检查印制、领购、开具、取得和保管发票的情况；②调出发票查验；③查阅、复制与发票有关的凭证、资料；④向当事人各方询问与发票有关的问题和情况；⑤在查处发票案件时，对与案件有关的情况和资料、可以记录、录音、录像、照相和复制。

印制、使用发票的单位和个人，必须接受税务机关依法检查，如实反映情况，提供有关资料。税务机关及其税务人员在进行发票检查时，应依法进行，出示税务检查证；税务机关需要将已开具的发票调出查验时，应当向被查验的单位和个人开具发票调换证，发票调换证与所调出查验的发票有同等的效力；需要将空白发票调出查验时，应当开具收据，经查无问题的，应当及时返还。

本章引入案例解析

孙明的公司是“三证合一”的新设企业，在办理“三证合一”的营业执照后，应到主管税务机关完成补充信息采集，在税务机关办理发票购买簿，取得购买簿，在发票销售窗口就可以购买到所需要的发票了。发票是重要的原始凭证，也是会计核算和税务稽查的重要依据。税务机关是发票的主管机关，负责发票印刷、领购、开具、取得、保管、缴销的管理和监督。《中华人民共和国发票管理办法》及其实施细则对发票的使用做了严格规定。

四、税务检查

在我国，有权进行税务检查的机构是税务机关。国家税务局、地方税务局分别负责各自所管辖税收的税务检查，对于交叉管理的纳税户，国家税务局和地方税务局可以组成联合检查组进行检查。

依法接受税务机关的检查是纳税人的义务，各有关部门和单位应当支持，协助税务机关依法进行税务检查，如实向税务机关反映情况，提供有关资料及证明材料。

课后讨论

在全民创业、万众创新的浪潮下，新增的经营主体日渐增多。新办企业在设立阶段如何处理税收事宜？企业经营过程中，如果有临时到本省、自治区、直辖市以外从事经营活动的单位或者个人，如何处理相关的税收事宜？

练习题

一、单选题

1. 现代经济社会，国家财政收入的主要形式是(　　)。

A. 债　　B. 费　　C. 利　　D. 税收

2. 税收的(　　)职能，是指税收所具有的依据法律规定从社会成员强制性地取得一部分收入，以便国家提供公共产品、满足社会公共需要的职能。

A. 财政收入　　B. 调节资源配置　　C. 调节经济总量　　D. 调节收入分配

3. 国家征税应以每个纳税人承受与其经济状况相适应的税收负担，并且使各纳税人之间的负担水平保持均衡，这属于税收的(　　)原则。

A. 公平　　B. 效率　　C. 法定　　D. 总量适度

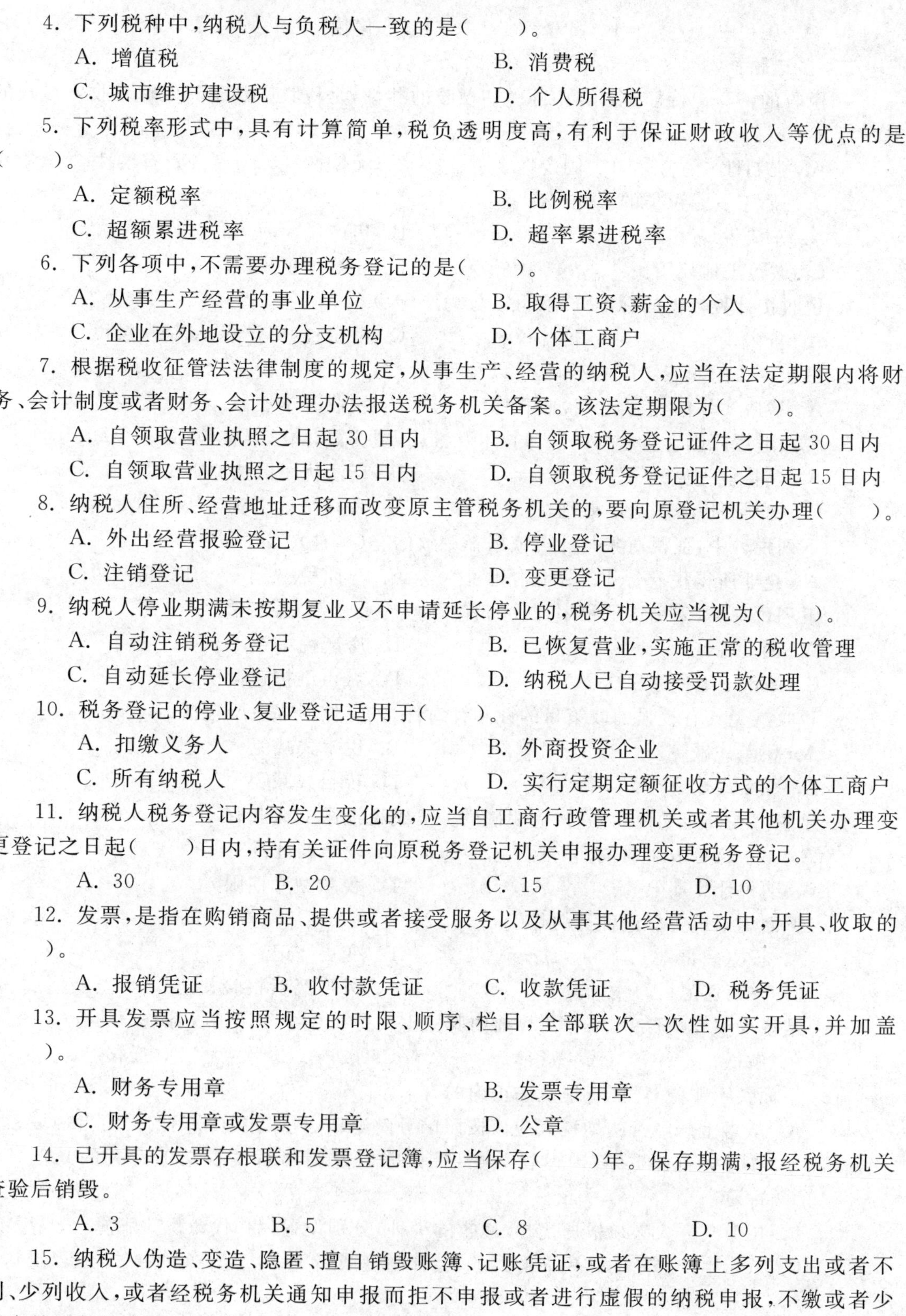

4. 下列税种中，纳税人与负税人一致的是（　　）。

A. 增值税　　B. 消费税

C. 城市维护建设税　　D. 个人所得税

5. 下列税率形式中，具有计算简单，税负透明度高，有利于保证财政收入等优点的是（　　）。

A. 定额税率　　B. 比例税率

C. 超额累进税率　　D. 超率累进税率

6. 下列各项中，不需要办理税务登记的是（　　）。

A. 从事生产经营的事业单位　　B. 取得工资、薪金的个人

C. 企业在外地设立的分支机构　　D. 个体工商户

7. 根据税收征管法法律制度的规定，从事生产、经营的纳税人，应当在法定期限内将财务、会计制度或者财务、会计处理办法报送税务机关备案。该法定期限为（　　）。

A. 自领取营业执照之日起 30 日内　　B. 自领取税务登记证件之日起 30 日内

C. 自领取营业执照之日起 15 日内　　D. 自领取税务登记证件之日起 15 日内

8. 纳税人住所、经营地址迁移而改变原主管税务机关的，要向原登记机关办理（　　）。

A. 外出经营报验登记　　B. 停业登记

C. 注销登记　　D. 变更登记

9. 纳税人停业期满未按期复业又不申请延长停业的，税务机关应当视为（　　）。

A. 自动注销税务登记　　B. 已恢复营业，实施正常的税收管理

C. 自动延长停业登记　　D. 纳税人已自动接受罚款处理

10. 税务登记的停业、复业登记适用于（　　）。

A. 扣缴义务人　　B. 外商投资企业

C. 所有纳税人　　D. 实行定期定额征收方式的个体工商户

11. 纳税人税务登记内容发生变化的，应当自工商行政管理机关或者其他机关办理变更登记之日起（　　）日内，持有关证件向原税务登记机关申报办理变更税务登记。

A. 30　　B. 20　　C. 15　　D. 10

12. 发票，是指在购销商品、提供或者接受服务以及从事其他经营活动中，开具、收取的（　　）。

A. 报销凭证　　B. 收付款凭证　　C. 收款凭证　　D. 税务凭证

13. 开具发票应当按照规定的时限、顺序、栏目，全部联次一次性如实开具，并加盖（　　）。

A. 财务专用章　　B. 发票专用章

C. 财务专用章或发票专用章　　D. 公章

14. 已开具的发票存根联和发票登记簿，应当保存（　　）年。保存期满，报经税务机关查验后销毁。

A. 3　　B. 5　　C. 8　　D. 10

15. 纳税人伪造、变造、隐匿、擅自销毁账簿、记账凭证，或者在账簿上多列支出或者不列、少列收入，或者经税务机关通知申报而拒不申报或者进行虚假的纳税申报，不缴或者少缴应纳税款的行为是（　　）。

A. 骗税 B. 抗税 C. 偷税 D. 漏税

二、多选题

1. 税收的(　　)特征是古今中外一切税收的共性,是税收区别于其他财政收入形式的基本标志。

A. 强制性 B. 固定性 C. 无偿性 D. 有偿性

2. 下列属于资源税类的税种有(　　)。

A. 车船税 B. 房产税
C. 城镇土地使用税 D. 土地增值税

3. 税收按计税依据的标准分类,可以分为(　　)。

A. 价内税 B. 价外税 C. 从价税 D. 从量税

4. 按照税法的职能作用的不同,可以分为(　　)。

A. 税收实体法 B. 税收程序法 C. 税收基本法 D. 税收普通法

5. 税法适用原则含有较多的法律技术性准则,更为具体化,具体包括(　　)。

A. 法律优先原则 B. 新法优于旧法原则
C. 特别法优于普通法原则 D. 程序法优于实体法原则

6. 下列税种中,征税对象与计税依据不一致的有(　　)。

A. 企业所得税 B. 耕地占用税 C. 车船税 D. 房产税

7. 下列税种中,采用比例税率征收的有(　　)。

A. 消费税 B. 房产税
C. 城镇土地使用税 D. 城市维护建设税

8. 税收减免具有较强的政策目的性和针对性,其具体形式主要包括(　　)。

A. 税基式减免 B. 税率式减免
C. 税额式减免 D. 税目式减免

9. 纳税人在确定纳税期限时,应明确的关于纳税期限的概念有(　　)。

A. 纳税义务发生时间 B. 发票的开具时间
C. 纳税计算期限 D. 税款缴库期限

10. 下面属于税务登记种类的是(　　)。

A. 设立登记 B. 变更登记
C. 注销登记 D. 外出经营报验登记

11. 纳税人下列情形中,需在清算前向其主管税务机关办理注销税务登记的有(　　)。

A. 解散 B. 撤销 C. 破产 D. 迁移

12. 下面关于账簿、凭证管理说法正确的有(　　)。

A. 从事生产经营的纳税人应该按照国务院财政、税收主管部门的规定自领取营业执照之日起15日内设置总账、日记账以及与履行纳税义务有关的其他各种账簿

B. 扣缴义务人必须根据代扣、代收的税种,分别设置代扣代缴税款账簿

C. 从事生产经营的纳税人的财务、会计制度或者财务、会计处理办法,应当报送财务机关备案

D. 从事生产、经营的纳税人的账簿、记账凭证、完税凭证及其他有关资料不得伪

造、变造,除另有规定者外,应当保存 10 年,未经税务机关批准,不得销毁

13. 下面关于发票的管理说法正确的有(　　)。

A. 发票管理就是税务机关依法对发票印制、领购、开具、取得、保管、缴销全过程进行组织、协调、控制和监督等各项活动的总称

B. 普通发票必须由省、自治区、直辖市人民政府税务主管部门指定的企业印刷,未经指定,不得印刷发票

C. 发票管理是税收征管的重要组成部分,是进行税源监控的主要手段

D. 已经开具的发票存根联和发票登记簿,应当保存 10 年

14. 下列单位和个人的发票开具和使用行为中,不符合规定的有(　　)。

A. 申请税务机关代开发票

B. 转借、转让、介绍他人转让发票、发票监制章和发票防伪专用品

C. 拆本使用发票

D. 扩大发票使用范围

15. 纳税申报的主体包括(　　)。

A. 负有纳税义务的单位　　B. 负有纳税义务的个人

C. 扣缴义务人　　D. 税务代理人

三、判断题

1. 国家依据政治权利向纳税人征税,对纳税人不负有任何义务,纳税人依法纳税是其应当承担的义务。(　　)

2. 政府在征税时主要考虑社会公共需要,这样才能有利于社会经济的发展。(　　)

3. 税收的强制性至关重要,是国家税收的保障,它是税收“三性”的核心。(　　)

4. 税收基本法是税法体系的主体和核心,在制定税收普通法前必须先制定税收基本法。(　　)

5. 我国目前税法体系的主要组成部分是税收法规。(　　)

6. 对新法实施之前人们的行为不得适用新法,而只能沿用旧法,是实体法从旧、程序法从新原则。(　　)

7. 征税对象,是征纳双方权利义务共同指向的客体或标的物,是区别一种税与另一种税的重要标志。(　　)

8. 所有税种都应设置税目,这样可以明确具体的征税范围,体现着征税的广度。(　　)

9. 纳税人可以根据便利的原则,向税务机关申请确定纳税地点。(　　)

10. 将纳税环节设计的尽可能多,更有利于国家的财政收入,我国大部分税种都采用多次课征制。(　　)

第二章 增 值 税

本章要点

- 增值税概念、类型、特点
- 增值税的征税范围、纳税人、税率、税收优惠
- 增值税应纳税额的计算
- 增值税的出口退(免)税

案例引入

某小家电生产企业主要生产各种厨房用小家电，为增值税一般纳税人。税务机关在检查企业纳税申报相关资料时发现，企业在年度有两笔业务存在少记销项税额的问题：一是将库存的一些尾货电饭锅无偿赠送给某养老院；二是将生产的高端电压力锅作为新年礼物，向每位职工发放一个。两笔业务的会计处理均将库存商品通过贷方直接转入对应的借方科目，未计算缴纳增值税。税务人员指出，将产品无偿赠送和发放给职工的行为，均属于视同销售行为，需要缴纳增值税。企业财务人员认为，企业将自产的产品无偿捐赠和作为礼物发放给职工，企业并没有收入，企业不应缴纳增值税。

为什么企业将自产的产品无偿捐赠和发放给职工需要缴纳增值税?

第一节 增值税概述

一、增值税概念

增值税是以货物、劳务、服务、无形资产和不动产在流转过程中产生的增值额作为征税对象而征收的一种流转税。

(一) 增值额

作为增值税征税对象的增值额，是指生产经营活动中新创造的那一部分价值。

从现实生产中对于增值额的理解可以从两个角度进行：第一，就一个生产经营单位而言，增值额是该单位销售货物或提供劳务的收入额扣除为生产这些货物需要购进商品和劳务所支付金额后的余额。第二，就某项商品的生产全过程而言，一个商品从生产到流通各个经营环节的增值额之和，相当于该商品进入最终消费的销售总值，即实现消费时的最终销售

价格，见表 2-1。

表 2-1　某产品各生产环节及最终的增值额

单位：元

环　节	购进商品和劳务金额	销售额	增值额
A：原材料生产	0	50	50
B：产成品生产	50	100	50
C：批发	100	200	100
D：零售	200	230	30
增值额合计			230

注：假设原材料生产环节没有购买任何生产资料。

根据上表，该产品在各个环节的增值额等于该环节的销售额扣除该环节生产所需商品和劳务的购进金额，而该产品在 A、B、C、D 四个环节的增值额之和等于该产品的最终实现消费时的销售价格。

（二）法定增值额

法定增值额是指以法律形式确定的增值额。从各国增值税的实践经验来看，增值额不一定是理论上的增值额。法定增值额的确定主要是取决于一国的经济政策，有些国家出于鼓励扩大投资的考虑，规定外购的固定资产可以在购入时一次性扣除，此时的法定增值额小于理论增值额；有些国家出于财政收入的考虑，规定外购的固定资产不允许扣除，此时的法定增值额则大于理论增值额。除此之外，法定增值额的确定还可以保证增值税税额计算的统一性和一致性。

小思考

为什么要有法定增值额的规定？

（三）增值税的计算方法

根据增值税的概念，商品或劳务在每一个流转环节的增值税税额是以该环节的增值额乘以税率计算得到的，而每一个环节征收的增值税税额之和，就是该商品或劳务最终的增值税税额。即：

$$\sum(\text{各流通环节的增值额} \times \text{税率}) = \text{商品或劳务最终销售价格} \times \text{税率}$$

这种理论上增值税的计算方法，被称为直接法或扣额法。而实际计算增值税时通常不是直接以增值额为计税依据，而是在计算销售额乘以税率的基础上，再扣除外购项目已经缴纳的税额，得出该环节应纳增值税，这种方法被称为间接法或扣税法。我国采用扣税法计算增值税，这是因为增值额的计算十分复杂，难以操作，也不利于税收征管。

二、增值税的特点

增值税之所以能够在世界众多国家被广泛推行，是因为其具有税不重征、普遍征收等特点。根据增值税在我国的实施情况，可以归纳出增值税具有以下特点。

（一）税不重征

增值税只对增值额征税，也就是对货物、劳务和服务销售收入中新创造而未征过税的那部分新增价值征税。流转额中的非增值因素已经在计税时被扣除，因此，对于同一商品而言，无论流转环节多少，只要增值额相同，税负就相同，能有效地排除传统流转税重复征税和税负不平的弊端，解决了由于生产流通环节多少的不同而造成税负不同的矛盾，不会影响商品的生产结构、组织结构和产品结构。

（二）普遍连续征收

增值税在征收上具有普遍连续性的特点。首先从征税范围看，增值税对于从事商品生产经营、劳务及服务提供的所有单位和个人，在商品、劳务及服务的各个流通环节普遍征收。另外，就一种商品从生产到消费过程来看，对各生产流通环节道道征收增值税，它是一种多环节连续性课征的税种。

（三）税负转嫁

由于采用税款抵扣制，纳税人发生购进业务时随同购进价款向销售方支付进项税额，发生销售业务时随同销售价款向购买方收取销项税额，再将销项税额扣除进项税额的差额作为应纳税额上缴给国家，在流转过程中纳税人本身并不承担增值税税款。由于税款抵扣环环相连，随着各环节交易活动的进行，增值税税负逐环节向前推移，作为纳税人的经营者并不是增值税的真正负担者，只有最终消费者才是全部税款的承担者。

（四）凭票管理，凭票抵扣

为了保证税款抵扣制度的实施，税务部门主要通过增值税发票对纳税人进行管理。税法规定，发生交易行为时销售方应向购买方开具增值税专用发票，发票上注明价款、税款及价税合计数，销售方凭发票上的价税合计金额收取货款，购买方凭发票上注明的税款在计算当期应纳税额时进行抵扣，且发票抵扣联只有通过税务部门的认证才能进行抵扣。

（五）价外计税，价税分离

在商品交易过程中销售方向购买方收取的款项包括价款和税额，所以有“含税销售额”和“不含税销售额”之称，含税与不含税，是指含不含向购买方收取的增值税税额。增值税是以不含税销售额为计税依据，税收负担明确，与以含税价格为计税依据的其他流转税完全不同。开具的增值税专用发票分别标明价款和税款，但在商品零售环节中，价款和税款未分开标明，这主要是考虑人们的消费心理，但这并未改变增值税价外税的性质。

（六）对不同经营规模的纳税人，采取不同的计税方法

现行增值税按照销售额大小和会计核算健全与否将纳税人划分为两类进行管理。一般纳税人采用购进扣税法计税，小规模纳税人采用征收率实行简易征收方法。这样，既有利于增值税的推行，又有利于简化征收，强化征管。

即学即用

增值税的下列（ ）特点，使其在世界众多国家被广泛推行。（多选题）

A. 税不重征　B. 普遍征收　C. 税负转嫁　D. 计算简单

答案：AB

题解：税负转嫁不是使其在世界众多国家被广泛推行的特点，计算简单不是增值税的特点。

三、增值税的类型

增值税的计税依据是增值额，在实践中各国所采用的法定增值额往往并不等于理论增值额，其差别主要是对固定资产已纳税额的处理方式不同。根据对固定资产已纳税额扣除的不同规定，增值税分为消费型增值税、收入型增值税和生产型增值税三种类型。

（一）消费型增值税

消费型增值税，是指在计算增值税时，允许将纳税人购入固定资产的已纳税款一次性全部扣除，即纳税人用于生产的全部外购生产资料都不在征税之列。从整个国民经济来看，作为增值税征税对象的增值额实际上仅为消费资料，所以称为消费型增值税。

实行消费型增值税，有利于鼓励投资，加速设备更新和技术升级，提高产品竞争力，促进产业结构调整。由于消费型增值税彻底消除了重复课税的问题，目前被世界各国广泛采用，我国于 2009 年 1 月 1 日，由生产型增值税全面转型为消费型增值税。

（二）收入型增值税

收入型增值税，是指在计算增值税时，对于纳税人外购固定资产的已纳税款，只允许扣除当期折旧部分所分摊的税款。从整个国民经济来看，其计税依据相当于国民收入的部分，所以称为收入型增值税。

收入型增值税的法定增值额与理论增值额一致，是标准的增值税。但是，由于固定资产价值转移是分期进行的，这造成税额计算上的困难，同时固定资产价值转移过程中纳税人无法获得任何凭证，不利于采用发票扣税法，这也是收入型增值税无法广泛应用的主要原因。

（三）生产型增值税

生产型增值税，是指在计算增值税时，不允许扣除外购固定资产已纳税款。从整个国民经济来看，作为增值税征税对象的增值额既包括消费资料，也包括生产资料，相当于同期固定资产和消费品的生产总值之和，计算口径与国民生产总值相符，故称为生产型增值税。

生产型增值税的计税依据包含了外购固定资产的价款，存在对固定资产重复征税的问题，不利于鼓励扩大投资，影响纳税人设备更新和技术升级的积极性。但由于生产型增值税的法定增值额大于理论增值额，这种类型的增值税税收收入最高。

四、增值税的作用

（一）保证财政收入的稳定

实行增值税，不论商品经过多少生产流通环节，只要商品的售价相同，增值额就相同，来自于该种商品的税收收入就相同。因此，增值税不受企业生产组织形式、生产结构和流转环节变化的影响，财政收入比较稳定。

（二）优化资源配置

实行增值税，商品在以前生产流通环节所缴纳的税款能够得到抵扣，使同一售价的商品，不受流转环节多少的影响，始终保持同等税收含量，从而有利于生产的专业化分工，优化资源配置，符合市场经济发展的要求，是一种中性税收。

（三）促进对外贸易的发展

在国际贸易中，各国政府为了提高本国出口商品的竞争力，大多实行退税政策，使之以不含税价格进入国际市场。由于增值税避免了重复征税，货物的出口价格就是其全部增值额，可以准确计算出口货物应退税款，消除了退税不足或退税过多的弊端，既有利于对外出口，也有利于保证财政收入。对进口货物征收增值税，有利于贯彻国际同等纳税的原则。实行增值税后，消除了国内货物重叠征税的因素，使进口货物和国内同类货物承担相同的税负，体现了国际同等纳税的原则。

（四）强化税收制约机制

与增值税实行税款抵扣相适应，各国都实行凭发票扣税的征收制度，通过发票把买卖双方连为一体，并形成一个有机的扣税链条。销售方销售业务开具的增值税专用发票既是销售方计算销项税额的凭证，也是购买方据以扣税的凭证，税款通过发票从一个经营环节传递到下一个经营环节，最后传递到消费者身上。在这一纳税链条中，如有哪一环节少缴了税款，必然导致下一个环节多缴纳税款。增值税专用发票使买卖双方在纳税上形成了一种利益制约关系，可以避免纳税人偷漏税和错计税款，有助于税务机关进行检查和监督。

五、我国营业税改征增值税的历程

营业税改征增值税之前，销售货物和提供工业性劳务征收增值税，销售服务、转让无形资产及销售不动产征收营业税。为了消除货物和服务分别征收增值税和营业税所产生的重复征税问题，促进经济结构调整，支持现代服务业发展，我国自 2012 年 1 月 1 日起，开始了营业税改征增值税的试点工作。首先在上海对于交通运输业和部分现代服务业开展“营改增”的试点工作，2012 年 8 月 1 日起，“营改增”试点地区范围扩大为北京、天津、江苏、安徽、厦门等 10 个省市；2013 年 8 月 1 日起开始在全国范围的交通运输业和部分现代服务业进行“营改增”试点；2014 年 1 月 1 日，铁路运输业和邮政业加入到“营改增”行列中；2014 年 6 月

1日,“营改增”进一步扩围到电信业。自2016年5月1日起,在全国范围内全面推开营业税改征增值税试点,建筑业、房地产业、金融业、生活服务业等全部营业税纳税人,纳入试点范围,由缴纳营业税改为缴纳增值税。

小思考

“营改增”的含义是什么?为什么要“营改增”?我国“营改增”经历的几个典型阶段的特点有哪些?

第二节　增值税的税法规定

我国现行增值税的基本规范是2008年11月10日国务院令第538号公布的《中华人民共和国增值税暂行条例》。营业税改征增值税试点纳税人,按照《财政部国家税务总局关于全面推开营业税改征增值税试点的通知》附件规定的内容执行。

一、增值税的征税范围

在中华人民共和国境内销售货物、劳务、服务、无形资产和不动产以及进口业务都属于增值税的征税范围。

(一)征税范围的具体项目

1. 货物

货物指有形动产,包括电力、热力、气体在内。

2. 劳务

劳务指纳税人提供加工、修理修配劳务。

(1) 加工,是指受托加工货物,即委托方提供原料及主要材料,受托方按照委托方的要求,制造货物并收取加工费的业务。

(2) 修理修配,是指受托对损伤和丧失功能的货物进行修复,使其恢复原状和功能的业务。修理修配的对象只能是货物,不动产的修理修配不属于增值税的应税劳务。

即学即用

下列行为应按“提供加工和修理修配劳务”征收增值税的是(　　)。(多选题)

A. 房屋修理劳务　　B. 企业受托为另一企业加工服装

C. 企业为另一企业修理锅炉　　D. 汽车修配厂为本厂修理汽车

答案:BC

题解:A项房屋修理属于建筑服务,D项汽车修理厂为本厂修理,不属于增值税应税范畴。

3. 服务

服务,是指交通运输服务、邮政服务、电信服务、建筑服务、金融服务、现代服务、生活服务。具体包括以下几点。

(1) 交通运输服务

交通运输服务,是指利用运输工具将货物或者旅客送达目的地,使其空间位置得到转移的业务活动。它包括陆路运输服务、水路运输服务、航空运输服务和管道运输服务。

(2) 邮政服务

邮政服务,是指中国邮政集团公司及其所属邮政企业提供邮件寄递、邮政汇兑和机要通信等邮政基本服务的业务活动。它包括邮政普遍服务、邮政特殊服务和其他邮政服务。

(3) 电信服务

电信服务,是指利用有线、无线的电磁系统或者光电系统等各种通信网络资源,提供语音通话服务,传送、发射、接收或者应用图像、短信等电子数据和信息的业务活动。包括基础电信服务和增值电信服务。

卫星电视信号落地转接服务,按照增值电信服务缴纳增值税。

(4) 建筑服务

建筑服务,是指各类建筑物、构筑物及其附属设施的建造、修缮、装饰,线路、管道、设备、设施等的安装以及其他工程作业的业务活动。它包括工程服务、安装服务、修缮服务、装饰服务和其他建筑服务。

(5) 金融服务

金融服务,是指经营金融保险的业务活动。它包括贷款服务、直接收费金融服务、保险服务和金融商品转让。

融资性售后回租、押汇、罚息、票据贴现、转贷等业务取得的利息及利息性质的收入,按照贷款服务缴纳增值税。

以货币资金投资收取的固定利润或者保底利润,按照贷款服务缴纳增值税。

小思考

为什么融资性售后回租不属于租赁服务?

(6) 现代服务

现代服务,是指围绕制造业、文化产业、现代物流产业等提供技术性、知识性服务的业务活动。它包括研发和技术服务、信息技术服务、文化创意服务、物流辅助服务、租赁服务、鉴证咨询服务、广播影视服务、商务辅助服务和其他现代服务。

(7) 生活服务

生活服务,是指为满足城乡居民日常生活需求提供的各类服务活动。它包括文化体育服务、教育医疗服务、旅游娱乐服务、餐饮住宿服务、居民日常服务和其他生活服务。

4. 无形资产

无形资产,是指不具实物形态,但能带来经济利益的资产,包括技术、商标、著作权、商誉、自然资源使用权和其他权益性无形资产。

(1) 技术,包括专利技术和非专利技术。

(2) 自然资源使用权,包括土地使用权、海域使用权、探矿权、采矿权、取水权和其他自然资源使用权。

(3) 其他权益性无形资产,包括基础设施资产经营权、公共事业特许权、配额、经营权

(包括特许经营权、连锁经营权、其他经营权)、经销权、分销权、代理权、会员权、席位权、网络游戏虚拟道具、域名、名称权、肖像权、冠名权、转会费等。

小思考

为什么网络游戏虚拟道具、域名、肖像权也属于无形资产?

5. 不动产

不动产,是指不能移动或者移动后会引起性质、形状改变的财产,包括建筑物、构筑物等。

(1) 建筑物,包括住宅、商业营业用房、办公楼等可供居住、工作或者进行其他活动的建造物。

(2) 构筑物,包括道路、桥梁、隧道、水坝等建造物。

(3) 转让建筑物有限产权或者永久使用权的,转让在建的建筑物或者构筑物所有权的,以及在转让建筑物或者构筑物时一并转让其所占土地的使用权的,按照销售不动产缴纳增值税。

(二) 销售的界定

1. 销售的一般规定

销售,是指有偿转让货物的所有权,提供劳务、服务,转让无形资产所有权或者使用权,转让不动产所有权。有偿是指取得货币、货物或者其他经济利益。

2. 不属于销售的情形

下列非经营活动的情形不属于销售。

(1) 行政单位收取的同时满足以下条件的政府性基金或者行政事业性收费。

① 由国务院或者财政部批准设立的政府性基金,由国务院或者省级人民政府及其财政、价格主管部门批准设立的行政事业性收费;

② 收取时开具省级以上(含省级)财政部门监(印)制的财政票据;

③ 所收款项全额上缴财政。

(2) 单位或者个体工商户聘用的员工为本单位或者雇主提供取得工资的服务。

(3) 单位或者个体工商户为聘用的员工提供服务。

(4) 财政部和国家税务总局规定的其他情形。

3. 视同销售

(1) 视同销售货物:

① 将货物交付其他单位或者个人代销;

② 销售代销货物;

③ 设有两个以上机构并实行统一核算的纳税人,将货物从一个机构移送其他机构用于销售,但相关机构设在同一县(市)的除外;

④ 将自产或者委托加工的货物用于免征增值税项目;

⑤ 将自产、委托加工的货物用于集体福利或者个人消费;

⑥ 将自产、委托加工或者购进的货物作为投资,提供给其他单位或者个体工商户;

⑦ 将自产、委托加工或者购进的货物分配给股东或者投资者;

⑧ 将自产、委托加工或者购进的货物无偿赠送其他单位或者个人；

⑨ 财政部和国家税务总局规定的其他情形。

本章引入案例解析

本章引入案例中的家电企业用自产产品对外捐赠和作为福利发放给职工，属于视同销售货物，应征收增值税。

(2) 视同销售服务、无形资产或者不动产：

① 单位或者个体工商户向其他单位或者个人无偿提供服务，但用于公益事业或者以社会公众为对象的除外；

② 单位或者个人向其他单位或者个人无偿转让无形资产或者不动产，但用于公益事业或者以社会公众为对象的除外；

③ 财政部和国家税务总局规定的其他情形。

小思考

为什么要有视同销售的规定？

即学即用

下列各项中属于视同销售行为，应当计算销项税额的有(　　)。(多选题)

A. 将自产的货物分给职工做福利

B. 将购买的货物投入生产

C. 将购买的货物无偿赠送他人

D. 将购买的货物用于集体福利

答案：AC

题解：B 项对增值税不产生影响；D 项为不可以抵扣进项税额的情况，不属于视同销售。

(三) 境内的界定

1. 境内的一般规定

(1) 所销售货物的起运地或所在地在境内。

(2) 所提供的劳务发生在境内。

(3) 服务(租赁不动产除外)或者无形资产(自然资源使用权除外)的销售方或者购买方在境内。

(4) 所销售或者租赁的不动产在境内。

(5) 所销售自然资源使用权的自然资源在境内。

(6) 财政部和国家税务总局规定的其他情形。

2. 不属于在境内提供应税服务的情形

(1) 境外单位或者个人向境内单位或者个人销售完全在境外发生的服务。

(2) 境外单位或者个人向境内单位或者个人销售完全在境外使用的无形资产。

(3) 境外单位或者个人向境内单位或者个人出租完全在境外使用的有形动产。

(4) 财政部和国家税务总局规定的其他情形。

二、增值税的纳税人

（一）增值税纳税人的基本规定

1. 纳税义务人

增值税的纳税人是指在中华人民共和国境内销售货物、劳务、服务、无形资产或者不动产以及发生进口业务的单位和个人。

单位，是指企业、行政单位、事业单位、军事单位、社会团体及其他单位。

个人，是指个体工商户和其他个人。

单位以承包、承租、挂靠方式经营的，承包人、承租人、挂靠人（以下统称承包人）以发包人、出租人、被挂靠人（以下统称发包人）名义对外经营并由发包人承担相关法律责任的，以该发包人为纳税人。否则，以承包人为纳税人。

两个或者两个以上的纳税人，经财政部和国家税务总局批准可以视为一个纳税人合并纳税。具体办法由财政部和国家税务总局另行制定。

2. 扣缴义务人

中华人民共和国境外的单位或者个人在境内销售货物、劳务、服务、无形资产或者不动产，在境内未设有经营机构的，以其境内代理人为扣缴义务人；在境内没有代理人的，以购买方为扣缴义务人。

（二）一般纳税人和小规模纳税人的划分

增值税实行凭增值税专用发票抵扣税款的制度，客观上要求纳税人具备健全的会计核算制度和能力。但实际中，很多规模较小的企业及个人，因为会计核算能力和水平较低，不具备发票抵扣税款的条件，应给予特殊的征管方法。因此，为了简化增值税的计算和征收，也有利于减少税收征管漏洞，根据会计核算水平及经营规模，将增值税纳税人划分为一般纳税人和小规模纳税人，分别采用不同的增值税计税方法，实行不同的征管办法。

（三）小规模纳税人的管理

小规模纳税人是指年销售额在规定标准以下，并选择不向主管国税机关办理增值税一般纳税人资格登记的增值税纳税人。

年销售额，是指纳税人在连续不超过 12 个月的经营期内累计应征增值税销售额，包括免税销售额。

增值税小规模纳税人偶然发生的转让不动产的销售额，不计入应税行为年应税销售额。

1. 小规模纳税人的标准

（1）从事货物生产或者提供劳务的纳税人，以及以从事货物生产或者提供劳务为主，并兼营货物批发或者零售的纳税人，年应征增值税销售额（以下简称应税销售额）在 50 万元以下（含本数，下同）的。

以从事货物生产或者提供劳务为主，是指纳税人的年货物生产或者提供劳务的销售额占年应税销售额的比重在 50%以上。

(2) 对上述规定以外的纳税人(不含“营改增”试点纳税人),年应税销售额在80万元以下的。

(3) 销售服务、无形资产或者不动产的年应税销售额未超过500万元的试点纳税人。

试点纳税人试点实施前的应税行为年应税销售额按以下公式换算:

应税行为年应税销售额=连续不超过12个月应税行为营业额合计÷(1+3%)

按照现行营业税规定差额征收营业税的试点纳税人,其应税行为营业额按未扣除之前的营业额计算。

试点实施前,试点纳税人偶然发生的转让不动产的营业额,不计入应税行为年应税销售额。

(4) 年应税销售额超过小规模纳税人标准的其他个人按小规模纳税人纳税。

(5) 不经常发生应税行为的单位和个体工商户。

(6) 非企业性单位可选择按小规模纳税人纳税。

2. 小规模纳税人的管理

未超过规定标准的纳税人会计核算健全,能够提供准确税务资料的,可以向主管税务机关申请资格登记,不作为小规模纳税人,依照一般纳税人的有关规定计算缴纳增值税。会计核算健全,是指能够按照国家统一的会计制度规定设置账簿,根据合法、有效凭证核算。

除国家税务总局另有规定外,纳税人一经登记为一般纳税人后,不得转为小规模纳税人。

 即学即用

下列纳税人的年应税销售额超过增值税一般纳税人认定标准,必须认定为一般纳税人的是(　　)。(多选题)

A. 事业单位　　B. 偶然发生转让不动产的小规模纳税人

C. 个体工商户　　D. 行政单位

答案:BC

题解:非企业性单位,可以选择按小规模纳税人纳税。

(四) 一般纳税人的管理

1. 一般纳税人

(1) 一般纳税人是指年应税销售额,超过财政部、国家税务总局规定的小规模纳税人标准的企业和企业性单位。

(2) 未超过规定标准的纳税人会计核算健全,能够提供准确税务资料的,可以向主管税务机关申请办理一般纳税人资格登记。

2. 一般纳税人的管理规定

自2015年4月1日起,增值税一般纳税人(以下简称一般纳税人)资格实行登记制,登记事项由增值税纳税人(以下简称纳税人)向其主管税务机关办理。

(1) 增值税纳税人,年应税销售额超过财政部、国家税务总局规定的小规模纳税人标准的,除另有规定外,应当向主管税务机关申请一般纳税人资格登记。

(2) 年应税销售额未超过财政部、国家税务总局规定的小规模纳税人标准以及新开业

的纳税人,可以向主管税务机关申请一般纳税人资格登记。对提出申请并且能够按照国家统一的会计制度规定设置账簿,根据合法、有效凭证核算,能够提供准确税务资料的纳税人,主管税务机关应当为其办理一般纳税人资格登记。

(3) 纳税人年应税销售额超过财政部、国家税务总局规定标准,且符合有关政策规定,选择按小规模纳税人纳税的,应当向主管税务机关提交《选择按小规模纳税人纳税的情况说明》。个体工商户以外的其他个人年应税销售额超过规定标准的,不需要向主管税务机关提交书面说明。

(4) 试点纳税人兼有销售货物、提供加工修理修配劳务和应税行为的,应税货物及劳务销售额与应税行为销售额分别计算,分别适用增值税一般纳税人资格登记标准。

(5) 试点纳税人在办理增值税一般纳税人资格登记后,发生增值税偷税、骗取出口退税和虚开增值税扣税凭证等行为的,主管国税机关可以对其实行6个月的纳税辅导期管理。

小思考

为什么要有一般纳税人和小规模纳税人的划分?

三、增值税的税率、征收率

我国增值税采用比例税率形式。由于增值税纳税人分为一般纳税人和小规模纳税人,采用的征收方法不同,对一般纳税人采用的是税率,对小规模纳税人采用征收率。

(一) 基本税率

(1) 增值税一般纳税人销售货物或者进口货物、提供劳务,除另有规定者外,均适用17%的基本税率。

(2)"营改增"试点纳税人中的一般纳税人,除另有规定适用税率者外,均适用6%的基本税率。

(二) 适用其他税率的具体规定

1. 适用13%的低税率的情形

增值税一般纳税人销售或者进口下列货物,按13%的低税率计征增值税:

(1) 粮食、食用植物油;

(2) 自来水、暖气、冷气、热水、煤气、石油液化气、天然气、沼气、居民用煤炭制品;

(3) 图书、报纸、杂志;

(4) 饲料、化肥、农药、农机、农膜;

(5) 国务院规定的其他货物,包括农产品、音像制品、电子出版物、二甲醚,以及属于农机范围的密集型烤房设备、频振式杀虫灯、自动虫情测报灯、粘虫板等。

小思考

为什么要有低税率的规定?

2. "营改增"试点纳税人相关规定

"营改增"试点纳税人中的一般纳税人,适用其他税率:

(1) 提供交通运输、邮政、基础电信、建筑、不动产租赁服务,销售不动产,转让土地使用权,税率为11%。

(2) 提供有形动产租赁服务,税率为17%。

(三) 零税率

纳税人出口的货物和境内单位和个人发生的跨境应税行为,税率为零。但是,国家另有规定的除外。

(四) 征收率

对于小规模纳税人及一些特殊情况采用简易办法征收,对小规模纳税人及特殊情况适用的税率称为征收率。

1. 一般规定

增值税小规模纳税人适用3%征收率。

2. 原增值税一般纳税人适用征收率的税法规定

(1) 一般纳税人销售自产下列货物,可按简易办法按3%征收率计算缴纳增值税,不得抵扣进项税额:

① 县级及县级以下小型水力发电单位生产的电力;

② 建筑用和生产建筑材料所用的砂、土、石料;

③ 以自己采掘的砂、土、石料或其他矿物连续生产的砖、瓦、石灰(不含黏土实心砖、瓦);

④ 用微生物、微生物代谢产物、动物毒素、人或动物的血液或组织制成的生物制品;

⑤ 自来水;

⑥ 商品混凝土(仅限于以水泥为原料生产的水泥混凝土);

⑦ 属于增值税一般纳税人的单采血浆站销售非临床用人体血液。

一般纳税人选择简易办法计算缴纳增值税后,36个月内不得变更。

(2) 一般纳税人销售货物属于下列情形之一的,暂按简易办法依照3%征收率计算缴纳增值税:

① 寄售商店代销寄售物品(包括居民个人寄售的物品在内);

② 典当业销售死当物品;

③ 经国务院或国务院授权机关批准的免税商店零售的免税品。

(3) 一般纳税人销售自己使用过的不得抵扣且未抵扣进项税额的固定资产,按照简易办法依照3%征收率减按2%征收增值税。

(4) 一般纳税人销售自己使用过的除固定资产以外的物品,应当按照适用税率征收增值税。

3. "营改增"一般纳税人适用征收率的税法规定

(1) 一般纳税人发生下列应税行为,可按简易办法按3%征收率计算缴纳增值税,不得抵扣进项税额:

① 公共交通运输服务;

② 经认定的动漫企业为开发动漫产品提供的动漫设计、制作等服务及在境内转让动漫

版权等动漫服务；

③ 电影放映服务、仓储服务、装卸搬运服务、收派服务和文化体育服务；

④ 以纳入营改增试点之日前取得的有形动产为标的物提供的经营租赁服务；

⑤ 在纳入营改增试点之日前签订的尚未执行完毕的有形动产租赁合同。

(2) 一般纳税人提供下列建筑服务，选择适用简易计税方法，按3%征收率计算应纳税额：

① 以清包工方式提供的建筑服务；

② 为甲供工程提供的建筑服务；

③ 为建筑工程老项目提供的建筑服务。

小思考

为什么清包工方式和甲供工程提供建筑服务，可以选择适用简易计税方法？

(3) 一般纳税人销售下列不动产，选择适用简易计税方法，按5%征收率计算应纳税额：

① 销售其2016年4月30日前取得(不含自建)的不动产；

② 销售其2016年4月30日前自建的不动产；

③ 房地产开发企业中的一般纳税人，销售自行开发的房地产老项目。

(4) 一般纳税人提供不动产经营租赁服务，选择适用简易计税方法征收率的相关规定：

① 一般纳税人出租其2016年4月30日前取得的不动产，可以选择适用简易计税方法，按照5%的征收率计算应纳税额。

② 公路经营企业中的一般纳税人收取试点前开工的高速公路的车辆通行费，可以选择适用简易计税方法，减按3%的征收率计算应纳税额。

③ 一般纳税人收取试点前开工的一级公路、二级公路、桥、闸通行费，可以选择适用简易计税方法，按照5%的征收率计算缴纳增值税。

(5) 一般纳税人提供劳务派遣服务，可以选择差额纳税，按照简易计税方法依5%的征收率计算缴纳增值税。

小思考

为什么对增值税一般纳税人要有简易计税方法的规定？

4. 小规模纳税人销售自己使用过的固定资产和其他物品

小规模纳税人(除其他个人外，下同)销售自己使用过的固定资产，减按2%征收率征收增值税；小规模纳税人销售自己使用过的除固定资产以外的物品，应按3%的征收率征收增值税。

5. 纳税人销售旧货

纳税人销售旧货，按照简易办法依照3%征收率减按2%征收增值税。旧货，是指进入二次流通的具有部分使用价值的货物(含旧汽车、旧摩托车和旧游艇)，但不包括自己使用过的物品。

6. 个人出租房屋

个人(个体工商户和其他个人)出租住房按5%征收率减按1.5%计算应纳税额；出租非住房，按5%征收率征收。

即学即用

按现行增值税制度的规定，一般纳税人生产的下列货物，可以按简易办法依照3%的征收率计算缴纳增值税的是(　　)。(单选题)

A. 用动物血液制成的生物制品　　B. 用购买的石料生产的石灰

C. 县以下小型火力发电单位生产的电力　　D. 用高炉水渣生产的墙体材料

答案：A

题解：县以下小型水力发电单位生产的电力，火力发电不适用该规定。

(五) 适用税率的特殊规定

1. 兼营

纳税人兼营销售货物、劳务、服务、无形资产或者不动产，适用不同税率或者征收率的，应当分别核算适用不同税率或者征收率的销售额；未分别核算的，从高适用税率。按照以下方法适用税率或者征收率：

(1) 兼有不同税率的销售货物、加工修理修配劳务、服务、无形资产或者不动产，从高适用税率。

(2) 兼有不同征收率的销售货物、加工修理修配劳务、服务、无形资产或者不动产，从高适用征收率。

(3) 兼有不同税率和征收率的销售货物、加工修理修配劳务、服务、无形资产或者不动产，从高适用税率。

小思考

为什么纳税人兼营适用不同税率或者征收率的货物、劳务、服务、无形资产和不动产，未分别核算的，要有从高适用税率的规定？

2. 混合销售行为

一项销售行为如果既涉及服务又涉及货物，为混合销售。从事货物的生产、批发或者零售的单位和个体工商户的混合销售行为，按照销售货物缴纳增值税；其他单位和个体工商户的混合销售行为，按照销售服务缴纳增值税。

本条所称从事货物的生产、批发或者零售的单位和个体工商户，包括以从事货物的生产、批发或者零售为主，并兼营销售服务的单位和个体工商户在内。

即学即用

下列各项中，属于混合销售行为，应按照销售货物缴纳增值税的是(　　)。(单选题)

A. 建材商店在销售建材的同时又为其他客户提供装饰服务

B. 汽车制造公司在生产销售汽车的同时又为客户提供修理服务

C. 塑钢门窗销售商店在销售产品的同时又为客户提供安装服务

D. 电信局为客户提供电话安装服务的同时又销售所安装的电话机

答案：C

题解：A项属于兼营行为；B项业务不涉及服务，不属于混合销售行为；D项为混合销售行为，应按照销售服务缴纳增值税。

四、增值税的税收优惠

（一）《增值税暂行条例》规定的免税项目

（1）农业生产者销售的自产农产品。

（2）避孕药品和用具。

（3）古旧图书。是指向社会收购的古书和旧书。

（4）直接用于科学研究、科学试验和教学的进口仪器、设备。

（5）外国政府、国际组织无偿援助的进口物资和设备。

（6）由残疾人组织直接进口供残疾人专用的物品。

（7）销售自己使用过的物品。自己使用过的物品，是指其他个人自己使用过的物品。

即学即用

下列项目属于免税的有（　　）。（多选题）

A. 农业生产者销售自产的玉米　　B. 药厂销售避孕药品

C. 药厂销售使用过低于原值的设备　　D. 机械厂销售农业机具

答案：AB

（二）增值税起征点的规定

1. 增值税起征点的适用情况

个人发生应税行为的销售额未达到增值税起征点的，免征增值税；达到起征点的，全额计算缴纳增值税。

增值税起征点不适用于登记为一般纳税人的个体工商户。

2. 增值税起征点的幅度规定

（1）按期纳税的，为月销售额 5 000～20 000 元（含本数）；

（2）按次纳税的，为每次（日）销售额 300～500 元（含本数）。

起征点的调整由财政部和国家税务总局规定。省、自治区、直辖市财政厅（局）和国家税务局应当在规定的幅度内，根据实际情况确定本地区适用的起征点，并报财政部和国家税务总局备案。

3. 增值税小规模纳税人起征点的规定

对增值税小规模纳税人中月销售额未达到 2 万元的企业或非企业性单位，免征增值税。2017 年 12 月 31 日前，对月销售额 2 万元（含本数）至 3 万元的增值税小规模纳税人，免征增值税。

（三）营业税改征增值税试点过渡政策的规定

1. 下列项目免征增值税

（1）托儿所、幼儿园提供的保育和教育服务；

（2）养老机构提供的养老服务；

(3) 残疾人福利机构提供的育养服务；

(4) 婚姻介绍服务；

(5) 殡葬服务；

(6) 残疾人员本人为社会提供的服务；

(7) 医疗机构提供的医疗服务；

(8) 从事学历教育的学校提供的教育服务；

(9) 学生勤工俭学提供的服务；

(10) 农业机耕、排灌、病虫害防治、植物保护、农牧保险以及相关技术培训业务，家禽、牲畜、水生动物的配种和疾病防治；

(11) 纪念馆、博物馆、文化馆、文物保护单位管理机构、美术馆、展览馆、书画院、图书馆在自己的场所提供文化体育服务取得的第一道门票收入；

(12) 寺院、宫观、清真寺和教堂举办文化、宗教活动的门票收入；

(13) 行政单位之外的其他单位收取的符合规定条件的政府性基金和行政事业性收费；

(14) 个人转让著作权；

(15) 个人销售自建自用住房；

(16) 2018 年 12 月 31 日前，公共租赁住房经营管理单位出租公共租赁住房；

(17) 中国台湾航运公司、航空公司从事海峡两岸海上直航、空中直航业务在大陆取得的运输收入；

(18) 纳税人提供的直接或者间接国际货物运输代理服务；

(19) 规定范围的利息收入；

(20) 被撤销金融机构以货物、不动产、无形资产、有价证券、票据等财产清偿债务；

(21) 保险公司开办的一年期以上人身保险产品取得的保费收入；

(22) 规定范围的金融商品转让收入；

(23) 金融同业往来利息收入；

(24) 同时符合规定条件的担保机构从事中小企业信用担保或者再担保业务取得的收入(不含信用评级、咨询、培训等收入)3 年内免征增值税；

(25) 国家商品储备管理单位及其直属企业承担商品储备任务，从中央或者地方财政取得的利息补贴收入和价差补贴收入；

(26) 纳税人提供技术转让、技术开发和与之相关的技术咨询、技术服务；

(27) 同时符合规定条件的合同能源管理服务；

(28) 2017 年 12 月 31 日前，科普单位的门票收入，以及县级及以上党政部门和科协开展科普活动的门票收入；

(29) 政府举办的从事学历教育的高等、中等和初等学校(不含下属单位)，举办进修班、培训班取得的全部归该学校所有的收入；

(30) 政府举办的职业学校设立的主要为在校学生提供实习场所、并由学校出资自办、由学校负责经营管理、经营收入归学校所有的企业，从事规定业务活动取得的收入；

(31) 家政服务企业由员工制家政服务员提供家政服务取得的收入；

(32) 福利彩票、体育彩票的发行收入；

(33) 军队空余房产租赁收入；

(34) 为了配合国家住房制度改革，企业、行政事业单位按房改成本价、标准价出售住房取得的收入；

(35) 将土地使用权转让给农业生产者用于农业生产；

(36) 涉及家庭财产分割的个人无偿转让不动产、土地使用权；

(37) 土地所有者出让土地使用权和土地使用者将土地使用权归还给土地所有者；

(38) 县级以上地方人民政府或自然资源行政主管部门出让、转让或收回自然资源使用权(不含土地使用权)；

(39) 随军家属就业；

(40) 军队转业干部就业。

2. 增值税即征即退

(1) 一般纳税人提供管道运输服务，对其增值税实际税负超过3%的部分实行增值税即征即退政策。

(2) 经人民银行、银监会或者商务部批准从事融资租赁业务的试点纳税人中的一般纳税人，提供有形动产融资租赁服务和有形动产融资性售后回租服务，对其增值税实际税负超过3%的部分实行增值税即征即退政策。

(3) 本规定所称增值税实际税负，是指纳税人当期提供应税服务实际缴纳的增值税额占纳税人当期提供应税服务取得的全部价款和价外费用的比例。

3. 扣减增值税规定

(1) 退役士兵创业就业。

(2) 重点群体创业就业。

4. 金融企业发放贷款的相关规定

金融企业发放贷款后，自结息日起90天内发生的应收未收利息按现行规定缴纳增值税，自结息日起90天后发生的应收未收利息暂不缴纳增值税，待实际收到利息时按规定缴纳增值税。

5. 个人销售住房的相关规定

个人将购买不足2年的住房对外销售的，按照5%的征收率全额缴纳增值税；个人将购买2年以上(含2年)的住房对外销售的，免征增值税。上述政策适用于北京市、上海市、广州市和深圳市之外的地区。

(四) 其他有关减免税规定

(1) 纳税人兼营免税、减税项目的，应当分别核算免税、减税项目的销售额；未分别核算销售额的，不得免税、减税。

(2) 纳税人销售货物或者劳务适用免税规定的，可以放弃免税，依照规定缴纳增值税。放弃免税后，36个月内不得再申请免税。

纳税人提供服务同时适用免税和零税率规定的，优先适用零税率。

(3) 安置残疾人单位既符合促进残疾人就业增值税优惠政策条件，又符合其他增值税优惠政策条件的，可同时享受多项增值税优惠政策，但年度申请退还增值税总额不得超过本年度内应纳增值税总额。

第三节 增值税应纳税额的计算

增值税应纳税额的计算，即增值税的计税方法，包括一般计税方法、简易计税方法和扣缴计税方法。2016 年全面推开“营改增”试点，部分行业的特殊业务涉及预缴税款的情况，其预缴税款的计算也是本节研究的内容之一。

一、一般纳税人一般计税方法应纳税额的计算

一般纳税人销售货物或者提供应税劳务和应税服务，适用一般计税方法。其计算公式为：

当期应纳增值税税额＝当期销项税额－当期进项税额

当期销项税额小于当期进项税额不足抵扣时，其不足部分可以结转下期继续抵扣。

一般纳税人销售或提供财政部、国家税务总局规定的特定货物、应税劳务和应税服务，可以选择适用简易办法计税，但是一经选择，36 月内不得变更。

（一）销项税额的计算

销项税额是指纳税人销售货物或者提供应税劳务和应税服务，按照销售额或者提供应税劳务和应税服务收入与规定的税率计算并且向购买方收取的增值税税额，其计算公式为：

销项税额＝销售额×适用税率

在适用税率既定的前提下，销项税额的大小主要取决于销售额的大小，计算销项税额的关键在于正确、合理地确定销售额。

1. 销售额的一般规定

销售额是指纳税人销售货物或提供应税劳务和应税服务向购买方收取的全部价款和价外费用。

价外费用，包括价外向购买方收取的手续费、补贴、基金、集资费、返还利润、奖励费、违约金、滞纳金、延期付款利息、赔偿金、代收款项、代垫款项、包装费、包装物租金、储备费、优质费、运输装卸费以及其他各种性质的价外收费，但下列项目不包括在内。

（1）向购买方收取的销项税额。

一般纳税人销售货物或者提供应税劳务的销售额中如果未扣除增值税税款，或者因不得开具增值税专用发票而发生价款和增值税税款合并收取的，应把含税销售额换算成不含税销售额计税。其计算公式为：

$$销售额=\frac{含税销售额}{1+税率}$$

（2）受托加工应征消费税的消费品，由受托方所代收代缴的消费税。

（3）同时符合以下条件的代垫运输费用：承运部门的运输费用发票开具给购买方的；纳税人将该项发票转交给购买方的。

（4）同时符合以下条件代为收取的政府性基金或者行政事业性收费：由国务院或者财

政部批准设立的政府性基金，由国务院或省级人民政府及其财政、价格主管部门批准设立的行政事业性收费；收取时开具省级以上财政部门印制的财政票据；所收款项全部上缴财政。

(5) 销售货物的同时代办保险等而向购买方收取的保险费，以及向购买方收取的代购买方缴纳的车辆购置税、车辆牌照费。

凡随同销售货物或提供应税劳务和应税服务向购买方收取的价外费用，无论其会计上如何核算，均应并入销售额计算应纳税额。纳税人向购买方收取的价外费用视为含税收入，在计算时应换算成不含税收入再并入销售额，税率取决于纳税人所销售的货物、劳务、服务所适用的税率。

小思考

为什么价外费用要并入销售额？

【例 2-1】 某农用机械厂本月销售农用机械一批，取得不含税销售额 400 000 元，另收取包装费 11 300 元，计算该农用机械厂本月销项税额。

解析：

当期销项税额＝销售额×税率＝(价款＋价外费用)×税率

＝[400 000＋11 300÷(1＋13%)] ×13%＝53 300(元)

2. 混合销售的销售额

对属于征收增值税的混合销售行为，除另有规定外，其销售额为货物销售额和非应税劳务销售额的合计数。

3. 核定销售额

纳税人销售货物或应税劳务的价格明显偏低且无正当理由的，或者是纳税人发生了视同销售货物的行为而无销售额的，主管税务机关有权核定其销售额。其核定顺序及方法如下：

(1) 按纳税人最近时期同类货物的平均销售价格确定；

(2) 按其他纳税人最近时期同类货物的平均销售价格确定；

(3) 按组成计税价格确定。组成计税价格的公式为：

组成计税价格＝成本＋利润

或：　组成计税价格＝成本×(1＋成本利润率)

属于应征消费税的货物，其组成计税价格应加计消费税税额。其计算公式为：

组成计税价格＝成本＋利润＋消费税税额

成本：销售自产货物的为实际生产成本，销售外购货物的为实际采购成本。成本利润率为 10%。但属于应从价定率征收消费税的货物，其成本利润率由国家税务总局确定。

营业税改增征税规定：纳税人提供应税服务的价格明显偏低或者偏高且不具有合理商业目的的，或者发生视同销售行为而无销售额的，主管税务机关有权按照下列顺序确定销售额：

(1) 按照纳税人最近时期销售同类服务、无形资产和不动产的平均价格确定；

(2) 按照其他纳税人最近时期销售同类服务、无形资产和不动产的平均价格确定；

(3) 按照组成计税价格确定。组成计税价格的公式为：

组成计税价格＝成本×(1＋成本利润率)

成本利润率由国家税务总局确定。

4. 特殊销售方式下的销售额

在销售活动中，为了到达促销的目的，纳税人常常采取一些特殊的销售方式，在不同销售方式下，纳税人取得的销售额有所不同，税法中对于不同销售方式计算应纳增值税的销售额的确定有不同规定。

(1) 采用折扣销售方式销售

折扣销售(又称商业折扣)，是指销货方在销售货物或应税劳务和应税服务时，因购货方购货数量较大，而给予购货方的价格优惠。折扣和销售行为是同时发生的，买方只需按折扣后的价格付款。纳税人采取折扣销售方式销售货物，如果销售额和折扣额在同一张发票上的"金额"栏分别注明的，可按折扣后的余额作为销售额计算增值税；如果将折扣额另开发票，不论其财务上如何处理，计算增值税时，均不得从销售额中减除折扣额。

(2) 采取销售折扣方式销售

销售折扣(又称现金折扣)，是指销售方为了鼓励购货方在规定的期限内尽早付款而给予购买方的一种折扣优待，允许购货方在应支付的货款总额内扣除一定比例的金额，通常以2/10、1/20的形式来表示。

销售折扣本质上是企业的一种融资行为，属于财务费用的范畴，现行会计制度规定，销售折扣实际发生时计入财务费用，不得从销售额中扣减。

【例 2-2】 甲服装厂为一般纳税人，2016 年 7 月销售给乙公司 2 000 套服装，每套不含税价格为 500 元，由于乙公司购买数量多，甲服装厂按照原价的 8 折优惠销售(销售额和折扣额在同一张发票上的"金额"栏分别注明)，并提供 1/10，n/20 的销售折扣，乙公司于 10 日内付款，计算甲服装厂该项销售业务的销项税额。

解析：甲服装厂提供的 8 折优惠属于折扣销售方式，并且销售额和折扣额在同一张发票上的"金额"栏分别注明，所以可按折扣后的余额作为销售额计算增值税；甲服装厂提供的销售折扣，计算销项税额时则不得从销售额中扣减。

$$当期销项税额=2\ 000\times500\times80\%\times17\%=136\ 000(元)$$

(3) 销售折让

销售折让是指货物销售后，由于其品种、质量等原因购货方未予退货，但销货方需给予购货方的一种价格折让。

发生销售折让，按扣除销售折让后的销售额征税。增值税一般纳税人应凭借《开具红字增值税专用发票通知单》，开具红字专用发票(在防伪税控系统中以负数开具)后，将发生销售折让而退还给购买方的增值税额，从发生销售折让当期的销项税额中扣减。未按规定开具红字增值税专用发票的，增值税额不得从销项税额中扣减。

小思考

销售折扣和销售折让有哪些区别？

(4) 采取以旧换新方式销售

以旧换新是指纳税人在销售过程中，折价收回同类旧货物，并以折价部分冲减货物价款的一种销售方式。根据税法规定，采取以旧换新方式销售货物的(金银首饰除外)，应按新货物的同期销售价格确定销售额，不得扣减旧货物的收购价格。考虑到金银首饰以旧换新业务的特殊情况，对金银首饰以旧换新业务，可以按销售方实际收取的不含增值税的全部价款征收增值税。

(5) 采取还本销售方式销售

还本销售是指纳税人在销售货物后，到一定期限由销售方一次或分次退还给购货方全部或部分价款。这种方式实际上是一种筹资，是以货物换取资金的使用价值，到期还本不付息的方法。税法规定，采取还本销售方式销售货物，其销售额就是货物的销售价格，不得从销售额中减除还本支出。

(6) 采取以物易物方式销售

以物易物是一种较为特殊的购销活动，是指购销双方不是以货币结算，而是以同等价款的货物相互结算，实现货物购销的一种方式。以物易物双方都应作购销处理，以各自发出的货物核算销售额并计算销项税额，以各自收到的货物按规定核算购货额并计算进项税额。应注意，在以物易物活动中，应分别开具合法的票据，必须计算销项税额，如收到的货物不能取得相应的增值税专用发票或其他合法票据的，不能抵扣进项税额。

5. 出租出借包装物租金和押金的税务处理

营业税改征增值税后，出租包装物属于增值税应税项目。纳税人为销售货物而出租包装物收取的租金收入，应与货物销售收入分别核算，适用不同税率。

纳税人为销售货物而出租出借包装物收取的押金，单独记账核算的，时间在1年以内，又未过期的，不并入销售额征税。但对因逾期未收回包装物不再退还的押金，应按所包装货物的适用税率计算销项税额。

上述规定中，"逾期"是指按合同约定实际逾期或以1年为期限，对收取1年以上的押金，无论包装物周转使用期限长短，无论是否退还均并入销售额征税。在将包装物押金并入销售额征税时，需要先将该押金换算为不含税销售额，再并入销售额征税。

对销售除啤酒、黄酒外的其他酒类产品收取的包装物押金，无论是否返还以及会计上如何核算，均应并入当期销售额征收增值税。

【例2-3】 某啤酒厂为增值税一般纳税人，2016年9月份销售啤酒取得不含税销售额800万元，收取包装物押金23.4万元，本月没收逾期未退还包装物押金58.5万元，计算2015年11月该厂的销项税额。

解析： 销售啤酒时出租包装物而收取的押金，不并入销售额征税。但对逾期未收回包装物不再退还的押金，应按所包装货物的适用税率计算销项税额。

$$当期销项税额=[800+58.5\div(1+17\%)]\times17\%=144.5(万元)$$

6. 销售退回销售额的确定

增值税一般纳税人因销货退回退还给购买方的增值税额，凭借《开具红字增值税专用发票信息表》，开具红字专用发票(在防伪税控系统中以负数开具)后，从发生销货退回当期的销项税额中扣减。未按规定开具红字增值税专用发票的，增值税额不得从销项税额中扣减。

纳税人提供的适用一般计税方法计税的应税服务，因服务中止而退还给购买方的增值税额，应当从当期的销项税额中扣减。

7. 房地产开发企业销售额的规定

房地产开发企业中的一般纳税人销售自行开发的房地产项目，适用一般计税方法计税，按照取得的全部价款和价外费用，扣除当期销售房地产项目对应的土地价款后的余额计算销售额。销售额的计算公式如下：

$$销售额=\frac{全部价款和价外费用-当期允许扣除的土地价款}{1+11\%}$$

当期允许扣除的土地价款按照以下公式计算：

$$当期允许扣除的土地价款=\frac{当期销售房地产项目建筑面积}{房地产项目可供销售建筑面积}\times 支付的土地价款$$

当期销售房地产项目建筑面积，是指当期进行纳税申报的增值税销售额对应的建筑面积。

房地产项目可供销售建筑面积，是指房地产项目可以出售的总建筑面积，不包括销售房地产项目时未单独作价结算的配套公共设施的建筑面积。

支付的土地价款，是指向政府、土地管理部门或受政府委托收取土地价款的单位直接支付的土地价款。

在计算销售额时从全部价款和价外费用中扣除土地价款，应当取得省级以上（含省级）财政部门监（印）制的财政票据。

一般纳税人应建立台账登记土地价款的扣除情况，扣除的土地价款不得超过纳税人实际支付的土地价款。

（二）进项税额的计算

进项税额，是指纳税人购进货物或者接受应税劳务和应税服务，支付或者负担的增值税税额。

纳税人购进货物或接受应税劳务和应税服务所支付或者负担的增值税额，一般在其取得的增值税专用发票上注明，但由于增值税征税范围、税收优惠、增值税专用发票使用等方面的原因，使得纳税人购进货物或接受应税劳务所支付或者负担的增值税额不能全部在增值税专用发票上反映出来，有时还需要通过所支付的购货金额和扣除率计算求得。

1. 准予从销项税额中抵扣的进项税额

(1) 从销售方取得的增值税专用发票（含税控机动车销售统一发票）上注明的增值税额。

(2) 从海关取得的海关进口增值税专用缴款书上注明的增值税额。

(3) 购进农产品，除取得增值税专用发票或者海关进口增值税专用缴款书外，按照农产品收购发票或者销售发票上注明的农产品买价和13%的扣除率计算的进项税额。计算公式为：

$$进项税额=买价\times 扣除率$$

买价，是指纳税人购进农产品在农产品收购发票或者销售发票上注明的价款和按照规定缴纳的烟叶税。

购进农产品，按照《农产品增值税进项税额核定扣除试点实施办法》抵扣进项税额的除外。

自2012年7月1日起，以购进农产品为原料生产销售液体乳及乳制品、酒及酒精、植物油的增值税一般纳税人，其购进农产品无论是否用于生产上述产品，增值税进项税额均实行核定扣除办法。

【例 2-4】 某食品加工厂为增值税一般纳税人，2016 年 8 月份从某粮食购销企业购进小麦 10 吨用于生产面粉，取得增值税专用发票，注明价款 20 000 元；从农民手中收购玉米 500 千克用于生产玉米粉，收购发票上注明价款 3 500 元，货物已入库。计算该加工厂当月可以抵扣的进项税额。

解析：从粮食购销企业购进小麦，取得增值税专用发票，可以凭增值税专用发票抵扣进项税额；从农民手中购进玉米，是购入免税农产品，可凭收购发票上注明价款按 13%扣除率进行进项税额的抵扣。

该加工厂当月可以抵扣的进项税额＝20 000×13%＋3 500×13%＝3 055(元)

小思考

为什么对于一些规定的农产品，其增值税进项税额采用核定扣除办法？

(4) 从境外单位或者个人购进服务、无形资产或者不动产，自税务机关或者扣缴义务人取得的解缴税款的完税凭证上注明的增值税额。

纳税人取得的增值税扣税凭证不符合法律、行政法规或者国家税务总局有关规定的，其进项税额不得从销项税额中抵扣。

增值税扣税凭证，是指增值税专用发票、海关进口增值税专用缴款书、农产品收购发票、农产品销售发票和完税凭证。

纳税人凭完税凭证抵扣进项税额的，应当具备书面合同、付款证明和境外单位的对账单或者发票。资料不全的，其进项税额不得从销项税额中抵扣。

(5) 收费公路通行费可抵扣进项税额。

2016 年 5 月 1 日至 7 月 31 日，一般纳税人支付的道路、桥、闸通行费，暂凭取得的通行费发票（不含财政票据，下同）上注明的收费金额按照下列公式计算可抵扣的进项税额：

$$\text{高速公路通行费可抵扣进项税额}=\text{高速公路通行费发票上注明的金额}\div(1+3\%)\times3\%$$

$$\frac{\text{一级公路、二级公路、桥、闸通行费}}{\text{可抵扣进项税额}}=\frac{\text{一级公路、二级公路、桥、闸通行费}}{\text{发票上注明的金额}}\div(1+5\%)\times5\%$$

通行费，是指有关单位依法或者依规设立并收取的过路、过桥和过闸费用。

2. 不动产进项税额分期抵扣办法

(1) 增值税一般纳税人 2016 年 5 月 1 日后取得并在会计制度上按固定资产核算的不动产，以及 2016 年 5 月 1 日后发生的不动产在建工程，其进项税额应按照规定分 2 年从销项税额中抵扣，第一年抵扣比例为 60%，第二年抵扣比例为 40%。

(2) 纳税人 2016 年 5 月 1 日后购进货物和设计服务、建筑服务，用于新建不动产，或者用于改建、扩建、修缮、装饰不动产并增加不动产原值超过 50%的，其进项税额依照规定分 2 年从销项税额中抵扣。

(3) 纳税人按照规定从销项税额中抵扣进项税额，应取得 2016 年 5 月 1 日后开具的合法有效的增值税扣税凭证。上述进项税额中，60%的部分于取得扣税凭证的当期从销项税额中抵扣；40%的部分为待抵扣进项税额，于取得扣税凭证的当月起第 13 个月从销项税额中抵扣。

(4) 购进时已全额抵扣进项税额的货物和服务，转用于不动产在建工程的，其已抵扣进项税额的 40%部分，应于转用的当期从进项税额中扣减，计入待抵扣进项税额，并于转用的当月起第13个月从销项税额中抵扣。

(5) 纳税人销售其取得的不动产或者不动产在建工程时，尚未抵扣完毕的待抵扣进项税额，允许于销售的当期从销项税额中抵扣。

(6) 已抵扣进项税额的不动产，发生非正常损失，或者改变用途，专用于简易计税方法计税项目、免征增值税项目、集体福利或者个人消费的，按照下列公式计算不得抵扣的进项税额：

不得抵扣的进项税额＝(已抵扣进项税额＋待抵扣进项税额)×不动产净值率

不动产净值率＝(不动产净值÷不动产原值)×100%

(7) 不动产在建工程发生非正常损失的，其所耗用的购进货物、设计服务和建筑服务已抵扣的进项税额应于当期全部转出；其待抵扣进项税额不得抵扣。

(8) 按照规定不得抵扣进项税额的不动产，发生用途改变，用于允许抵扣进项税额项目的，按照下列公式在改变用途的次月计算可抵扣进项税额。

可抵扣进项税额＝增值税扣税凭证注明或计算的进项税额×不动产净值率

(9) 纳税人注销税务登记时，其尚未抵扣完毕的待抵扣进项税额于注销清算的当期从销项税额中抵扣。

(10) 待抵扣进项税额记入“应交税金——待抵扣进项税额”科目核算，并于可抵扣当期转入“应交税金—应交增值税(进项税额)”科目。

对不同的不动产和不动产在建工程，纳税人应分别核算其待抵扣进项税额。

3. 不得从销项税额中抵扣的进项税额

并不是纳税人支付的所有进项税额都可以从销项税额中抵扣。为体现增值税的配比原则，即购进项目金额与销售项目金额之间应有配比性，当纳税人购进的货物或接受的应税劳务和应税服务不是用于增值税应税项目，其支付的进项税额就不能从销项税额中抵扣。

下列项目的进项税额不得从销项税额中抵扣：

(1) 用于简易计税方法计税项目、免征增值税项目、集体福利或者个人消费的购进货物、加工修理修配劳务、服务、无形资产和不动产。其中涉及的固定资产、无形资产、不动产，仅指专用于上述项目的固定资产、无形资产(不包括其他权益性无形资产)、不动产。

纳税人的交际应酬消费属于个人消费。

(2) 非正常损失的购进货物，以及相关的加工修理修配劳务和交通运输服务。

(3) 非正常损失的在产品、产成品所耗用的购进货物(不包括固定资产)、加工修理修配劳务和交通运输服务。

(4) 非正常损失的不动产，以及该不动产所耗用的购进货物、设计服务和建筑服务。

(5) 非正常损失的不动产在建工程所耗用的购进货物、设计服务和建筑服务。

纳税人新建、改建、扩建、修缮、装饰不动产，均属于不动产在建工程。

(6) 购进的旅客运输服务、贷款服务、餐饮服务、居民日常服务和娱乐服务。

(7) 财政部和国家税务总局规定的其他情形。

上述第(4)项、第(5)项所称货物，是指构成不动产实体的材料和设备，包括建筑装饰材料和给排水、采暖、卫生、通风、照明、通信、煤气、消防、中央空调、电梯、电气、智能化楼宇设备及配套设施。

非正常损失是指因管理不善造成货物被盗、丢失、霉烂变质，以及因违反法律法规造成货物或者不动产被依法没收、销毁、拆除的情形。

 **小思考**

为什么要有不得抵扣进项税额的规定?

4. 不得抵扣进项税额的计算

(1) 适用一般计税方法的纳税人,兼营简易计税方法计税项目、免征增值税项目而无法划分不得抵扣的进项税额,按照下列公式计算不得抵扣的进项税额:

$$不得抵扣的进项税额=\frac{当期无法划分的}{全部进项税额}\times\frac{\frac{当期简易计税方法}{计税项目销售额}+免征增值税项目销售额}{当期全部销售额}$$

主管税务机关可以按照上述公式依据年度数据对不得抵扣的进项税额进行清算。

【例 2-5】 某企业为增值税一般纳税人,生产甲、乙两种产品,其中甲产品为增值税应税产品,适用税率为 17%,乙产品为免税产品。2016 年 7 月,该企业销售甲产品取得不含税销售收入 1 500 万元,销售乙产品 500 万元,当月购进用于生产乙产品的丙种原材料,取得增值税专用发票,注明增值税额为 50 万元,购进用于应税产品和免税产品的自来水价款 20 万元,进项税额 0.6 万元,无法划分其用途。计算当月该企业可以抵扣的进项税额。

解析:当月购进丙原种材料是用于生产免税产品,因此不得抵扣进项税额;当月购进自来水,无法划分用于应税项目和免税项目的进项税额,需要按公式计算:

$$不得抵扣的进项税额=0.6\times500\div(500+1\ 500)=0.15(万元)$$

$$当月可以抵扣的进项税额=0.6-0.15=0.45(万元)$$

(2) 已抵扣进项税额的购进货物(不含固定资产)、劳务、服务,发生上述不得从销项税额中抵扣进项税额规定情形的(简易计税方法计税项目、免征增值税项目除外),应当将该进项税额从当期进项税额中扣减;无法确定该进项税额的,按照当期实际成本计算应扣减的进项税额。

(3) 已抵扣进项税额的固定资产、无形资产或者不动产,发生上述不得从销项税额中抵扣进项税额规定情形的,按照下列公式计算不得抵扣的进项税额:

$$不得抵扣的进项税额=固定资产、无形资产或者不动产净值\times适用税率$$

固定资产、无形资产或者不动产净值,是指纳税人根据财务会计制度计提折旧或摊销后的余额。

(4) 纳税人适用一般计税方法计税的,因销售折让、中止或者退回而退还给购买方的增值税额,应当从当期的销项税额中扣减;因销售折让、中止或者退回而收回的增值税额,应当从当期的进项税额中扣减。

(5) 有下列情形之一者,应当按照销售额和增值税税率计算应纳税额,不得抵扣进项税额,也不得使用增值税专用发票:

① 一般纳税人会计核算不健全,或者不能够提供准确税务资料的;

② 应当办理一般纳税人资格登记而未办理的。

(三) 应纳税额的计算

增值税一般纳税人应纳税额为当期销项税额抵扣当期进项税额后的余额。其计算公式为:

当期应纳增值税额＝当期销项税额－当期进项税额

【例 2-6】 某电视机厂为增值税一般纳税人。2016 年 6 月发生以下经济业务：

(1) 购进用于电视机生产的电子元件一批，取得的增值税专用发票上注明价款 1 000 000 元，增值税额 170 000 元；在购货过程中发生运输费用，取得货物运输增值税专用发票注明运费 20 000 元。

(2) 购进包装物一批，取得的增值税专用发票上注明价款 50 000 元，增值税额 8 500 元。

(3) 销售甲型号电视机 500 台，向对方开具增值税专用发票，注明销售额为 2 000 000 元。同时收取包装物押金 29 250 元，并单独记账核算。

(4) 下设非独立核算门市部门销售乙型号电视机 100 台，零售价为 5 850 元/台。

(5) 将新研制 10 台丙型号电视机捐赠给当地某敬老院，无同类产品售价，已知生产成本共计 30 000 元。

(6) 没收逾期包装物押金 23 400 元。

假定本月取得的相关凭证符合规定，并在本月已进行认证抵扣，计算该厂本月份应纳增值税税额。

解析：

(1) 计算当期销项税额。

① 销售甲型号电视机

销项税额＝2 000 000×17％＝340 000(元)

② 非独立核算门市部门销售乙型号电视机

销项税额＝5 850×100÷(1＋17％)×17％＝85 000(元)

③ 捐赠丙型号电视机视同销售

销项税额＝30 000×(1＋10％)×17％＝5 610(元)

④ 没收逾期包装物押金

销项税额＝23 400÷(1＋17％)×17％＝3 400(元)

当期销项税额合计＝340 000＋85 000＋5 610＋3 400＝434 010(元)

(2) 计算当期允许抵扣的进项税额。

① 购进电子元件及运输服务取得增值税专用发票上注明的增值税额

进项税额＝170 000＋20 000×11％＝172 200(元)

② 购进包装物一批，取得增值税专用发票上注明的增值税额

进项税额＝8 500(元)

当期进项税额合计＝172 200＋8 500＝180 700(元)

(3) 计算当期应纳增值税额。

应纳增值税额＝434 010－180 700＝253 310(元)

另外，增值税纳税人从 2011 年 12 月 1 日(含)以后，初次购买增值税税控系统专用设备及支付的技术维护费可凭购买增值税税款系统设备取得的增值税专用发票和技术维护服务单位开具的技术维护费发票，在增值税应纳税额中全额抵减增值税额(抵减额为价税合计额)，不足抵减的可结转下期继续抵减。技术维护费按照价格主管部门核定的标准执行。增值税一般纳税人支付的两项费用在增值税应纳税额中全额抵减的，其增值税专用发票不作

为增值税抵扣凭证，其进项税额不得从销项税额中抵扣。

二、小规模纳税人及一般纳税人简易计税方法应纳税额的计算

小规模纳税人销售货物、提供加工、修理修配劳务和提供应税服务适用简易计税方法计税；一般纳税人提供财政部和国家税务总局规定的特定应税项目和特定应税服务，可以选择适用简易计税方法计税，但一经选择，36 个月内不得变更。

简易计税方法的应纳税额，是指按照销售额和增值税征收率计算的增值税额，不得抵扣进项税额。应纳税额计算公式：

$$当期应纳增值税税额＝当期销售额\times 征收率$$

简易计税方法的销售额不包括其应纳税额，纳税人采用销售额和应纳税额合并定价方法的，按照下列公式计算销售额：

$$销售额＝\frac{含税销售额}{1+征收率}$$

纳税人提供的适用简易计税方法计税的应税服务，因服务中止或者折让而退还给接受方的销售额，应当从当期销售额中扣减。扣减当期销售额后仍有余额造成多缴的税款，可以从以后的应纳税额中扣减。

【例 2-7】 某企业为小规模纳税人，2016 年第三季度销售货物取得含税销售额 98 880 元，计算该企业第三季度应纳增值税额。

解析：

$$销售额＝98\ 880\div(1+3\%)＝96\ 000(元)$$

$$应纳增值税额＝96\ 000\times 3\%＝2\ 880(元)$$

【例 2-8】 某酒厂 2015 年 1 月认定为一般纳税人，2016 年 3 月销售自己使用过 5 年的固定资产，取得含税销售额 120 000 元，销售自己使用过的包装物，取得含税销售额 60 000 元，销售白酒取得不含税收入 800 000 元，当月可以抵扣进项税额合计 45 000 元。计算本月该酒应纳增值税额。

解析： 该酒厂销售使用过的固定资产，该固定资产购入时企业为小规模纳税人，当时进项税额不能抵扣，所以销售该固定资产取得的收入应采用简易办法征收增值税。而销售使用过的包装物应按一般纳税人应纳税额计算的有关规定计算销项税额。

销售旧固定资产应纳增值税额＝120 000÷(1＋3%)×2%＝2 330.10(元)

当月销项税额＝60 000÷(1＋17%)×17%＋800 000×17%＝144 717.95(元)

该酒厂本月应纳增值税额＝2 330.10＋(144 717.95－45 000)＝102 048.05(元)

三、扣缴义务人适用的计税方法

境外单位或者个人在境内提供应税服务，在境内未设有经营机构的，扣缴义务人按照下列公式计算应扣缴税额：

$$应扣缴税额＝\frac{接受方支付的价款}{1+税率}\times 税率$$

四、进口货物应纳税额的计算

纳税人进口货物，按照组成计税价格和规定的税率计算应纳税额，不得抵扣进项税额。其计算公式为：

组成计税价格＝关税完税价格＋关税

属于应征消费税的货物，其组成计税价格应加计消费税税额。其计算公式为：

组成计税价格＝关税完税价格＋关税＋消费税

应纳税额＝组成计税价格×税率

进口货物的增值税由海关代征，并负责向进口人开具海关进口增值税专用缴款。

【例 2-9】 某企业进口一批设备，海关核定的关税完税价格为 500 万元，已纳关税 50 万元。计算该企业在海关应纳增值税金额。

解析：

组成计税价格＝500＋50＝550(万元)

应纳增值税税额＝550×17％＝93.5(万元)

五、预缴增值税预缴税款的计算

2016 年全面推开“营改增”试点，部分行业的特殊业务涉及预缴税款的情况，主要包括以下内容。

(一) 房地产开发企业预缴增值税的计算

1. 一般纳税人的计算

采取预收款方式销售自行开发的房地产项目，应在收到预收款时按照 3％的预征率预缴增值税。

应预缴税款按照以下公式计算：

$$应预缴税款=\frac{预收款}{1+适用税率或征收率}\times 3\%$$

适用一般计税方法计税的，按照 11％的适用税率计算；适用简易计税方法计税的，按照 5％的征收率计算。

一般纳税人应在取得预收款的次月纳税申报期向主管国税机关预缴税款。

2. 小规模纳税人的计算

房地产开发企业中的小规模纳税人采取预收款方式销售自行开发的房地产项目，应在收到预收款时按照 3％的预征率预缴增值税。

应预缴税款按照以下公式计算：

$$应预缴税款=\frac{预收款}{1+5\%}\times 3\%$$

小规模纳税人应在取得预收款的次月纳税申报期或主管国税机关核定的纳税期限向主管国税机关预缴税款。

（二）纳税人跨县（市、区）提供建筑服务预缴增值税的计算

1. 一般纳税人的计算

（1）一般纳税人跨县（市、区）提供建筑服务，适用一般计税方法计税的，以取得的全部价款和价外费用扣除支付的分包款后的余额，按照2%的预征率计算应预缴税款。

$$应预缴税款=\frac{全部价款和价外费用-支付的分包款}{1+11\%}\times 2\%$$

（2）一般纳税人跨县（市、区）提供建筑服务，选择适用简易计税方法计税的，以取得的全部价款和价外费用扣除支付的分包款后的余额，按照3%的征收率计算应预缴税款。

$$应预缴税款=\frac{全部价款和价外费用-支付的分包款}{1+3\%}\times 3\%$$

2. 小规模纳税人的计算

$$应预缴税款=\frac{全部价款和价外费用-支付的分包款}{1+3\%}\times 3\%$$

纳税人取得的全部价款和价外费用扣除支付的分包款后的余额为负数的，可结转下次预缴税款时继续扣除。

纳税人应按照工程项目分别计算应预缴税款，分别预缴。

纳税人跨县（市、区）提供建筑服务，在向建筑服务发生地主管国税机关预缴税款。

（三）纳税人以经营租赁方式出租其取得的不动产预缴增值税的计算

不动产所在地与机构所在地不在同一县（市、区）的，纳税人应按照规定的预征率向不动产所在地主管国税机关预缴税款，向机构所在地主管国税机关申报纳税。

1. 一般纳税人的计算

（1）一般纳税人出租其2016年4月30日前取得的不动产，选择适用简易计税方法，按照以下公式计算应预缴税款：

$$应预缴税款=\frac{含税销售额}{1+5\%}\times 5\%$$

（2）纳税人出租其2016年5月1日后取得的不动产，适用一般计税方法计税的，按照以下公式计算应预缴税款：

$$应预缴税款=\frac{含税销售额}{1+11\%}\times 3\%$$

2. 小规模纳税人的计算

$$应预缴税款=\frac{含税销售额}{1+5\%}\times 5\%$$

3. 个体工商户出租住房的计算

$$应预缴税款=\frac{含税销售额}{1+5\%}\times 1.5\%$$

（四）纳税人转让不动产预缴增值税的计算

纳税人转让其取得的不动产，包括以直接购买、接受捐赠、接受投资入股、自建以及抵债

等各种形式取得的不动产，需要按照规定向不动产所在地主管地税机关预缴税款，向机构所在地主管国税机关申报纳税。

房地产开发企业销售自行开发的房地产项目除外。

1. 一般纳税人转让不动产预缴增值税的计算

(1) 一般纳税人转让其2016年4月30日前取得(不含自建)的不动产，以取得的全部价款和价外费用扣除不动产购置原价或者取得不动产时的作价后的余额为销售额，按照5%的征收率计算应纳税额。

(2) 一般纳税人转让其2016年4月30日前自建的不动产，可以选择适用简易计税方法计税，以取得的全部价款和价外费用为销售额，按照5%的征收率计算应纳税额。

(3) 一般纳税人转让其2016年4月30日前取得(不含自建)的不动产，选择适用一般计税方法计税的，以取得的全部价款和价外费用为销售额计算应纳税额。纳税人应以取得的全部价款和价外费用扣除不动产购置原价或者取得不动产时的作价后的余额，按照5%的预征率预缴税款。

(4) 一般纳税人转让其2016年4月30日前自建的不动产，选择适用一般计税方法计税的，以取得的全部价款和价外费用为销售额计算应纳税额。纳税人应以取得的全部价款和价外费用，按照5%的预征率预缴税款。

(5) 一般纳税人转让其2016年5月1日后取得(不含自建)的不动产，适用一般计税方法，以取得的全部价款和价外费用为销售额计算应纳税额。纳税人应以取得的全部价款和价外费用扣除不动产购置原价或者取得不动产时的作价后的余额，按照5%的预征率预缴税款。

(6) 一般纳税人转让其2016年5月1日后自建的不动产，适用一般计税方法，以取得的全部价款和价外费用为销售额计算应纳税额。纳税人应以取得的全部价款和价外费用，按照5%的预征率预缴税款。

2. 小规模纳税人转让不动产预缴增值税的计算

小规模纳税人转让其取得的不动产，除个人转让其购买的住房外，按照以下规定计算应纳税额并预缴增值税。

(1) 小规模纳税人转让其取得(不含自建)的不动产，以取得的全部价款和价外费用扣除不动产购置原价或者取得不动产时的作价后的余额为销售额，按照5%的征收率计算应纳税额。

(2) 小规模纳税人转让其自建的不动产，以取得的全部价款和价外费用为销售额，按照5%的征收率计算应纳税额。

【例 2-10】 A建筑公司为增值税一般纳税人，机构所在地为甲市。2016年6月1日到乙市承接一项工程项目，并将该项目中的部分施工项目分包给了B公司，6月30日发包方按进度支付工程价款200万元。当月该项目A公司购进材料取得增值税专用发票上注明的税额8.5万元；6月A公司支付给B公司工程分包款50万元，B公司开具给A公司增值税专票，税额4.95万元。对该工程项目A建筑公司选择适用一般计税方法计算应纳税额。分析A公司6月份增值税纳税情况。

解析：一般纳税人跨县(市)提供建筑服务，适用一般计税方法计税的，应以取得的全部价款和价外费用为销售额计算应纳税额。纳税人应以取得的全部价款和价外费用扣除支付的分包款后的余额，按照2%的预征率在建筑服务发生地预缴税款后，向机构所在地主管税务机关进行纳税申报。

A公司6月销项税额＝200÷(1＋11%)×11%＝19.82(万元)

A公司6月进项税额＝8.5＋4.95＝13.45(万元)

A公司6月应纳增值税额＝19.82－13.45＝6.37(万元)

在乙市预缴增值税＝(200－50)÷(1＋11%)×2%＝2.7(万元)

在甲市全额申报，扣除预缴增值税后应缴纳增值税额＝6.37－2.7＝3.67(万元)

第四节　增值税的出口退(免)税

出口货物退(免)税是国际贸易中通常采用并为世界各国普遍接受的、目的在于鼓励各国出口货物公平竞争的一种退还或免征间接税(目前我国主要包括增值税、消费税)的税收措施，即对出口货物已承担或应承担的增值税和消费税等间接税实行退还或者免征。

一、出口货物退(免)税政策

我国根据本国的实际，采取出口退税与免税相结合的政策。目前，我国的出口货物税收政策分为以下三种形式。

1. 出口免税并退税

适用出口货物和劳务及应税服务增值税退(免)税政策的相关规定，出口免税，是指对货物在出口环节不征增值税、消费税，这是把货物出口环节与出口前的销售环节都同样视为一个征税环节；出口退税，是指对货物出口前实际承担的税收负担，按规定的退税率计算后予以退还。

2. 出口免税不退税

适用出口货物和劳务及应税服务增值税免税政策的相关规定，出口免税，是指对货物在出口环节不征增值税、消费税。出口不退税是指适用这个政策的出口货物因前一道生产、销售环节或进口环节是免税的，因此，出口时该货物的价格中本身就不含税，也无须退税。

3. 出口不免税也不退税

适用出口货物和劳务及应税服务增值税征税政策的相关规定，出口不免税是指对国家限制或禁止出口的某些货物的出口环节视同内销环节，照常征税；出口不退税是指对这些货物出口不退还出口前所负担的税款。

小思考

为什么不是所有的出口业务都免税并退税？

二、出口货物和劳务及应税服务增值税退(免)税政策

(一) 适用增值税退(免)税政策的范围

(1) 出口企业出口货物。

(2) 出口企业或其他单位视同出口货物。

(3) 出口企业对外提供加工修理修配劳务。

对外提供加工修理修配劳务,是指对进境复出口货物或从事国际运输的运输工具进行的加工修理修配。

(二) 增值税退(免)税办法

1. 免抵退税办法

生产企业出口自产货物和视同自产货物及对外提供加工修理修配劳务,以及列名的生产企业出口非自产货物,免征增值税,相应的进项税额抵减应纳增值税额(不包括适用增值税即征即退、先征后退政策的应纳增值税额),未抵减完的部分予以退还。

2. 免退税办法

不具有生产能力的出口企业(以下称外贸企业)或其他单位出口货物劳务,免征增值税,相应的进项税额予以退还。

3. 相关规定

(1) 境内的单位和个人提供适用增值税零税率的应税服务,如果属于适用简易计税方法的,实行免征增值税办法。如果属于适用增值税一般计税方法的,生产企业实现"免、抵、退"税办法,外贸企业外购研发服务和设计服务出口实行免退税办法,外贸企业自己开发的研发服务和设计服务出口,视同生产企业连同其出口货物统一实行"免、抵、退"税办法。

(2) 境内的单位和个人提供适用增值税零税率的应税服务,可以放弃适用增值税零税率,选择免税或按规定缴纳增值税。放弃适用增值税零税率后,36 个月内不得再申请适用增值税零税率。

(三) 增值税出口退税率

出口货物退税率是指出口货物的退税比率。除财政部和国家税务总局根据国务院决定而明确的增值税出口退税率外,出口货物的退税率为其适用税率。

适用不同退税率的货物劳务,应分开报关、核算并申报退(免)税,未分开报关、核算或划分不清的,从低适用退税率。

(四) 增值税免抵退税和免退税的计算

1. 生产企业出口货物、劳务及服务增值税免抵退税的计算

"免抵退"税的含义:"免"是指免征本企业出口环节的增值税;"抵"是指企业出口货物、劳务及服务所耗用的原材料、零部件、燃料、动力等所含应予退还的进项税额,抵顶内销货物劳务及服务的应纳税额;"退"税是指生产企业出口货物、劳务及服务在当月内应抵顶的进项

税额大于应纳税额时，对未抵顶完的部分予以退税。

生产企业出口货物劳务及服务增值税免抵退税，依下列公式计算：

(1) 当期应纳税额的计算

当期应纳税额＝当期销项税额－(当期进项税额－当期不得免征和抵扣的税额)－上期留抵税额

当期不得免征和抵扣的税额＝出口货物离岸价×外汇人民币折合率×(出口货物征税率－出口货物退税率)－当期不得免征和抵扣税额抵减额

当期不得免征和抵扣税额抵减额＝免税购进原材料价格×(出口货物征税率－出口货物退税率)

(2) 当期免抵退税额的计算

当期免抵退税额＝出口货物离岸价×外汇人民币折合率×出口货物退税率－当期免抵退税额抵减额

当期免抵退税额抵减额＝当期免税购进原材料价格×出口货物退税率

(3) 当期应退税额和免抵税额的计算

① 当期期末留抵税额≤当期免抵退税额，则

当期应退税额＝当期期末留抵税额

当期免抵税额＝当期免抵退税额－当期应退税额

② 当期期末留抵税额＞当期免抵退税额，则

当期应退税额＝当期免抵退税额

当期免抵税额＝0

当期期末留抵税额为当期增值税纳税申报表中“期末留抵税额”。

(4) 当期免税购进原材料价格包括当期国内购进的无进项税额且不计提进项税额的免税原材料的价格和当期进料加工保税进口料件的价格，其中当期进料加工保税进口料件的价格为组成计税价格。

当期进料加工保税进口料件的组成计税价格＝当期进口料件到岸价格＋海关实征关税＋海关实征消费税

【例 2-11】 某自营出口生产企业为增值税一般纳税人，适用增值税税率为 17%，退税率为 13%，2015 年 1 月有关业务如下：国内购进原材料，取得增值税专用发票，注明价款 200 万元，税款 34 万元，专用发票已经认证；另从国外免税进口料件，组成计税价格为 50 万元，用于进料加工复出口；当月内销货物取得不含税销售额为 100 万元；出口货物取得收入为 200 万元；另有上期末抵税额 3 万元。计算该企业 1 月应纳(或应退)税额。

解析：

(1) 当其应纳税额的计算：

免抵退不得免征和抵扣税额抵减额＝50×(17%－13%)＝2(万元)

当期免抵退不得免征和抵扣的税额＝200×(17%－13%)－2＝6(万元)

当期应纳税额＝100×17%－(34－6)－3＝－14(万元)

(2) 当期免抵退税额的计算：

当期免抵退税额抵减额＝50×13%＝6.5(万元)

当期免抵退税额＝200×13%－6.5＝19.5(万元)

(3) 当期应退税额和免抵税额的计算：

当期期末留抵税额≤当期免抵退税额，则

当期应退税额＝14(万元)

当期免抵税额＝19.5－14＝5.5(万元)

2. 外贸企业出口货物劳务增值税免退税

(1) 外贸企业出口委托加工修理修配货物以外的货物：

增值税应退税额＝增值税退(免)税计税依据×出口货物退税率

(2) 外贸企业出口委托加工修理修配货物：

出口委托加工修理修配货物的增值税应退税额＝委托加工修理修配的增值税退(免)税计税依据×出口货物退税率

3. 退税率低于适用税率的

退税率低于适用税率的，相应计算出的差额部分的税款计入出口货物劳务成本。

第五节 增值税的纳税管理

一、纳税义务发生的时间

(一) 一般规定

(1) 纳税人销售货物或者提供应税劳务和应税服务，其纳税义务发生时间为收讫销售款项或者取得索取销售款项凭据的当天；先开具发票的，为开具发票的当天。

(2) 纳税人进口货物，其纳税义务发生时间为报关进口的当天。

(3) 增值税扣缴义务发生时间为纳税人增值税纳税义务发生的当天。

(二) 具体规定

纳税人收讫销售款项或者取得索取销售款项凭据的当天，按销售结算方式不同，具体为：

(1) 采取直接收款方式销售货物，不论货物是否发出，均为收到销售款或者取得索取销售款凭据的当天；对于纳税人生产经营活动中采取直接收款方式销售货物，已经货物移送对方并暂估销售收入入账，但既未取得销售款或取得索取销售款凭据也未开具销售发票的，其纳税义务发生时间为取得销售款或取得索取销售凭据的当天；先开具发票的，为开具发票的当天。

(2) 采取托收承付和委托银行收款方式销售货物，为发出货物并办妥托收手续的当天。

(3) 采取赊销和分期收款方式销售货物，为书面合同约定的收款日期的当天，无书面合同的或者书面合同没有约定收款日期的，为货物发出的当天。

(4) 采取预收货款方式销售货物，为货物发出的当天，但生产销售生产工期超过12个月的大型机械设备、船舶、飞机等货物，为收到预收款或者书面合同约定的收款日期的当天。

(5) 委托其他纳税人代销货物，为收到代销单位的代销清单或者收到全部或者部分货款的当天。未收到代销清单及货款的，为发出代销货物满180天的当天。

(6) 销售应税劳务，为提供劳务同时收讫销售款或者取得索取销售款的凭据的当天。

(7) 纳税人发生的视同销售货物行为，为货物移送的当天。

(8) 纳税人提供有形动产租赁服务采取预收款方式的，其纳税义务发生时间为收到预收款的当天。

(9) 纳税人发生视同提供应税服务的，其纳税义务发生时间为应税服务完成的当天。

小思考

有哪些业务收到预收款即为纳税义务发生？

二、纳税期限

增值税的纳税期限分别为1日、3日、5日、10日、15日、1个月或者1个季度。纳税人的具体纳税期限，由主管税务机关根据纳税人应纳税额的大小分别核定；不能按照固定期限纳税的，可以按次纳税。

以1个季度为纳税期限的规定仅适用于小规模纳税人、航空运输企业总机构、中国铁路运输总公司、邮政企业总机构、电信企业总机构，以及财政部和国家税务总局规定的其他纳税人。小规模纳税人的具体纳税期限，由主管税务机关根据其应纳税额的大小分别核定。

纳税人以1个月或者1个季度为1个纳税期的，自期满之日起15日内申报纳税；以1日、3日、5日、10日或者15日为1个纳税期的，自期满之日起5日内预缴税款，于次月1日起15日内申报纳税并结清上月应纳税款。

实行按季申报的小规模纳税人应于每年1月、4月、7月、10月，按规定的申报期限办理上一季度的增值税、消费税和文化事业建设费的纳税申报并结清应纳税(费)款。

扣缴义务人解缴税款的期限，依照上述规定执行。

纳税人进口货物，应当自海关填发海关进口增值税专用缴款书之日起15日内缴纳税款。

三、纳税地点

增值税纳税地点规定如下。

(1) 固定业户应当向其机构所在地的主管税务机关申报纳税。总机构和分支机构不在同一县(市)的，应当分别向各自所在地的主管税务机关申报纳税；经国务院财政、税务主管部门或者其授权的财政、税务机关批准，可以由总机构汇总向总机构所在地的主管税务机关申报纳税。

(2) 固定业户到外县(市)销售货物或者应税劳务，应当向其机构所在地的主管税务机关申请开具外出经营活动税收管理证明，并向其机构所在地的主管税务机关申报纳税；未开具证明的，应当向销售地或者劳务发生地的主管税务机关申报纳税；未向销售地或者劳务发生地的主管税务机关申报纳税的，由其机构所在地的主管税务机关补征税款。

(3) 非固定业户销售货物或者应税劳务，应当向销售地或者劳务发生地的主管税务机关申报纳税；未向销售地或者劳务发生地的主管税务机关申报纳税的，由其机构所在地或者居住地的主管税务机关补征税款。

(4) 进口货物，应当向报关地海关申报纳税。

(5) 扣缴义务人应当向其机构所在地或者居住地的主管税务机关申报缴纳其扣缴的税款。

四、增值税发票的使用和管理

（一）增值税发票的使用

(1) 增值税一般纳税人销售货物、提供加工修理修配劳务和应税行为，使用增值税发票管理新系统（以下简称新系统）开具增值税专用发票、增值税普通发票、机动车销售统一发票、增值税电子普通发票。

(2) 增值税小规模纳税人销售货物、提供加工修理修配劳务月销售额超过 3 万元（按季纳税 9 万元），或者销售服务、无形资产月销售额超过 3 万元（按季纳税 9 万元），使用新系统开具增值税普通发票、机动车销售统一发票、增值税电子普通发票。

（二）增值税发票开具

(1) 税务总局编写了《商品和服务税收分类与编码（试行）》（以下简称编码，见附件），并在新系统中增加了编码相关功能。自 2016 年 5 月 1 日起，纳入新系统推行范围的试点纳税人及新办增值税纳税人，应使用新系统选择相应的编码开具增值税发票。

(2) 按照现行政策规定适用差额征税办法缴纳增值税，且不得全额开具增值税发票的（财政部、税务总局另有规定的除外），纳税人自行开具或者税务机关代开增值税发票时，通过新系统中差额征税开票功能，录入含税销售额（或含税评估额）和扣除额，系统自动计算税额和不含税金额，备注栏自动打印“差额征税”字样，发票开具不应与其他应税行为混开。

(3) 提供建筑服务，纳税人自行开具或者税务机关代开增值税发票时，应在发票的备注栏注明建筑服务发生地县（市、区）名称及项目名称。

(4) 销售不动产，纳税人自行开具或者税务机关代开增值税发票时，应在发票“货物或应税劳务、服务名称”栏填写不动产名称及房屋产权证书号码（无房屋产权证书的可不填写），“单位”栏填写面积单位，备注栏注明不动产的详细地址。

(5) 出租不动产，纳税人自行开具或者税务机关代开增值税发票时，应在备注栏注明不动产的详细地址。

(6) 个人出租住房适用优惠政策减按 1.5%征收，纳税人自行开具或者税务机关代开增值税发票时，通过新系统中征收率减按 1.5%征收开票功能，录入含税销售额，系统自动计算税额和不含税金额，发票开具不应与其他应税行为混开。

(7) 税务机关代开增值税发票时，“销售方开户行及账号”栏填写税收完税凭证字轨及号码或系统税票号码(免税代开增值税普通发票可不填写)。

(8) 国税机关为跨县(市、区)提供不动产经营租赁服务、建筑服务的小规模纳税人(不包括其他个人),代开增值税发票时,在发票备注栏中自动打印"YD"字样。

(三) 增值税专用发票的管理

增值税实行凭国家印发的增值税专用发票注明的税款进行抵扣的制度。增值税专用发票不仅是纳税人经济活动中的重要商事凭证,而且是记录销货方销项税额和购货方进项税额进行税款抵扣的凭证。

增值税专用发票,是增值税一般纳税人销售货物或者提供应税劳务和应税服务开具的发票,是购买方支付增值税额并可按照增值税有关规定据以抵扣增值税进项税额的凭证。

1. 增值税专用发票的开具范围

(1) 一般纳税人销售货物或者提供应税劳务,应向购买方开具专用发票。

(2) 商业企业一般纳税人零售的烟、酒、食品、服装、鞋帽(不包括劳保专用部分)、化妆品等消费品不得开具专用发票。

(3) 增值税小规模纳税人销售货物或者提供应税劳务不得开具专用发票。但小规模纳税人需要开具专用发票的,可向主管税务机关申请代开。

(4) 销售免税货物不得开具专用发票(法律、法规及国家税务总局另有规定的除外)。

(5) 一般纳税人提供应税货物运输服务,使用货运专用发票。

(6) 纳税人提供应税服务,应当向索取增值税专用发票的接受方开具增值税专用发票。但属于下列情形之一的,不得开具专用发票:

① 向消费者个人提供应税服务;

② 适用免征增值税规定的应税服务。

2. 增值税专用发票的领购

一般纳税人凭发票领购簿、报税盘和经办人身份证明领购增值税专用发票。一般纳税人有下列情形之一的,不得领购开具专用发票。

(1) 会计核算不健全,不能向税务机关准确提供增值税销项税额、进项税额、应纳税额数据及其他有关增值税税务资料的。

(2) 有《税收征管法》规定的税收违法行为,拒不接受税务机关处理的。

(3) 有下列行为之一,经税务机关责令限期改正而仍未改正的:

① 虚开增值税专用发票;

② 私自印制专用发票;

③ 向税务机关以外的单位和个人买取专用发票;

④ 借用他人专用发票;

⑤ 未按规定开具专用发票;

⑥ 未按规定保管专用发票和专用设备;

⑦ 未按规定申请办理防伪税控系统变更发行;

⑧ 未按规定接受税务机关检查。

有上列情形的,如已领购专用发票,主管税务机关应暂扣其结存的专用发票和IC卡。

3. 增值税专用发票的开票限额

增值税专用发票(增值税数控系统)实行最高开票限额管理。最高开票限额,是指单份专用发票或货运专票开具的销售额合计数不得达到的上限额度。

最高开票限额由一般纳税人申请,区县税务机关依法审批。一般纳税人申请最高开票限额时,需填报《增值税专用发票最高开票限额申请单》。主管税务机关受理纳税人申请以后,根据需要进行实地查验。实地查验的范围和方法由各省国税机关确定。

税务机关应根据纳税人实际生产经营和销售情况进行审批,保证纳税人生产经营的正常需要。

4. 增值税专用发票的认证及抵扣

专用发票的认证,是指税务机关通过防伪税控系统对专用发票所列数据的识别、确认。

一般纳税人申请抵扣的增值税专用发票和货物运输业增值税专用发票、机动车销售统一发票,必须自开具之日起 180 日内进行认证,认证通过的方可作为扣税凭证,作为购买方的记账凭证,不得退还给销售方。

课后讨论

我国实施全面“营改增”对我国经济发展的影响有哪些?政府宏观层面和企业微观层面如何进一步完善“营改增”工作?

练习题

一、单选题

1. 我国增值税采用的类型是(　　)。

A. 生产型　　B. 消费型　　C. 收入型　　D. 扣税型

2 下列纳税人的年应税销售额超过增值税一般纳税人登记标准,必须登记为一般纳税人的是(　　)。

A. 事业单位　　B. 个人　　C. 个体工商户　　D. 行政单位

3. 一般纳税人销售加工、修理修配劳务税率为(　　)。

A. 17%　　B. 13%　　C. 6%　　D. 4%

4. 一般纳税人销售货物,适用 13%税率的是(　　)。

A. 销售图书　　B. 销售钢材　　C. 销售化妆品　　D. 销售机器设备

5. 下列销售行为中,适用 17%税率的是(　　)。

A. 煤气公司销售煤气　　B. 电热厂销售热水

C. 自来水公司销售自来水　　D. 罐头厂销售鱼罐头

6. 小规模纳税人销售服务征收率为(　　)。

A. 17%　　B. 3%　　C. 11%　　D. 13%

7. 提供有形动产租赁服务,适用税率是(　　)。

A. 17%　　B. 3%　　C. 11%　　D. 13%

8. 下列收入属于应计入销售额缴纳增值税的有(　　)。

A. 纳税人销售货物的同时代办保险而向购买方收取的保险费

B. 委托加工应税消费品，由受托方代收代缴的消费税

C. 纳税人代有关行政管理部门收取的符合规定条件的政府性基金

D. 纳税人销售软件产品并随同销售一并收取的软件安装费、维护费、培训费等收入

9. 某生产企业下列项目中，不可以抵扣进项税额的是(　　)。

A. 外购生产用水、电、气

B. 购进生产设备修理用零备件

C. 免征增值税项目而无法划分不得抵扣的进项税额

D. 外购包装物

10. 根据增值税规定，下列进项税额不得从销项税额中抵扣的是(　　)。

A. 因自然灾害损失的产品所耗用的进项税额

B. 购进同时用于增值税应税项目和非增值税应税项目的固定资产所支付的进项税额

C. 新设企业在项目建设期内取得的增值税专用发票上注明的税额

D. 小规模纳税人符合条件认定为一般纳税人，其在小规模纳税人期间发生的进项税额

11. 下列行为中，涉及的进项税额不得从销项税额中抵扣的是(　　)。

A. 将外购的货物用于本单位集体福利

B. 将外购的货物分配给股东和投资者

C. 将外购的货物无偿赠送给其他个人

D. 将外购的货物作为投资提供给其他单位

12. 下列各项中，符合增值税纳税义务发生时间规定的是(　　)。

A. 将货物分配给股东，为货物移送的当天

B. 采用赊销方式销售货物的，为收到销货款的当天

C. 采用直接收款结算方式的，为发出货物的当天

D. 采用委托银行收款方式的，为收到银行转来货款的当天

13. 根据《增值税暂行条例》及其实施细则的规定，采取预收货款方式销售货物，增值税纳税义务的发生时间是(　　)。

A. 销售方收到第一笔货款的当天　　B. 销售方收到剩余货款的当天

C. 销售方发出货物的当天　　D. 购买方收到货物的当天

14. 进口货物的增值税应由(　　)征收。

A. 进口地税务机关　　B. 报关地海关

C. 交货地税务机关　　D. 进口方机构所在地税务机关

15. 某汽车制造厂为一般纳税人，下列可以开具增值税专用发票的情形有(　　)。

A. 向汽车贸易公司销售汽车　　B. 向消费者个人销售汽车

C. 用于有奖销售的奖品　　D. 用于本企业接送职工的班车

二、多选题

1. 我国现行增值税的征税范围包括(　　)。

A. 在中国境内销售货物　　B. 在中国境内销售劳务

C. 在中国境内销售服务　　D. 进口货物

2. 下列行为，应征增值税的是(　　)。
A. 邮政部门销售的集邮商品　　B. 银行开办的不动产融资租赁业务
C. 典当业的死当物品销售　　D. 邮政部门发行报刊
3. 根据我国现行增值税的规定，下列项目应当缴纳增值税的有(　　)。
A. 汽车的修理　　B. 房屋的修理、装潢
C. 修理公路桥梁　　D. 受托加工设备
4. 下列经营行为，属于增值税征税范围的是(　　)。
A. 某社会团体下属企业销售货物
B. 某个人向受雇企业提供应税劳务
C. 某饭店对外经营
D. 工商部门为发放的营业执照收取的工本费
5. 下列各项中，属于增值税混合销售行为的是(　　)。
A. 建材商店在销售建材的同时又为其他客户提供装饰服务
B. 汽车制造公司在生产销售汽车的同时又为客户提供修理服务
C. 塑钢门窗销售商店在销售产品的同时又为客户提供安装服务
D. 电信局为客户提供电话安装服务的同时又销售所安装的电话机
6. 按照现行增值税制度规定，下列行为应按“销售劳务”征收增值税的是(　　)。
A. 汽车装饰劳务　　B. 企业受托为另一企业加工服装
C. 企业为另一企业修理锅炉　　D. 汽车修配厂为本厂修理汽车
7. 下列行为中，属于视同销售货物应征增值税的行为有(　　)。
A. 委托他人代销货物　　B. 销售代销货物
C. 将自产的货物分给职工做福利　　D. 将外购的货物用于非应税项目
8. 下列各项中属于视同销售行为，应当计算销项税额的有(　　)。
A. 将自产的货物用于非应税项目　　B. 将购买的货物投入生产
C. 将购买的货物无偿赠送他人　　D. 将购买的货物用于集体福利
9. 下列纳税人中，可以选择按小规模纳税人纳税管理的是(　　)。
A. 非企业性单位　　B. 个体工商户
C. 自然人发生应税行为　　D. 饮食业纳税人销售非现场制作的食品
10. 纳税人销售或进口(　　)，税率为13%。
A. 饲料　　B. 图书　　C. 热水　　D. 汽车
11. 依照增值税的有关规定，下列货物销售，适用13%增值税税率的有(　　)。
A. 水产品厂加工的干鱼　　B. 食品店加工方便面销售
C. 粮食加工厂加工玉米面销售　　D. 食品厂加工速冻水饺销售
12. 下列项目属于免税的有(　　)。
A. 农业生产者销售自产的玉米　　B. 药厂销售避孕药品
C. 药厂销售使用过低于原值的设备　　D. 机械厂销售农业机具
13. 准予从销项税额中抵扣的进项税额有(　　)。
A. 纳税人进口货物从海关取得的完税凭证上注明的增值税额
B. 纳税人购进货物、应税劳务从销售方取得增值税专用发票上注明的增值税额

C. 一般纳税人为生产货物购进免税农产品卖价的13%

D. 工业企业收购废旧物资收购金额的13%

14. 某单位外购如下货物，按增值税有关规定不能作为进项税额抵扣的有( )。

A. 外购的机器设备

B. 外购货物用于免税项目

C. 外购货物用于简易计税方法的计税项目

D. 外购货物用于无偿赠送他人

15. 下列关于增值税纳税义务发生时间的说法中，符合税法规定的有( )。

A. 发出代销商品超过180天仍未收到代销清单及货款的，为发出代销商品满180天的当天

B. 销售应税劳务，为提供劳务同时收讫销售款或取得索取销售款凭据的当天

C. 纳税人提供有形动产租赁服务采取预收款方式的，为发出有形动产的当天

D. 纳税人发生视同提供应税服务的，为应税服务完成的当天。

三、判断题

1. 纳税人兼营不同税率的货物或应税劳务和应税服务，应当从高适用税率。 ( )

2. 根据《增值税暂行条例》规定，按纳税人的经营规模和经营范围，将增值税纳税人划分为一般纳税人和小规模纳税人两种。 ( )

3. 小规模纳税人是指年应税销售额在规定标准以下，并且会计核算不健全，不能按规定报送有关税务资料的增值税纳税人。对于会计核算健全、年应税销售额超过小规模纳税人标准的个人和非企业性单位可以认定为一般纳税人。 ( )

4. 一般纳税人和小规模纳税人销售农机、农膜、化肥，按适用13%的低税率。 ( )

5. 如果销售额和折扣额在同一张发票上分别注明的，可按折扣后的余额作为销售额计算增值税；如果将折扣额另开发票，不论其在财务上如何处理，均不得从销售额中减除折扣额。 ( )

6. 纳税人销售货物价格明显偏低而无正当理由，或视同销售货物而无销售额的，税务机关有权按规定的顺序确定销售额。 ( )

7. 已抵扣进项税额的购进货物，如果因自然灾害而造成损失，应将损失货物的进项税额从当期发生的进项税额中扣减。 ( )

8. 只有增值税一般纳税人才可以使用一般计税方法计算应纳增值税。 ( )

9. 小规模纳税人的具体纳税期限，由主管税务机关根据其应纳税额的大小分别核定，并按1个月或者1个季度纳税。 ( )

10. 固定业户销售货物或者提供应税劳务，一律应当向销售地或者劳务发生地主管税务机关申报纳税。 ( )

四、计算分析题

1. 某市一家电生产企业为增值税一般纳税人，12月份将自产家电移送职工活动中心一批，成本价20万元，市场销售价格23万元(不含税)，计算销项税额。

2. 某酒厂为一般纳税人，本月向一小规模纳税人销售白酒开具普通发票上注明金额91 600元；同时收取单独核算的包装物押金2 000元(尚未逾期)，计算此业务酒厂应确认的销项税额。

3. 某一般纳税人从农业生产者手中购进免税农产品，收购凭证上注明金额 50 000 元，支付运费，取得了货物运输业增值税专用发票，注明运费金额 2 000 元，计算进项税额。

4. 某商业企业月初购进一批饮料，取得专用发票上注明价款 80 000 元，税金 13 600 元，货款已支付，另取得了货物运输业增值税专用发票，注明运费金额 4 000 元，月末将其中的 5% 作为福利发放给职工，计算当月可以抵扣的进项税额。

5. 某电器专卖店为增值税一般纳税人，主营业务为家电销售，同时开展设计、制作各类户外商品广告业务。2016 年 5 月份发生下列购销业务：

(1) 销售空调机 500 台，每台零售价 4 480 元，商场派人负责安装，每台收取安装费 200 元。

(2) 销售电冰箱 100 台，每台零售价格 2 340 元。

(3) 购进空调机 200 台，取得增值税专用发票注明价款 420 000 元，货款已支付；另支付运输费用 22 200 元，并取得增值税专用发票。

(4) 为供应商设计、制作商品广告，取得收入 10 000 元。

(5) 购进 A 牌电冰箱 200 台，取得增值税专用发票注明价款 300 000 元。

(6) 将上月外购的 10 台 B 牌电冰箱用于新建职工宿舍，B 牌电冰箱购进时含税价格为 2 340 元/台，进项税额已在上月认证抵扣。

企业取得的进项税额抵扣凭证均在当月通过认证并在当月抵扣。

要求：计算 2016 年 5 月该企业应纳增值税额。

6. 某货物运输企业为增值税一般纳税人，2016 年 7 月发生下列业务：

(1) 取得货物运输收入，开具增值税专用发票注明不含税运费收入 200 万元；收取价外收入 5.55 万元，开具增值税普通发票。

(2) 将部分自有车辆对外出租，取得租金开具增值税专用发票注明不含税租金 50 万元。

(3) 购进汽车 8 辆，取得税控机动车销售统一发票，发票上注明价款 100 万元，将其中 1 辆用于单位办公使用。

(4) 全月共支付汽车维修费合计金额 9.36 万元，均取得增值税专用发票。

(5) 购进汽油取得增值税专用发票注明价款 60 元，款项已支付。

(6) 销售已使用 5 年的小汽车一辆，共收取价款 1.03 万元，该小汽车购进时未抵扣进项税额。

企业取得的进项税额抵扣凭证均在当月通过认证并在当月抵扣。

要求：计算 2016 年 7 月该企业应纳增值税额。

第三章

消　费　税

本章要点

- 消费税的概念、特点、作用
- 消费税的征税范围、纳税人、税目税率
- 消费税应纳税额的计算

案例引入

顺达酒店自开业以来生意兴隆，顾客消费的啤酒主要从当地的啤酒生产企业和当地的啤酒经销商购进。由于啤酒的生产企业是啤酒消费税的纳税人，该酒店从来未进行消费税的纳税申报。2016 年开始，该酒店购入一套啤酒设备自酿啤酒，深受顾客的喜爱，但该酒店照常按原来的税种申报纳税。当地国家税务局的征管部门来到该酒店，要求该酒店补缴消费税。

顺达酒店提出：为什么购入的啤酒在消费时不需要缴纳消费税，而销售自制的啤酒却需要缴纳消费税？

第一节　消费税概述

一、消费税概念

消费税是以消费品和特定消费行为的流转额作为征税对象征收的一种税。

广义上的消费税是指一般消费税，即对所有消费品和消费行为的流转额普遍征收消费税；狭义的消费税是指特别消费税，即对某些特定的消费品和消费行为的流转额有选择地征收消费税。

我国现行消费税是对在我国境内从事生产、委托加工和进口应税消费品的单位和个人，就其销售额或销售数量征收的一种税，属于特别消费税。

我国消费税是在 1950 年货物税和特种消费行为税的基础上逐步形成的。在 1994 年的税制改革中，配合流转税的改革开征了消费税，制定并颁布了《中华人民共和国消费税条例》和《中华人民共和国消费税条例实施细则》，规定对 11 种特殊消费品在征收增值税的基础上再征收一道消费税，实行特殊调节。2006 年 4 月，对消费税的征税范围和税率进行了相应调整，规定对 14 种消费品征税。2008 年 12 月国务院、财政部和国家税务总局对消费税暂行条例和细则进行了修订,修订后的暂行条例和实施细则于 2009 年 1 月 1 日起在我国全面实施。2014 年 11 月财政部、国家税务总局发布了《关于调整消费税政策的通知》,取消了汽车轮胎税目和酒精、含铅汽油等子目,并于 2015 年 1 月发布了《关于对电池、涂料征收消费税的通知》,自 2015 年 2 月 1 日起对电池、涂料征收消费税。至此,我国消费税征税对象包括 15 大类应税消费品。

二、我国现行消费税的特点

(一)征收对象具有选择性

我国消费税在征收范围上根据产业政策与消费政策仅选择一部分消费品作为征税对象,并不是对所有消费品都征收消费税。目前我国主要针对以下方面的消费品征收消费税:一是过度消费会对人类健康、社会秩序和生态环境造成危害的特殊消费品,包括烟、酒及酒精、鞭炮与烟火、木制一次性筷子、实木地板等;二是奢侈品、非生活必需品,包括贵重首饰及珠宝玉石、化妆品、高尔夫球及球具、高档手表、游艇等;三是高能耗及高档消费品,包括游艇、小汽车、摩托车等;四是使用和消耗不可再生和替代的稀缺资源的消费品,例如成品油等;五是具有促进节能环保意义的消费品,例如电池、涂料等。

(二)征税环节具有单一性

我国消费税主要采用在生产或进口环节计征,即在生产者销售应税消费品或从国外进口应税消费品时征税,其他环节一般不再征税。也就是说,消费税只在应税消费品生产、流通或消费的某一环节征收,并不是流转的各个环节都要征收,通常只课征一次。

(三)征收方法具有灵活性

消费税根据不同应税消费品的特点,分别采用不同的征税方法,包括从量定额、从价定率和复合计税三种征收方法,以充分体现消费税的调节作用。

(四)税负具有转嫁性

消费税是一种间接税,主要以应税消费品为课税对象,一般情况下,税款会随着价格转嫁给消费者,消费者是实际的负税人。

(五)采用产品差别税率,实行价内征收

消费税按照不同产品设置税目,分别制定高低不同的税率或税额,以具体规定消费税调节的范围。消费税实行价内征收,即消费税是产品价格的组成部分,税与价格互相补充,共同发挥调节经济的杠杆作用。

小思考

消费税为什么采用单一环节征税?

三、消费税的作用

我国现行消费税选择部分消费品征收消费税。一方面，通过征收消费税提高应税消费品的市场价格，影响消费者的消费选择和企业的生产成本，进而影响消费结构和产业结构的调整，实现资源的优化配置；另一方面，征收消费税可以有效地筹集财政资金。我国消费税的作用主要体现为以下 3 个方面。

（一）节约资源、保护环境，促进经济可持续发展

消费税对不可再生和不可替代的能源产品征税，可使稀缺资源得到保护和充分有效利用。资源的稀缺性决定了其不能无限地供人类利用，某些自然资源属于不可再生性资源。一些高能耗消费品的消费，不仅消耗了大量稀缺资源，而且在生产和消费过程中还会对生态环境造成污染。对于这些高能耗消费品和稀缺性资源消耗品征收消费税，有利于节约资源、保护生态环境，实现经济的可持续发展。

（二）缩小贫富差距，缓解分配不公

法国经济学家魁奈将消费品划分为生活必需品与奢侈品两种。低收入者主要以生活必需品为主要消费对象，高收入者在生活必需品消费之外，还会有奢侈品的消费。消费税通过对某些特殊消费品，如贵重首饰及珠宝玉石、化妆品、高尔夫球及球具、高档手表、游艇等非生活必需品征收消费税，可以起到调节收入分配的作用，缓解社会分配不公的矛盾。

（三）筹集财政资金，增加财政收入

消费税属于价内税，税额的实现不受成本、费用等因素的影响，税源稳定。消费税征收范围虽小，但应税消费品的消费量较大，通常采用较高的税率，因此，征收消费税可以有效保证国家财政收入。

 **小思考**

消费税如何起到保护环境的作用？

第二节　消费税的税法规定

现行消费税法的基本规范，是 2008 年 11 月 5 日经国务院第 34 次常务会议修订通过并颁布，自 2009 年 1 月 1 日起施行的《中华人民共和国消费税暂行条例》，以及 2008 年 12 月 15 日财政部、国家税务总局第 51 号令颁布的《中华人民共和国消费税暂行条例实施细则》。

一、消费税的征税范围

消费税的征税范围是在中华人民共和国境内从事生产、委托加工和进口的应税消费品。

分布以下 5 个环节。

（一）生产销售的应税消费品

（1）生产销售的应税消费品，除了直接对外销售应税消费品应征收消费税外，纳税人将自产的应税消费品用于换取生产资料、消费资料、投资入股、偿还债务，以及用于生产应税消费品以外的其他方面都应视同销售，应该缴纳消费税。

（2）自产应税消费品用于生产应税消费品以外的其他方面，是指纳税人将自产应税消费品用于连续生产非应税产品，或用于在建工程、管理部门、非生产机构、提供劳务、馈赠、赞助、集资、广告、样品、职工福利、奖励等方面。如果自产应税消费品是用于连续生产应税消费品的，即纳税人将自产自用的应税消费品作为直接材料生产最终应税消费品，自产自用应税消费品构成最终应税消费品的实体的，不缴纳消费税。

小思考

自产应税消费品用于生产应税消费品以外的其他方面与增值税视同销售有哪些异同？

（3）从 2009 年 1 月 1 日起，对成品油生产企业在生产成品油过程中，作为燃料、动力及原料消耗掉的自产成品油，免征消费税。对用于其他用途或直接对外销售的成品油照章征收消费税。

（4）工业企业以外的单位和个人的下列行为视为应税消费品的生产行为，按规定征收消费税：

① 将外购的消费税非应税产品以消费税应税产品对外销售的；

② 将外购的消费税低税率应税产品以高税率应税产品对外销售的。

（二）委托加工的应税消费品

委托加工的应税消费品，是指由委托方提供原料和主要材料，受托方只收取加工费和代垫部分辅助材料加工的应税消费品。

对于由受托方提供原材料生产的应税消费品，或受托方先将原材料卖给委托方，然后再接受加工的应税消费品，或由受托方以委托方名义购进原材料生产的应税消费品，不论纳税人在财务上是否作销售处理，都不得作为委托加工的应税消费品，而应当按照受托方销售自产应税消费品缴纳消费税。

委托加工的应税消费品回收后，再继续用于生产应税消费品销售且符合现行政策规定的，其加工环节缴纳的消费税可以扣除。

（三）进口的应税消费品

进口的应税消费品，是指报关从国外进口的应税消费品。对进口应税消费品征税的目的，是为了平衡进口产品和国内产品的税收负担。为了减少征税成本，进口环节缴纳的消费税由海关代征。

（四）批发的卷烟

卷烟批发环节按复合计征方式征收征收消费税。批发的卷烟，是指卷烟批发企业批发销售的所有牌号、规格的卷烟。卷烟批发企业之间销售的卷烟不缴纳消费税，只有将卷烟批发给其他单位和个人时才缴纳消费税。

（五）零售环节征收消费税的应税消费品

金银首饰、铂金首饰和钻石及钻石制品在零售环节征收消费税。

零售环节征收消费税的金银首饰范围仅限于金、银和金基、银基合金首饰，以及金、银和金基、银基合金的镶嵌首饰。

二、消费税的纳税人

在中华人民共和国境内生产、委托加工和进口应税消费品的单位和个人，以及国务院确定的销售应税消费品的其他单位和个人，为消费税的纳税人。

单位，是指企业、行政单位、事业单位、军事单位、社会团体及其他单位。

个人，是指个体工商户及其他个人。

在中华人民共和国境内，是指生产、委托加工和进口属于应税消费品的所在地或者起运地在境内。

消费税的纳税人具体包括：

(1) 生产销售（包括自用）应税消费品的，以生产销售的单位和个人为纳税人；

(2) 委托加工应税消费品的，以委托加工的单位和个人为纳税人；

(3) 进口应税消费品的，以进口的单位和个人为纳税人；

(4) 零售金银首饰、铂金首饰、钻石及钻石饰品的，以零售的单位和个人为纳税人；

(5) 批发卷烟的单位和个人为纳税人。

三、消费税的税目税率

（一）税目

我国现行消费税共设置了15个税目，有的税目还进一步划分若干子目和细目，各税目的具体内容如下。

1. 烟

凡是以烟叶为原料加工生产的产品，不论使用何种辅料，均属于本税目的征收范围。包括卷烟（进口卷烟、白包卷烟、手工卷烟和未经国务院批准纳入计划的企业及个人生产的卷烟）、雪茄烟和烟丝三个子目。

“卷烟”子目又分为“甲类卷烟”和“乙类卷烟”两个细目。甲类卷烟，是指每标准条（200支）调拨价格在70元（含70元，不含增值税）以上的卷烟；乙类卷烟是指每标准条调拨价格在70元（不含增值税）以下的卷烟。

2. 酒

酒是酒精度在1度以上的各种酒类饮料。酒包括白酒、黄酒、啤酒和其他酒四个子目。

“啤酒”子目又分为“甲类啤酒”和“乙类啤酒”两个细目。啤酒每吨出厂价（含包装物及包装物押金)在3 000元(含3 000元,不含增值税)以上的是甲类啤酒,每吨出厂价(含包装物及包装物押金)在3 000元(不含增值税)以下的是乙类啤酒。

对饮食业、商业、娱乐业举办的啤酒屋(啤酒坊)利用啤酒生产设备生产的啤酒,应当征收消费税。果啤属于啤酒,按啤酒征收消费税。

本章引入案例解析

本章引入案例中的顺达酒店通过自酿啤酒设备生产啤酒,应当征收消费税。

3. 化妆品

本税目征收范围包括各类美容、修饰类化妆品、高档护肤类化妆品和成套化妆品。

美容、修饰类化妆品是指香水、香水精、香粉、口红、指甲油、胭脂、眉笔、唇笔、蓝眼油、眼睫毛以及成套化妆品。舞台、戏剧、影视演员化妆用的上妆油、卸装油、油彩不属于本税目的征收范围。高档护肤类化妆品征收范围另行制定。

4. 贵重首饰及珠宝玉石

凡以金、银、白金、宝石、珍珠、钻石、翡翠、珊瑚、玛瑙等高贵稀有物质以及其他金属、人造宝石等制作的各种纯金银首饰及镶嵌首饰和经采掘、打磨、加工的各种珠宝玉石。宝石坯是经采掘、打磨、初级加工的珠宝玉石半成品,因此,对宝石坯应按规定征收消费税。

5. 鞭炮、焰火

各种鞭炮、焰火。体育上用的发令纸、鞭炮药引线,不按本税目征收。

6. 成品油

本税目包括汽油、柴油、石脑油、溶剂油、航空煤油、润滑油、燃料油7个子目。

(1) 汽油。汽油是指用原油或其他原料加工生产的辛烷值不小于66的可用作汽油发动机燃料的各种轻质油。

(2) 柴油。柴油是指用原油或其他原料加工生产的凝点或倾点在-50～30℃的可用作柴油发动机燃料的各种轻质油和以柴油成分为主、经调和精制可用作柴油发动机燃料的非标油。以柴油、柴油组分调和生产的生物柴油也属于本税目征收范围。

(3) 石脑油。石脑油又叫轻汽油、化工轻油,是以原油或其他原料加工生产的用于化工原料的轻质油。

(4) 溶剂油。溶剂油是用原油或其他原料加工生产的用于涂料、油漆、食用油、印刷油墨、皮革、农药、橡胶、化妆品生产和机械清洗、胶粘行业的轻质油。

(5) 航空煤油。航空煤油也叫喷气燃料,是用原油或其他原料加工生产的用作喷气发动机和喷气推进系统燃料的各种轻质油。

(6) 润滑油。润滑油是用原油或其他原料加工生产的用于内燃机、机械加工过程的润滑产品。润滑油分为矿物性润滑油、植物性润滑油、动物性润滑油和化工原料合成润滑油。

(7) 燃料油。燃料油也称重油、渣油,是用原油或其他原料加工生产,主要用于电厂发电、锅炉用燃料、加热炉燃料、冶金和其他工业炉燃料。

7. 小汽车

小汽车是指由动力驱动,具有四个或四个以上车轮的非轨道承载的车辆。

本税目征收范围包括含驾驶员座位在内最多不超过9个座位(含)的,在设计和技术特性上用于载运乘客和货物的各类乘用车;含驾驶员座位在内的座位数在10～23座(含

23 座)的,在设计和技术特性上用于载运乘客和货物的各类中轻型商用客车。

电动汽车不属于本税目征收范围。车身长度大于 7 米(含),并且座位在 10～23 座(含)以下的商用客车,不属于中轻型商用客车征税范围,不征收消费税。沙滩车、雪地车、卡丁车、高尔夫车不属于消费税征收范围,不征收消费税。

8. 摩托车

摩托车包括轻便摩托车和摩托车两种。对最大设计车速不超过 50km/h,发动机气缸总工作容量不超过 50 毫升的三轮摩托车不征收消费税。自 2014 年 12 月 1 日起,气缸容量 250 毫升(不含)以下的小排量摩托车不缴消费税,气缸容量 250 毫升和 250 毫升(不含)以上的摩托车分别按 3%和 10%的税率征收消费税。

9. 高尔夫球及球具

高尔夫球及球具是指从事高尔夫球运动所需的各种专用装备,包括高尔夫球、高尔夫球杆及高尔夫球包(袋)等。高尔夫球杆的杆头、杆身和握把也属于本税目的征收范围。

10. 高档手表

高档手表是指销售价格(不含增值税)每只在 10 000 元(含)以上的各类手表。

11. 游艇

游艇是指长度大于 8 米小于 90 米,船体由玻璃钢、钢、铝合金、塑料等多种材料制作,可以在水上移动的水上浮载体。按照动力划分,游艇分为无动力艇、帆艇和机动艇。

12. 木制一次性筷子

木制一次性筷子,又称卫生筷子,是指以木材为原料经过锯段、浸泡、旋切、刨切、烘干、筛选、打磨、倒角、包装等环节加工而成的各类一次性使用的筷子。未经打磨、倒角的木制一次性筷子也属于本税目征税范围。

13. 实木地板

实木地板是指以木材为原料,经锯割、干燥、刨光、截断、开榫、涂漆等工序加工而成的块状或条状的地面装饰材料。实木地板按生产工艺不同,可分为独板(块)实木地板、实木指接地板、实木复合地板三类;按表面处理状态不同,可分为未涂饰地板(白坯板、素板)和漆饰地板两类。用于装饰墙壁、天棚的侧端面为榫、槽的实木装饰板。未经涂饰的素板也属于本税目征税范围。

14. 电池

电池,是一种将化学能、光能等直接转换为电能的装置,一般由电极、电解质、容器、极端,通常还有隔离层组成的基本功能单元,以及用一个或多个基本功能单元装配成的电池组。范围包括:原电池、蓄电池、燃料电池、太阳能电池和其他电池。

对无汞原电池、金属氢化物镍蓄电池(又称"氢镍蓄电池"或"镍氢蓄电池")、锂原电池、锂离子蓄电池、太阳能电池、燃料电池和全钒液流电池免征消费税。自 2016 年 1 月 1 日起,对铅蓄电池按 4%税率征收消费税。

15. 涂料

涂料是指涂于物体表面能形成具有保护、装饰或特殊性能的固态涂膜的一类液体或固体材料的总称。涂料由主要成膜物质、次要成膜物质等构成。按主要成膜物质涂料可分为油脂类、天然树脂类、酚醛树脂类、其他成膜物类等。

(二) 税率

消费税的税率有两种形式：一种是比例税率；另一种是定额税率，即单位税额。消费税税率形式的选择，主要是根据课税对象的具体情况来确定，对一些供求基本平衡，价格差异不大，计量单位规范的消费品，选择计税简便的定额税率，如黄酒、啤酒、成品油等；对一些供求矛盾突出、价格差异较大，计量单位不规范的消费品，选择比例税率，如化妆品、小汽车等。为了更有效地保全消费税税基，对一些应税消费品如卷烟、白酒，则采用了定额税率和比例税率双重征收形式。消费税税目、税率(税额)如表 3-1 所示。

表 3-1 消费税税目、税率(税额)表

税 目	税 率
一、烟	
1. 卷烟	
(1) 甲类卷烟[调拨价 70 元以上(含 70 元)]	56%加 0.003 元/支
(2) 乙类卷烟(调拨价 70 元以下)	36%加 0.003 元/支
(3) 批发环节	11%加 0.005 元/支
2. 雪茄烟	36%
3. 烟丝	30%
二、酒	
1. 白酒	20%加 0.5 元/500 克
2. 黄酒	240 元/吨
3. 啤酒	
(1) 甲类啤酒[每吨出厂价在 3 000 元以上(含 3 000 元)]	250 元/吨
(2) 乙类啤酒(每吨出厂价在 3 000 元以下)	220 元/吨
4. 其他酒	10%
三、化妆品	30%
四、贵重首饰及珠宝玉石	
1. 金银首饰、铂金首饰和钻石及钻石饰品	5%
2. 其他贵重首饰和珠宝玉石	10%
五、鞭炮、焰火	15%
六、成品油	
1. 汽油	1.52 元/升
2. 柴油	1.20 元/升
3. 航空煤油	1.20 元/升
4. 石脑油	1.52 元/升
5. 溶剂油	1.52 元/升
6. 润滑油	1.52 元/升
7. 燃料油	1.20 元/升
七、摩托车	
1. 气缸容量为 250 毫升	3%

续表

税 目	税 率
2. 气缸容量在250毫升(不含)以上的	10%
八、小汽车	
1. 乘用车	
(1) 气缸容量在1.0升(含1.0升)以下的	1%
(2) 气缸容量在1.0升以上至1.5升(含1.5升)的	3%
(3) 气缸容量在1.5升以上至2.0升(含2.0升)的	5%
(4) 气缸容量在2.0升以上至2.5升(含2.5升)的	9%
(5) 气缸容量在2.5升以上至3.0升(含3.0升)的	12%
(6) 气缸容量在3.0升以上至4.0升(含4.0升)的	25%
(7) 气缸容量在4.0升以上的	40%
2. 中轻型商用客车	5%
九、高尔夫球及球具	10%
十、高档手表	20%
十一、游艇	10%
十二、木制一次性筷子	5%
十三、实木地板	5%
十四、电池	4%
十五、涂料	4%

四、消费税的纳税环节

消费税属于价内税,税收最终由消费者负担,但为了防止税款流失、加强税源控制,消费税的纳税环节主要确定在生产销售环节,具体规定如下。

(1) 纳税人生产的应税消费品,由生产者于销售环节纳税。

(2) 纳税人自产自用的应税消费品,应当于移送使用环节纳税。

(3) 委托加工的应税消费品,应由受托方于委托方提货时代收代缴税款,委托个人加工的应税消费品,由委托方收回后缴纳消费税。

(4) 卷烟的批发,由批发卷烟者在批发环节纳税。

小思考

卷烟消费税的征收环节有哪些?

(5) 金银首饰、钻石及钻石饰品、铂金首饰的消费税在零售环节征收。

(6) 进口的应税消费品,由进口报关者于报关进口环节纳税。

即学即用

下列物品中属于消费税征收范围的有(   )。(多选题)

A. 家用电器　　B. 电池　　C. 小汽车　　D. 鞭炮、焰火

答案:BCD

题解:消费税采用列举法按具体应税消费品设置税目税率,征税界限清楚,一般不易发

生错用税率的情况。题中的电池、小汽车和鞭炮、烟火都是消费税明确列举的项目。

第三节 消费税应纳税额的计算

一、消费税的计税依据

我国现行消费税采用从价定率、从量定额和从价从量复合计征三种征收方式，则其计税依据包括应税销售额和应税销售数量两种。

（一）销售额的确定

1. 销售额的一般规定

销售额为纳税人销售应税消费品向购买方所收取的全部价款和价外费用，但不包括应向购货方收取的增值税税款。

销售，是指有偿转让应税消费品的所有权；价外费用，是指价外向购买方收取的手续费、补贴、基金、集资费、返还利润、奖励费、违约金、滞纳金、延期付款利息、赔偿金、代收款项、代垫款项、包装费、包装物租金、储备费、优质费、运输装卸费以及其他各种性质的价外收费，但下列项目不包括在内。

（1）同时符合以下条件的代垫运输费用：

① 承运部门的运输费用发票开具给购买方的；

② 纳税人将该项发票转交给购买方的。

（2）同时符合以下条件代为收取的政府性基金或者行政事业性收费：

① 由国务院或者财政部批准设立的政府性基金，由国务院或者省级人民政府及其财政、价格主管部门批准设立的行政事业性收费；

② 收取时开具省级以上财政部门印制的财政票据；

③ 所收款项全额上缴财政。

其他价外费用，无论是否属于纳税人的收入，均应并入销售额计算征税。价外费用一般认为是含增值税收入，在并入销售额时应注意要将其换算为不含增值税的收入。

2. 包装物的税务处理

（1）纳税人销售应税消费品连同包装物销售的，无论包装物是否单独计价，也不论在会计上如何核算，均应并入应税消费品的销售额中征收消费税。

（2）如果包装物不作价随同产品销售，而是收取押金，此项押金则不应并入应税消费品的销售额中征税。但对因逾期未收回的包装物不再退还的或者已收取的时间超过 12 个月的押金，应并入应税消费品的销售额，按照应税消费品的适用税率缴纳消费税。

（3）对既作价随同应税消费品销售，又另外收取的包装物押金，凡纳税人在规定期限内不予退还的，均应并入应税消费品的销售额，按照应税消费品的适用税率征收消费税。

（4）酒类产品生产企业销售酒类产品（黄酒、啤酒除外）而收取的包装物押金，无论押金是否返还以及在会计上如何核算，均需并入酒类产品销售额中，依酒类产品适用税率征收消费税。黄酒、啤酒从量计征消费税，收取的包装物押金与消费税的计算无关。

3. 外币标价销售额的确定

纳税人销售的应税消费品，以人民币以外的货币结算销售额的，其销售额的人民币折合率可以选择销售额发生的当天或者当月1日的人民币汇率中间价。纳税人应在事先确定采用何种折合率，确定后1年内不得变更。

（二）销售数量的确定

销售数量是指纳税人生产、委托加工和进口应税消费品的数量。具体规定为：

(1) 生产销售应税消费品的，为应税消费品的销售数量；

(2) 自产自用应税消费品的，为应税消费品的移送使用数量；

(3) 委托加工应税消费品的，为纳税人收回的应税消费品数量；

(4) 进口的应税消费品，为海关核定的应税消费品进口征税数量。

（三）计税依据的特殊规定

(1) 纳税人通过自设非独立核算门市部门销售的自产应税消费品，应当按照门市部门对外销售额或销售数量征收消费税。

(2) 纳税人用于换取生产资料和消费资料，投资入股和抵偿债务等方面的应税消费品，应当以纳税人同类应税消费品的最高销售价格作为计税依据计算消费税。

(3) 纳税人应税消费品的计税价格明显偏低且无正当理由的，由主管税务机关核定其计税价格。其计税价格的核定权限为：

① 卷烟、白酒和小汽车的计税价格由国家税务总局核定，送财政部备案；

② 其他应税消费品的计税价格由省、自治区和直辖市国家税务局核定；

③ 进口应税消费品的计税价格由海关核定。

(4) 兼有不同税率应税消费品的税务处理。

纳税人兼营不同税率的应税消费品，应当分别核算不同税率应税消费品的销售额、销售数量。未分别核算销售额、销售数量，或者将不同税率的应税消费品组成成套消费品销售的，从高适用税率。

小思考

纳税人用于换取生产资料和消费资料，投资入股和抵偿债务等方面的应税消费品，应当以纳税人同类应税消费品的最高销售价格作为计税依据计算消费税，应以哪种价格作为计算增值税的计税依据？

二、应纳税额的计算

（一）生产销售环节应纳消费税的计算

纳税人在生产销售环节应缴纳的消费税，包括直接对外销售应税消费品应缴纳的消费税和自产自用应税消费品应缴纳的消费税。

1. 直接对外销售应纳消费税的计算

直接对外销售应税消费品的计算可能涉及的计算方法有以下三种。

(1) 从价定率计算

在从价定率计算方法下,应纳消费税额等于不含增值税的销售额乘以适用税率。计算公式为:

应纳税额=应税消费品的销售额×比例税率

【例 3-1】 某化妆品厂为增值税一般纳税人,2016 年 5 月发生以下销售业务:①向商场销售 A 化妆品一批,开具增值税专用发票,注明价款 50 万元,增值税税款 8.5 万元;②向某单位销售 B 化妆品一批,开具普通发票,注明销售额为 3.51 万元。计算该化妆品厂当月应纳消费税额。

解析:化妆品消费税采用从价定率法计算,适用税率为 30%;销售 B 化妆品开具普通发票上注明的销售额为含增值税销售额,应换算成不含税销售额。

应税销售额=50+3.51÷(1+17%)=53(万元)

应纳消费税=53×30%=15.9(万元)

(2) 从量定额计算

在从量定额计算方法下,应纳税额等于应税消费品的销售数量乘以单位税额。计算公式为:

应纳税额=应税消费品的销售数量×定额税率

【例 3-2】 某啤酒厂 2016 年 4 月份销售啤酒 400 吨,每吨出厂价为 2 800 元(不含增值税),计算该啤酒厂当月应纳消费税额。

解析:该啤酒厂销售的啤酒每吨销售价格在 3 000 元以下,适用 220 元/吨的定额税率。

应纳消费税=400×220=88 000(元)

(3) 从价定率和从量定额复合计算

在现行消费税的征税范围中,只有卷烟、白酒采用复合计算方法。计算公式为:

应纳税额=应税销售数量×定额税率+应税销售额×比例税率

【例 3-3】 某白酒厂 2016 年 4 月销售白酒 100 吨,取得不含税销售额 1 200 万元。计算该白酒厂当月应纳消费税额。

解析:白酒适用从价从量复合计税办法,税率为 20%加 0.5 元/500 克。

应纳消费税=0.5×100×2 000÷10 000+1 200×20%=250(万元)

2. 自产自用应纳消费税的计算

自产自用,是指纳税人生产应税消费品后,不是用于直接对外销售,而是用于自己连续生产应税消费品或用于其他方面。

(1) 用于连续生产应税消费品

纳税人自产自用的应税消费品,用于连续生产应税消费品的,不缴纳消费税。例如,卷烟厂生产出的烟丝已是应税消费品,如果卷烟厂用生产的烟丝连续生产加工卷烟,这些烟丝就不需要缴纳消费税,只需对生产的卷烟缴纳消费税。如果生产出的烟丝直接销售,则直接销售的烟丝就需要缴纳消费税。

(2) 用于其他方面的应税消费品

纳税人自产自用的应税消费品,除用于连续生产应税消费品外,凡用于其他方面的,于移送使用时缴纳消费税。"用于其他方面"是指纳税人用于生产非应税消费品、在建工程、管理部门、非生产机构、提供劳务,以及用于馈赠、赞助、集资、广告、样品、职工福利、奖励等方面。纳税人自产的应税消费品只要是用于税法规定的其他方面都要做视同销售处理，依法缴纳消费税。

用于其他方面的应税消费品应纳消费税的计算如下。

① 有同类消费品销售价格的，按纳税人生产的同类消费品的销售价格计算纳税。

“同类消费品的销售价格”是指纳税人当月销售同类消费品的销售价格，如果当月同类消费品销售价格高低不同，应按销售数量加权平均计算。但销售的应税消费品有下列情况之一的，不得列入加权平均计算：一是销售价格明显偏低且无正当理由的；二是无销售价格的。如果当月无销售或者当月未完结，应按照同类消费品上月或者最近月份的销售价格计算纳税。

② 没有同类应税消费品销售价格的，以组成计税价格作为计税销售额。

实行从价定率办法计算纳税的组成计税价格计算公式：

$$组成计税价格=\frac{成本+利润}{1-比例税率}$$

或：

$$=\frac{成本\times(1+成本利润率)}{1-比例税率}$$

$$应纳税额=组成计税价格\times比例税率$$

实行复合计税办法计算纳税的组成计税价格计算公式：

$$组成计税价格=\frac{成本+利润+自产自用数量\times定额税率}{1-比例税率}$$

或：

$$=\frac{成本\times(1+成本利润率)+自产自用数量\times定额税率}{1-比例税率}$$

$$应纳税额=组成计税价格\times比例税率+自产自用数量\times定额税率$$

上述公式中所说的“成本”，是指应税消费品的产品生产成本。

上述公式中所说的“利润”，是指根据应税消费品的全国平均成本利润率计算的利润。应税消费品全国平均成本利润率由国家税务总局确定。平均成本利润率如表 3-2 所示。

表 3-2　平均成本利润率

货物名称	利润率/%	货物名称	利润率/%
1. 甲类卷烟	10	10. 贵重首饰及珠宝玉石	6
2. 乙类卷烟	5	11. 摩托车	6
3. 雪茄烟	5	12. 高尔夫球及球具	10
4. 烟丝	5	13. 高档手表	20
5. 粮食白酒	10	14. 游艇	10
6. 薯类白酒	5	15. 木制一次性筷子	5
7. 其他酒	5	16. 实木地板	5
8. 化妆品	5	17. 乘用车	8
9. 鞭炮、焰火	5	18. 中轻型商用客车	5

【例 3-4】 某白酒厂 2016 年 3 月生产一种新型粮食白酒 2 吨，用于赠送给客户，已知该

种白酒无同类产品出厂价，生产成本为40 000元，粮食白酒的成本利润率为10%。计算该白酒厂当月应纳消费税。

解析：赠送给客户的白酒为该酒厂生产的新型粮食白酒，无同类产品的销售价格，应按组成计税价格计算应纳消费税。

组成计税价格＝[40 000×(1＋10%)＋2×2000×0.5]÷(1－20%)＝57 500(元)

应纳消费税＝57 500×20%＋2×2000×0.5＝13 500(元)

（二）委托加工环节应税消费品应纳税额的计算

企业由于设备、技术、人力等方面的原因，常常要委托其他单位代为加工应税消费品，这是生产应税消费品的另一种形式，也需要纳入征收消费税的范围。

1. 代收代缴税款的规定

对于确实属于委托方提供原料和主要材料，受托方只收取加工费和代垫部分辅助材料加工的应税消费品，税法规定，由受托方在向委托方交货时代收代缴消费税。这样，受托方就是法定的代收代缴义务人。如果受托方对委托加工的应税消费品没有代收代缴或少代收代缴消费税，就要按照税收征管法的规定，承担代收代缴的法律责任。因此，受托方必须严格履行代收代缴义务，正确计算和按时代缴税款。如果纳税人委托个体经营者加工应税消费品，一律于委托方收回后在委托方所在地缴纳消费税。

小思考

为什么委托个体经营者加工应税消费品，不采用代收代缴消费税的形式征收？

委托加工的应税消费品，受托方在交货时已代收代缴消费税，委托方将收回的应税消费品，以不高于受托方的计税价格出售的，为直接销售，不再缴纳消费税；委托方以高于受托方的计税价格出售的，不属于直接销售，需按照规定申报缴纳消费税，在计税时准予扣除受托方代收代缴的消费税。

小思考

什么情况下属于委托方以高于受托方的计税价格出售，需按照规定申报缴纳消费税？

2. 委托加工应税消费品应纳税额的计算

(1) 受托方有同类消费品销售价格的，按照受托方同类消费品的销售价格计算纳税。

“受托方同类消费品的销售价格”是指受托方(代收代缴义务人)当月销售的同类消费品的销售价格，如果当月同类消费品销售价格高低不同，应按销售数量加权平均计算。但销售的应税消费品有下列情况之一的，不得列入加权平均计算：销售价格明显偏低且无正当理由的；无销售价格的。如果当月无销售或者当月未完结，应按照同类消费品上月或最近月份的销售价格计算纳税。

(2) 受托方没有同类消费品销售价格的，按照组成计税价格计算纳税。

实行从价定率办法计算纳税的组成计税价格计算公式为：

$$组成计税价格=\frac{材料成本+加工费}{1-消费税税率}$$

实行复合计税办法计算纳税的组成计税价格计算公式为：

$$组成计税价格=\frac{材料成本+加工费+委托加工数量\times定额税率}{1-比例税率}$$

上述公式中的“材料成本”是指委托方所提供加工材料的实际成本。委托加工应税消费品的纳税人，必须在委托加工合同上如实注明(或者以其他方式提供)材料成本，凡未提供材料成本的，受托方主管税务机关有权核定其材料成本。

上述公式中的“加工费”是指受托方加工应税消费品向委托方所收取的全部费用(包括代垫辅助材料的实际成本)。

【例 3-5】 某烟草公司为增值税一般纳税人，2016 年 7 月委托 A 企业加工雪茄烟，发出烟丝，成本为 15 万元，取得 A 企业开具的增值税专用发票，注明加工费 1.8 万元，代垫辅料费 0.2 万元，A 企业于当月加工完毕并全部交付给该烟草公司。A 企业无同类雪茄烟的销售价格，计算当月 A 企业应代收代缴的消费税。

解析：

组成计税价格=(15+1.8+0.2)÷(1-36%)=26.56(万元)

代收代缴消费税=26.56×36%=9.56(万元)

(三) 进口环节应纳消费税的计算

纳税人进口应税消费品，应按照组成计税价格和规定的税率计算应纳消费税。计算方法如下。

1. 从价定率计算应纳税额的计算公式

$$组成计税价格=\frac{关税完税价格+关税}{1-比例税率}$$

$$应纳税额=组成计税价格\times比例税率$$

2. 从量定额计算应纳税额的计算公式

$$应纳税额=应税消费品数量\times定额税率$$

3. 从价定率和从量定额复合计税办法计算应纳税额的计算公式

$$组成计税价格=\frac{关税完税价格+关税+进口数量\times定额税率}{1-比例税率}$$

$$应纳税额=组成计税价格\times比例税率+应税消费品进口数量\times定额税率$$

(四) 特殊环节应纳消费税的计算

1. 金银首饰、钻石及钻石饰品、铂金首饰零售环节

(1) 纳税人销售金银首饰、钻石及钻石饰品、铂金首饰，其计税依据为不含增值税销售额。

(2) 带料加工的金银首饰、钻石及钻石饰品、铂金首饰，应按受托方销售同类金银首饰、钻石及钻石饰品、铂金首饰销售价格计征消费税；没有同类产品销售价格，则按组成计税价格纳税。

$$组成计税价格=\frac{材料成本+加工费}{1-消费税税率}$$

(3) 纳税人采取以旧换新(含翻新改制)方式销售的金银首饰,应按实际收取的不含增值税的全部价款计征消费税。

(4) 生产、批发、零售单位用于馈赠、赞助、集资、广告、样品、职工福利、奖励等方面的金银首饰、钻石及钻石饰品、铂金首饰,有同类售价的,按同类售价计征消费税;没有同类售价的,按组成计税价格计征消费税。

$$组成计税价格=\frac{购进原价\times(1+成本利润率)}{1-消费税税率}$$

2. 卷烟批发环节

在我国境内从事卷烟批发业务的单位和个人,批发销售的所有牌号规格的卷烟,以批发卷烟的销售额(不含增值税)和批发卷烟的销售数量为计税依据,征收消费税。

应纳消费税=批发卷烟的销售额×11%+批发卷烟的销售数量×定额税率

三、应税消费品已纳消费税的扣除

为了避免重复纳税,现行消费税规定,将外购应税消费品或委托加工收回的应税消费品继续生产应税消费品销售的,其外购应税消费品或委托加工收回应税消费品已缴纳的消费税准予扣除。

(一) 准予从应纳消费税中扣除已纳消费税的应税消费品的范围

外购应税消费品或委托加工收回的应税消费品继续生产应税消费品销售的,可以将外购应税消费品或委托加工收回应税消费品已缴纳的消费税扣除的有:

(1) 以外购或委托加工收回的已税烟丝为原料生产的卷烟;

(2) 以外购或委托加工收回的已税化妆品为原料生产的化妆品;

(3) 以外购或委托加工收回的已税珠宝玉石为原料生产的贵重首饰及珠宝玉石;

(4) 以外购或委托加工收回的已税鞭炮、焰火为原料生产的鞭炮、焰火;

(5) 以外购或委托加工收回的已税摩托车生产的摩托车;

(6) 以外购或委托加工收回的已税石脑油为原料生产的应税消费品;

(7) 以外购或委托加工收回的已税润滑油为原料生产的润滑油;

(8) 以外购或委托加工收回的已税杆头、杆身和握把为原料生产的高尔夫球杆;

(9) 以外购或委托加工收回的已税木制一次性筷子为原料生产的木制一次性筷子;

(10) 以外购或委托加工收回的已税实木地板为原料生产的实木地板;

(11) 以外购或委托加工收回的已税电池为原料生产的电池;

(12) 以外购或委托加工收回的已税涂料为原料生产的涂料。

需要说明的是,纳税人用外购的已税珠宝、玉石原料生产的改在零售环节征收消费税的金银首饰(镶嵌首饰),在计税时一律不得扣除外购珠宝、玉石的已纳税款。允许扣除已纳税款的应税消费品只限于从工业企业购进的应税消费品和进口环节已缴纳消费税的应税消费品,对从境内商业企业购进应税消费品的已纳税款一律不得扣除。

（二）当期准予扣除的外购已税消费品已纳税款的计算

1. 以外购的已税消费品生产应税消费品

（1）实行从价定率计税方法的应税消费品

当期准予扣除的外购已税消费品已纳税款
＝当期准予扣除的外购已税消费品的买价×外购已税消费品适用税率

当期准予扣除的外购已税消费品的买价
＝期初库存外购已税消费品的买价＋本期外购已税消费品的买价
－期末库存外购已税消费品的买价

（2）实行从量定额计税方法的应税消费品

当期准予扣除的外购应税消费品已纳税款
＝当期准予扣除外购应税消费品数量×应税消费品适用税率

当期准予扣除外购应税消费品数量
＝期初库存外购应税消费品数量＋当期外购应税消费品数量
－期末库存外购应税消费品数量

2. 以委托加工的已税消费品生产应税消费品

当期准予扣除的委托加工已税消费品的已纳税款＝期初库存的委托加工已税消费品的已纳税款＋本期收回的委托加工已税消费品的已纳税款－期末库存的委托加工已税消费品的已纳税款

委托加工应税消费品已纳税款，为代扣代缴税款凭证注明的受托方代收代缴的消费税。

【例 3-6】 某卷烟厂为增值税一般纳税人，生产甲类卷烟及雪茄烟，已知 2016 年 3 月：

（1）外购烟丝一批，取得增值税专用发票，注明价款 400 万元，增值税 68 万元；

（2）进口烟丝一批，海关核定关税完税价格为 350 万元，烟丝关税税率为 10%，消费税税率为 30%；

（3）本月外购烟丝因管理不善发生霉烂，买价为 20 万元；

（4）月初库存外购烟丝买价为 30 万元，月末库存外购烟丝买价为 50 万元。

假设除发生霉烂 20 万元的烟丝，其他烟丝均用于生产甲类卷烟及雪茄烟。计算该卷烟厂当月准予扣除的消费税额。

解析：因管理不善发生霉烂的烟丝未用于连续生产应税消费品，因此不准予扣除，进口烟丝买价为进口烟丝组成计税价格。

当期准予扣除的外购已税消费品的买价＝30＋400＋350×(1＋10%)÷(1－30%)－50－20＝910(万元)

当期准予扣除的外购已税消费品已纳税款＝910×30%＝273(万元)

第四节 消费税出口退(免)税

一、应税消费品出口退免税政策

(一)出口免税并退税

出口免税并退税的政策,适用于有出口经营权的外贸企业购进应税消费品直接出口,以及外贸企业受其他外贸企业委托代理出口的应税消费品。外贸企业只有受其他外贸企业委托,代理出口应税消费品才可以办理退税,外贸企业受其他企业(主要是生产性的商贸企业和生产性企业)委托,代理出口应税消费品,是不予退(免)税的。

(二)出口免税不退税

出口免税不退税的政策,适用于有进出口经营权的生产企业自营出口或生产企业委托外贸企业代理出口自产的应税消费品。免征消费税是指生产性企业按实际出口的应税消费品数量,免征生产环节的消费税。不予办理退还消费税,因已免征生产环节的消费税,该应税消费品出口时,已不含有消费税,所以无须再办理退还消费税。

(三)出口不免税也不退税

出口企业出口或视同出口适用增值税征税政策的货物为应税消费品,应按规定缴纳消费税,不退还其以前环节已征的消费税,且不允许在内销应税消费品应纳消费税款中抵扣。

小思考

为什么生产企业出口应税消费品不享受退税政策?

二、出口货物退税率的规定

出口应税消费品的退税率为《消费税税目税率表》中规定的税率,即税法规定的消费税税率或单位税额。企业应将出口的不同税率的应税消费品分别核算,凡划分不清的,一律从低适用税率计算应退消费税税额。

三、出口应税消费品退税额的计算

出口货物的消费税应退税额的计税依据,按购进出口货物的消费税专用缴款书和海关进口消费税专用缴款书确定。

属于从价定率计征消费税的,为已征且未在内销应税消费品应纳税额中抵扣的购进出口货物金额;属于从量定额计征消费税的,为已征且未在内销应税消费品应纳税额中抵扣的购进出口货物数量;属于复合计征消费税的,按从价定率和从量定额的计税依据分别确定。

具体计算方法如下。

（一）从价定率计税的消费品应退税额的计算

按照外贸企业从工厂购进货物时征收消费税的价格计算应退税额。其计算公式为：

应退消费税税额＝出口应税消费品的工厂销售额×税率

如果工厂销售额是含增值税的价格，应换算为不含增值税的销售额。

（二）从量定额计税的消费品应退税额的计算

按照外贸企业报关出口应税消费品的数量计算应退税额。其计算公式为：

应退消费税税额＝出口应税消费品数量×单位税额

（三）从价从量复合计征消费税应退税额的计算

按照外贸企业从工厂购进货物时征收消费税的价格及报关出口应税消费品的数量计算应退税额。其计算公式为：

消费税应退税额＝出口应税消费品的工厂销售额×比例税率
＋出口应税消费品数量×定额税率

出口的应税消费品办理退（免）税后，发生退关或者国外退货的，报关出口者必须及时向其所在地主管税务机关申报补缴已退（免）的消费税税额。

纳税人直接出口的应税消费品办理免税后发生退关或国外退货，进口时已予以免税的，经所在地主管税务机关批准，可暂不办理补税，待其转为国内销售时，再向其主管税务机关申报补缴消费税。

第五节　消费税的纳税管理

一、纳税义务发生时间

纳税人生产的应税消费品，于纳税人销售时纳税。纳税人自产自用的应税消费品，用于连续生产应税消费品的，不纳税；用于其他方面的，于移送使用时纳税。

（1）纳税人销售应税消费品的，按不同的销售结算方式，纳税义务发生时间分别规定如下。

① 采取赊销和分期收款结算方式的，为书面合同约定的收款日期的当天，书面合同没有约定收款日期或者无书面合同的，为发出应税消费品的当天。

② 采取预收货款结算方式的，为发出应税消费品的当天。

③ 采取托收承付和委托银行收款方式的，为发出应税消费品并办妥托收手续的当天。

④ 采取其他结算方式的，为收讫销售款或者取得索取销售款凭据的当天。

（2）纳税人自产自用应税消费品的，为移送使用的当天。

（3）纳税人委托加工应税消费品的，为纳税人提货的当天。

（4）纳税人进口应税消费品的，为报关进口的当天。

（5）纳税人批发卷烟的，为收讫销售款或者取得索取销售款凭据的当天。

二、纳税期限

消费税的纳税期限分别为1日、3日、5日、10日、15日、1个月或者1个季度。纳税人的具体纳税期限，由主管税务机关根据纳税人应纳税额的大小分别核定；不能按照固定期限纳税的，可以按次纳税。

纳税人以1个月或者1个季度为1个纳税期的，自期满之日起15日内申报纳税；以1日、3日、5日、10日或者15日为1个纳税期的，自期满之日起5日内预缴税款，于次月1日起15日内申报纳税并结清上月应纳税款。

纳税人进口应税消费品，应当自海关填发海关进口消费税专用缴款书之日起15日内缴纳税款。

三、纳税地点

（1）纳税人销售的应税消费品，以及自产自用的应税消费品，除国务院财政、税务主管部门另有规定外，应当向纳税人机构所在地或者居住地的主管税务机关申报纳税。

（2）委托加工的应税消费品，除受托方为个人外，由受托方向机构所在地或者居住地的主管税务机关解缴消费税税款。

委托个人加工的应税消费品，由委托方向其机构所在地或者居住地主管税务机关申报纳税。

（3）进口的应税消费品，应当向报关地海关申报纳税。

（4）纳税人到外县（市）销售或者委托外县（市）代销自产应税消费品的，于应税消费品销售后，向机构所在地或者居住地主管税务机关申报纳税。

（5）纳税人的总机构与分支机构不在同一县（市）的，应当分别向各自机构所在地的主管税务机关申报纳税；经财政部、国家税务总局或者其授权的财政、税务机关批准，可以由总机构汇总向总机构所在地的主管税务机关申报纳税。

四、销货退回

纳税人销售的应税消费品，如因质量等原因由购买者退回时，经机构所在地或者居住地主管税务机关审核批准后，可退还已缴纳的消费税税款。

课后讨论

增值税和消费税是同属于流转税类的税种，在产品的流转环节征税。具体分析下列产品的流转环节中，哪些情况只征收增值税？哪些情况只征收消费税？哪些情况既征收增值税，又征收消费税？

（1）高尔夫球及球具的生产环节；

(2) 金银首饰的生产环节；

(3) 高档手表的零售环节；

(4) 卷烟的批发环节；

(5) 啤酒屋自产啤酒的销售环节；

(6) 委托加工收回的实木地用于办公室装修的移送环节。

练习题

一、单选题

1. 纳税人将自产的应税消费品用于(　　)的，不征收消费税。

A. 连续生产应税消费品　　B. 连续生产非应税消费品

C. 职工福利、赞助、广告　　D. 管理部门

2. 根据消费税的有关规定，下列纳税人自产自用的应税消费品不需要缴纳消费税的是(　　)。

A. 日化厂用于交易会样品的自产化妆品

B. 汽车厂用于管理部门使用的自产小汽车

C. 香烟厂用于生产卷烟的自制烟丝

D. 炼油厂用于本企业基建部门车辆的自产汽油

3. 下列经营应税消费品的单位，为消费税纳税义务人的是(　　)。

A. 批发金银首饰的首饰生产企业　　B. 销售自产电池的电池生产企业

C. 销售实木地板的建材商店　　D. 销售游艇的商贸公司

4. 下列单位属于消费税纳税义务人的是(　　)。

A. 使用一次性木筷的餐饮企业　　B. 委托加工应税消费品的单位

C. 受托加工应税消费品的企业　　D. 销售小汽车的汽车 4S 店

5. 下列单位经营的应税消费品，不需要缴纳消费税的是(　　)。

A. 酒吧利用啤酒生产设备生产的啤酒

B. 涂料厂销售自产涂料并负责粉刷

C. 汽车厂用于公益性捐赠的自产小汽车

D. 销售摩托车的商贸公司

6. 下列消费品不属于消费税征收对象的是(　　)。

A. 柴油　　B. 雪茄烟　　C. 鞭炮、焰火　　D. 香皂

7. 依据消费税的有关规定，下列消费品应征消费税的是(　　)。

A. 高尔夫球包　　B. 竹制筷子　　C. 电动汽车　　D. 汽车轮胎

8. 下列液体的应税消费品中，适用从量定额方法征收消费税的是(　　)。

A. 白酒　　B. 葡萄酒　　C. 啤酒　　D. 药酒

9. 委托加工应税消费品征收消费税的环节为(　　)。

A. 交付原材料时　　B. 加工时　　C. 委托方提货时　　D. 支付加工费时

10. 下列行为涉及的货物，属于消费税征税范围的是(　　)。

A. 批发商批发销售白酒

B. 超市销售啤酒

C. 家电制造企业销售电视机

D. 大型综合类商场销售金银首饰

11. 纳税人将应税消费品与非应税消费品以及适用不同税率的应税消费品组成成套消费品销售的应按(　　)。

A. 应税消费品的平均税率计征　　B. 应税消费品的最高税率计征

C. 应税消费品的不同税率,分别计征　　D. 应税消费品的最低税率计征

12. 纳税人用于换取生产资料和消费资料,投资入股和抵偿债务等方面的应税消费品,应以纳税人同类应税消费品的(　　)作为计税依据,计算消费税。

A. 同期销售价格　　B. 平均销售价格

C. 最高销售价格　　D. 最低销售价格

13. 纳税人通过非独立核算门市部销售按"从价定率"办法征税的应税消费品,计征消费税的价格为(　　)。

A. 门市部对外销售价格　　B. 出厂价格

C. 市场价格　　D. 批发价格

14. 下列各项中,符合消费税法有关规定应按当期生产领用数量计算准予扣除外购的应税消费品已纳消费税税款规定的是(　　)。

A. 外购已税白酒生产的药酒

B. 外购已税化妆品生产的化妆品

C. 外购已税白酒生产的酒心巧克力

D. 外购已税珠宝玉石生产的金银镶嵌首饰

15. 下列各项中,符合消费税纳税义务发生时间规定的是(　　)。

A. 进口的应税消费品,为取得进口货物的当天

B. 自产自用的应税消费品,为移送使用的当天

C. 委托加工的应税消费品,为支付加工费的当天

D. 采取预收货款结算方式的,为收到预收款的当天

二、多选题

1. 下列属于消费税的征税范围的有(　　)。

A. 生产销售应税消费品　　B. 委托加工应税消费品

C. 进口应税消费品　　D. 批发的白酒

2. 下列项目中,不需要缴纳消费税的是(　　)。

A. 进口汽油　　B. 专卖店零售卷烟

C. 建材城销售实木地板　　D. 进口大型商务客车

3. 下列不属于委托加工应税消费品的是(　　)。

A. 委托方提供原材料,受托方代垫辅助材料加工的应税消费品

B. 受托方以委托方名义购进原材料加工的应税消费品

C. 受托方提供原材料加工的应税消费品

D. 委托方向受托方购买原材料,并要求受托方加工的应税消费品

4. 下列情形的自产应税消费品，以纳税人同类应税消费品的平均销售价格作为计税依据计算消费税的是（ ）。

A. 用于换取生产资料、消费资料的应税消费品

B. 用于抵偿债务的应税消费品

C. 用于投资入股的应税消费品

D. 用于对外捐赠的应税消费品

5. 下列属于消费税纳税义务人的有（ ）。

A. 钻石首饰的进口企业　　B. 金银首饰的零售商店

C. 卷烟的批发商　　D. 化妆品的零售专柜

6. 下列消费品属于消费税征收对象的是（ ）。

A. 电池　　B. 影视演员化妆用的上妆油

C. 实木复合地板　　D. 游艇

7. 下列货物中，采用从量定额方法计征消费税的是（ ）。

A. 黄酒　　B. 啤酒　　C. 润滑油　　D. 涂料

8. 下列各项关于从量计征消费税计税依据确定方法的表述中，符合应税消费品数量规定的有（ ）。

A. 生产销售应税消费品的，为应税消费品的销售数量

B. 自产自用应税消费品的，为应税消费品的生产数量

C. 委托加工应税消费品的，为纳税人收回的应税消费品数量

D. 进口应税消费品的，为海关核定的应税消费品进口征税数量

9. 从价定率计征消费税时，计税销售额中应包括（ ）。

A. 延期付款利息　　B. 应纳消费税税金

C. 应纳增值税税金　　D. 包装物租金

10. 在现行消费税的征税范围中，（ ）采用复合计算方法计算应纳消费税。

A. 卷烟　　B. 雪茄烟　　C. 白酒　　D. 鸡尾酒

11. 下列连续生产的应税消费品，在计税时准予按当期生产领用数量计算扣除外购的应税消费品已纳的消费税税款的有（ ）。

A. 外购已税烟丝生产的卷烟

B. 外购已税珠宝玉石征税的改在零售环节征收消费税的金银首饰

C. 外购已税白酒生产的其他酒

D. 用外购已税杆头、杆身和握把生产的高尔夫球杆

12. 下列有关消费税纳税义务发生时间的确定，符合法律规定的是（ ）。

A. 纳税人批发卷烟的，为收讫销售款或者取得索取销售款凭据的当天

B. 采取预收货款结算方式的，为收到预收款的当天

C. 纳税人自产自用的应税消费品，为移送使用的当天

D. 纳税人委托加工应税消费品的，为纳税人提货的当天

三、判断题

1. 消费税通过对非生活必需品进行征税，可以发挥调节收入分配的作用，以缩小贫富差距，缓解社会分配不公。（ ）

2. 批发的卷烟，为消费税的征税范围。卷烟的批发包括将卷烟批发给其他批发单位、零售单位和个人。（　　）

3. 消费税的纳税人即为消费税的实际缴纳者，包括单位和个人。（　　）

4. 高档手表是指销售价格(不含增值税)每只在10 000元(含)以上的各类手表。（　　）

5. 受托加工应税消费品的个体经营者不承担代收代缴消费税的义务。（　　）

6. 金银首饰连同包装物销售的，包装物的价格应并入金银首饰的销售额计征消费税。（　　）

7. 企业受托加工应税消费品，如果没有同类消费品的销售价格，企业可按委托加工合同上注明的材料成本与加工费之和为组成计税价格，计算代收代缴消费税。（　　）

8. 纳税人进口应税消费品，应按照组成计税价格和规定的税率计算应纳消费税。组成计税价格应包括关税和消费税，但不包括增值税。（　　）

9. 卷烟厂用委托加工收回的已税烟丝为原料连续生产的卷烟，在计算纳税时，准予从应纳消费税税额中按当期生产领用数量计算扣除委托加工收回的烟丝已纳消费税税款。（　　）

10. 生产企业将自产的实木地板用于办公室装修，应于装修工程完成后，确认使用的实木地板应纳消费税。（　　）

四、计算分析题

1. 某地板生产企业为增值税一般纳税人，2016年1月销售自产地板两批：第一批800箱取得不含税收入160万元，第二批500箱取得不含税收入113万元；另将同型号地板200箱赠送福利院，300箱发给职工作福利。计算该企业当月应缴纳的消费税。

2. 某酒厂为增值税一般纳税人，2016年6月销售白酒40 000千克，不含增值税价款为100万元，另收取包装物押金5.85万元，该企业已将包装物押金单独入账，计算该酒厂6月份应纳消费税。

3. 某啤酒厂销售自产A类啤酒20吨给某商贸公司，开具增值税专用发票注明价款68 000元，收取包装物押金1 000元；销售B类啤酒10吨给某酒店，开具普通发票共收取销货款30 760元，另收取包装物押金500元，包装物租金2 500元。计算该啤酒厂应缴纳的消费税。

4. 2016年1月，甲企业委托乙企业加工一批白酒，甲企业提供原材料，实际成本为7 000元(不含税)，乙企业开具增值税专用发票注明加工费2 000元，代垫辅助材料费800元，甲企业收回委托加工的白酒共2吨。乙企业无同类产品计税价格，计算乙企业应代收代缴的消费税。甲企业收回后将上述白酒出售，取得不含税销售收入18 000元，甲企业是否应缴纳消费税，如果需要缴纳，计算应纳消费税。

5. 某进出口公司从韩国进口一批化妆品，到岸价折合人民币50万元，经海关核定到岸价为关税完税价格，关税税率为40%，计算该公司应向海关缴纳的消费税。

6. 甲卷烟批发企业2016年6月批发销售卷烟500箱，其中批发给乙卷烟批发企业300箱、零售专卖店150箱、个体烟摊50箱。每箱不含税批发价格为13 000元，计算甲企业6月份应纳消费税。

7. 某外贸公司从一生产企业购进一批鞭炮用于出口，取得增值税专用发票注明价款200万元，增值税34万元，该公司将这批鞭炮全部出口，取得收入折合人民币210万元。已知该鞭炮的增值税退税率为9%，计算应退增值税和消费税金额。

第四章

关　税

本章要点

- 关税的概念、类型、特点、作用
- 关税的征税对象、纳税人、税收优惠
- 关税的完税价格
- 关税应纳税额的计算

案例引入

据商务部预测，2016 年中国跨境电商进出口贸易额将达 6.5 万亿元，未来几年跨境电商占中国进出口贸易比例将会提高到 20%，年增长率将超过 30%。2016 年 4 月 8 日起，跨境电商零售进口税收新政正式实施。新政明确，跨境电商零售进口商品，不再按行邮税计征税款，而是按照货物征收关税和进口环节增值税、消费税。

税制变化对企业和消费者会产生怎样的影响呢？

第一节　关税概述

一、关税的概念

关税是海关依法对进出境的货物、物品征收的一种税。

“境”，特指关境，与国境不同。关境，又称关税领域或海关境域，是指实施同一海关法令的境域，即国家（地区）行使海关主权的执法空间。国境，是指一个国家行使主权的领土范围，包括领土、领海、领空。一般情况下，一国的关境与国境是一致的。但是，在某些国家和地区，关境与国境也会有所不同。例如，当某一国家在国境内设立了自由港、自由贸易区等，这些区域虽然在国境之内，但从征收关税角度来看，这些区域是在关境之外，此时关境就小于国境；而当几个国家结成关税同盟，成员国之间货物进出国境不征收关税，只对来自和运往非成员国的货物进出共同关境时征收关税，这时的关境就大于成员国的各自国境。在我国，由于香港、澳门为我国单独的关税地区，即单独关境区，这样我国的国境就大于关境。

全国人民代表大会于 2000 年 7 月修订颁布了《中华人民共和国海关法》（以下简称《海关法》），国务院于 2003 年年底发布了《中华人民共和国进出口关税条例》（以下简称《进出口关税条例》）《中华人民共和国海关进出口税则》《中华人民共和国海关入境旅客行李物品和个人邮递物品征收进口税办法》,并于2004年1月1日起施行。

小思考

关境与国境的区别是什么?

二、关税的特点

关税具有涉外性,由海关负责征收的特点。

(一)征税环节为进出口环节

关税的征税对象是进出境的货物和物品,不进出境的货物和物品不征收关税,纳税环节是进出口环节。并且,关税实行进出口环节单环节一次征收,除此之外,在关境内流通不再征收关税。这是关税最主要的特征,也是决定关税作为涉外税种的本质属性所在,从某种意义上说,关税的其他特征都是由这一本质特征所决定的。

(二)关税属于单一环节的价外税

关税是在货物或物品进出关境的环节一次性征收。进出关境的货物在进出环节一次性征收关税后,在国内流通的任何环节均不再征收关税。另外,关税是以不包含关税的货物或物品的成交价格作为计税依据的,即在海关征收关税时,是以实际成交价格为计税依据,关税不包含在内,即关税属于价外税。但海关在征收增值税、消费税时,其计税依据要包括关税在内。

(三)具有涉外性

关税对进出境货物和物品征收,它的征收增加了进出口贸易的成本,影响了与外贸有关联的国内集团和国外集团的利益,因此,它成为调节国际经济关系的工具。同时,随着社会的发展,世界各国的经济联系越来越密切,贸易关系已不仅仅反映简单的经济关系,而且也成为一种政治关系。各国可通过与其他国家或地区签订关税互惠协定,或者采取关税壁垒措施限制进出口贸易,从而使关税成为各国处理国际经济和外交事务等的一种手段。

(四)由海关负责征收

海关是国家设在边境、沿海口岸或国家指定的其他水陆空国际通道的进出关境监督管理机关。与其他各类税收一般均由税务机关负责征管不同,关税由海关专门负责征收和管理。

三、关税的类型

关税依据不同的标准可以划分为不同的类别。

(一)按照货物的流动方向分类

按照货物的流动方向分类,可以将关税分为进口关税、出口关税和过境关税。

1. 进口关税

进口关税，是海关对从国外输入本国的货物或物品征收的一种关税。进口关税是最主要的一种关税，也是一国财政收入的重要来源之一。

2. 出口关税

出口关税，是海关对输出本国的货物或物品征收的一种关税。征收出口关税的主要目的是为了保护本国稀缺的自然资源，或限制、调控某些特定商品的出口，或为了增加财政收入。

3. 过境关税

过境关税，是海关对通过本国关境运往其他国家或地区的货物征收的一种关税。

目前各国大多倾向于鼓励出口、限制进口，以促进本国生产和国际贸易，所以，多数国家基本上不征收出口关税和过境关税，而主要对进口货物和物品征收进口关税。目前我国也不征收过境关税，但对少数出口货物征收出口关税。

（二）按照关税的征收标准分类

按照关税的征收标准分类，可以将关税分为从价税、从量税、复合税、选择税和滑准税。

1. 从价税

从价税，是以货物在进出境时的计税价格为计税标准而征收的关税。目前，我国海关计征关税标准主要是从价税。

2. 从量税

从量税，是以货物在进出境时的重量、数量、容积等计量单位为标准而征收的关税。我国目前对原油、啤酒和胶卷等进口商品征收从量税。

3. 复合税

复合税又称混合税，是对同一种进口货物同时采取从价与从量两种标准征收的关税。我国目前仅对录像机、放像机、摄像机、数字照相机和摄录一体机等进口商品征收复合税。

4. 选择税

选择税，是对同一种货物，同时规定从价和从量两种税率，征税时选择其中一种为标准而征收的关税。

5. 滑准税

滑准税，是对同一种货物，按照不同价格段制定不同的税率，以使征税后的货物价格差距趋缓的关税。通常情况下，高价商品的税率较低，低价商品的税率较高。滑准税的特点是可保持实行滑准税商品的国内市场价格的相对稳定，不受国际市场价格波动的影响。

（三）按照关税的差别分类

按照关税的差别分类，可以将关税分为歧视关税和优惠关税。

1. 歧视关税

歧视关税，是指对同一种货物，由于输出国或生产国不同，或输出情况不同而使用不同的税率征收的关税。一般是为了达到某一特定目的，在征收一般进口关税之外又加征的一种临时附加税。歧视关税又分为：反倾销关税、反补贴关税和报复关税。

（1）反倾销关税，是指对以低价向本国倾销的外国货物在征收一般进口税之外，再加征的一道进口附加税。

(2) 反补贴关税，是指进口国对在其本国接受各种出口补贴的进口货物所征收的一种进口附加税。

(3) 报复关税，是指进口国在他国对本国出口的货物给予不利待遇或有所歧视时，对从该国进口的货物进行报复，加重征收的一种进口附加税。

小思考

反倾销关税与反补贴关税的区别是什么？

2. 优惠关税

优惠关税，是指对来自某些国家的进口货物使用比普通税率较低的优惠税率征收的关税。优惠关税一般是互惠的，即协议双方相互给予对方的优惠关税待遇，但也有单方面的优惠关税。优惠关税一般包括：互惠关税、最惠国待遇关税、普惠制关税和特惠关税。

(1) 互惠关税，是指两国相互间在关税方面给予对方优惠税率的一种协定关税。

(2) 最惠国待遇关税，属于互惠关税的一种，是指在贸易互惠协议或国际条约中，如果订有最惠国待遇条款，则相互给予最惠国待遇关税。

(3) 普惠制关税，是指发达国家对发展中国家的出口货物普遍给予的一种优惠关税。它具有普遍性、非歧视性和非互惠性的特征。

(4) 特惠关税，是指对与本国有特殊关系的国家，单方面或者相互间按协定采用特别低的进口税率甚至免税的一种优惠关税。

小思考

WTO组织成员国之间适用何种优惠关税？

(四) 按照征收关税的主要目的分类

按照征收关税的主要目的分类，可以将关税分为财政关税和保护关税。

1. 财政关税

财政关税，是指以筹集国家财政收入为主要目的而征收的关税。

2. 保护关税

保护关税，是指以保护本国经济发展为目的而征收的关税。

随着各国经济和国际贸易的发展，财政关税的作用大大削弱，目前许多国家对进口货物征收的关税都属于保护国内生产的保护关税。

四、关税的作用

(一) 贯彻平等互利原则，维护国家主权和经济利益

一国政府采取什么样的关税政策直接关系到国与国之间的主权和经济利益。从世界范围来看，各国政府无不以关税作为维护本国政治、经济权益乃至进行国际经济斗争的一个重要工具。我国根据平等互利和对等原则，通过关税复式税则及加重关税等方式的运用，争取国际的关税互惠并反对他国对我国进行关税歧视，促进对外经济贸易的友好往来，扩大对外

经济合作。

（二）调节国民经济和对外贸易

关税调节经济的作用可以通过多方面表现出来，从各国运用关税的实践来看，各国往往通过关税的征收与减免，人为地调节进出口货物的市场价格，并因此调节进出口商品的总量，这样国家可以利用低税或高税等关税措施鼓励或限制某些商品的进出口，从而达到调节市场商品供求情况，调节产业结构等目的。另外，还可以通过签订关税协定，争取在平等互利、互通有无的基础上，发展同世界各国的贸易往来，扩大国际间经济合作，从而起到调节国际贸易关系的作用。

（三）保护本国产业和扩大就业

国家对进口商品征收关税将提高进口商品的价格，减少进口需求量，使得需求转向国内供给，从而促进国内产业发展和就业；国家可以利用关税保护本国的“幼稚工业”，使之免受来自外国发展成熟的竞争对手的竞争。

（四）筹集国家财政资金

关税收入是我国财政收入的重要组成部分，与其他税种一样发挥着为国家建设筹集财政资金的作用。近几年，我国关税收入逐年增长，关税为国家税收的稳定增长和我国经济建设的发展作出了重要贡献。

本章引入案例解析

本章引入案例中的“跨境海淘”税收新政问题，2016 年 4 月 8 日前我国个人自用、合理数量的跨境电子商务零售进口商品在实际操作中按照邮递物品征收行邮税，税率普遍低于同类进口货物的综合税率，并且行邮税还享有一定的免税额，即对货值在 5 000 元人民币以下的随身行李、税额在 50 元人民币以下的邮递物品予以免征。自 2016 年 4 月 8 日起，将实施跨境电子商务零售进口税收政策，并同步调整行邮税政策。同时规定，单次海外购物免税额度是 2 000 元，全年累计额度是 2 万元，在限值以内，关税税率暂设为 0；进口环节增值税、消费税取消免征税额，暂按法定应纳税额的 70% 征收。

第二节　关税的税法规定

一、关税的征税对象

关税的征税对象是准许进出境的货物和物品。

货物，是指贸易性商品；物品指入境旅客随身携带的行李物品、个人邮递物品、各种运输工具上的服务人员携带进口的自用物品、馈赠物品以及其他方式进境的个人物品。

小思考

关税征税对象中货物与物品的区别是什么？

二、关税的纳税人

进口货物的收货人、出口货物的发货人、进出境物品的所有人,是关税的纳税人。进出口货物的收、发货人是依法取得对外贸易经营权,并进口或者出口货物的法人或者其他社会团体。

进出境物品的所有人包括该物品的所有人和推定为所有人的人。一般情况下,对于携带进境的物品,推定其携带人为所有人;对分离运输的行李,推定相应的进出境旅客为所有人;对以邮递方式进境的物品,推定其收件人为所有人;以邮递或其他运输方式出境的物品,推定其寄件人或托运人为所有人。

三、进出口税则

(一) 进出口税则概况

进出口税则,是一国政府根据国家关税政策和经济政策,通过一定的立法程序制定公布实施的进出口货物和物品应税的关税税率表。进出口税则以税率表为主体,通常还包括实施税则的法令、适用税则的有关说明和附录等。

税率作为税则的主体,包括税则商品分类目录和税率栏两大部分。其中商品分类目录部分包括税则号列和商品名称,税率栏是按商品分类目录逐项定出的税率栏目。

(二) 关税税率

关税税率分为进口关税税率和出口关税税率,我国现行进口税则设有最惠国税率、协定税率、特惠税率、普通税率、关税配额税率等税率;出口税则为一栏税率。

1. 进口关税税率

(1) 最惠国税率,适用原产于与我国共同适用最惠国待遇条款的WTO成员方或地区的进口货物,或原产于与我国签订有相互给予最惠国待遇条款的双边贸易协定的国家或地区进口的货物以及原产于我国境内的进口货物。

(2) 协定税率,适用原产于与我国签订含有关税优惠条款的区域性贸易协定的国家或地区的进口货物。

(3) 特惠税率,适用原产于与我国签订含有特殊关税优惠条款的贸易协定的国家或地区的进口货物。

(4) 普通税率,适用原产于上述国家或地区以外的其他国家或者地区的进口货物,以及原产地不明的进口货物。

(5) 暂定税率,是指调整后暂时执行的关税税率。暂定税率是在海关进出口税则规定的进口优惠税率和出口税率的基础上,对进口以及出口的某些产品实施的更为优惠的关税税率。这种税率一般按照年度制定,并且随时可以根据需要恢复按照法定税率征税。

(6) 关税配额税率,是指对实行关税配额管理的进口货物,关税配额内的,适用税率较低的配额内税率,超出该数量的进口商品适用税率较高的配额外税率。现行税则中对

200多个税目进口商品实行了暂定税率，对小麦、豆油等10种农产品和尿素等3种化肥产品实行关税配额管理。

适用最惠国税率的进口货物有暂定税率的，应当适用暂定税率；适用协定税率、特惠税率的进口货物有暂定税率的，应当从低适用税率；适用普通税率的进口货物，不适用暂定税率。

2. 出口关税税率

我国目前仅对少数资源性产品及易于竞相杀价、盲目进口、需要规范出口秩序的半制成品征收出口关税。现行税则对100余种商品计征出口关税，主要是鳗鱼苗、部分有色金属矿砂及其精矿、生锑、磷、氟钽酸钾、苯、山羊板皮、部分铁合金、钢铁废碎料、铜和铝原料及其制品、镍锭、锌锭、锑锭。但对上述范围内的部分商品实行0～25%的暂定税率。此外，根据需要对其他200多种商品征收暂定税率。出口暂定税率优先适用于出口税则中规定的出口税率。

四、原产地规则

原产地规则，指的是确定进出口产品生产或制造国家（地区）的标准和方法。由于进口货物税率的适用与货物的原产地密切相关，所以原产地规则是各国海关关税制度的一项重要内容。我国原产地的规定基本上采用了“完全获得标准”和“实质性改变标准”两种国际上通用的原产地标准。

（一）完全获得标准

完全获得标准，是指完全在一个国家（地区）生产或制造的货物，以该生产国（地区）或制造国（地区）为原产地。完全在一国生产或制造的进口货物包括：

(1) 在该国（地区）领土或领海内开采的矿产品；

(2) 在该国（地区）领土上收获或采集的植物产品；

(3) 在该国（地区）领土上出生或由该国饲养的活动物及从其所得产品；

(4) 在该国（地区）领土上狩猎或捕捞所得的产品；

(5) 在该国（地区）的船只上卸下的海洋捕捞物，以及由该国船只在海上取得的其他产品；

(6) 在该国（地区）加工船加工上述第5项所列物品所得的产品；

(7) 在该国（地区）收集的只适用于作再加工制造的废碎料和废旧物品；

(8) 在该（地区）国完全使用上述1～7项所列产品加工成的制成品。

（二）实质性改变标准

实质性改变标准，是适用于确定有两个或两个以上国家参与生产的产品的原产国的标准，其基本含义是：经过几个国家加工、制造的进口货物，以最后一个对货物进行经济上可以视为实质性加工的国家作为有关货物的原产国。

实质性加工，是指产品加工后，在进出口税则中四位数税号一级的税则归类已经有了改变，或者加工增值部分所占新产品总值的比例已超过30%及以上的。

五、关税的税收优惠

关税减免是对某些纳税人和征税对象给予鼓励和照顾的一种特殊调节手段。关税减免分为法定减免税、特定减免税和临时减免。根据《海关法》规定，除法定减免税外的其他减免税均由国务院决定。

（一）法定减免税

我国《海关法》和《进出口关税条例》明确规定，下列货物、物品予以减免关税：

（1）关税税额在人民币50元以下的货物，可免征关税。

（2）无商业价值的广告品和货样，可免征关税。

（3）外国政府、国际组织无偿赠送的物资，可免征关税。

（4）进出境运输工具装载的途中必需的燃料、物料和饮食用品，可予免税。

（5）经海关核准暂时进境或者暂时出境，并在6个月内复运出境或者复运进境的货样、展览品、施工机械等，在货物收发货人向海关缴纳相当于税款的保证金或者提供担保后，可予暂时免税。

（6）为境外厂商加工、装配成品和为制造外销产品而进口的原材料、辅料、零件、部件、配套件和包装物料，海关按照实际加工出口的成品数量免征进口关税；或者对进口料、件先征进口关税，再按照实际加工出口的成品数量予以退税。

（7）因故退还的中国出口货物，经海关审查属实，可予免征进口关税，但已征收的出口关税不予退还。

（8）因故退还的境外进口货物，经海关审查属实，可予免征出口关税，但已征收的进口关税不予退还。

（9）进口货物如有以下情形，经海关查明属实，可酌情减免进口关税：在境外运输途中或者在起卸时，遭受损坏或者损失的；起卸后海关放行前，因不可抗力遭受损坏或者损失的；海关查验时已经破漏、损坏或者腐烂，经证明不是保管不慎造成的。

（10）无代价抵偿货物，即进口货物在征税放行后，发现货物残损、短少或品质不良，而由国外承运人、发货人或保险公司免费补偿或更换的同类货物，可以免税。但有残损或质量问题的原进口货物如未退运国外；其进口的无代价抵偿货物应照章征税。

（11）我国缔结或者参加的国际条约规定减征、免征关税的货物、物品，按照规定予以减免关税。

（12）法律规定减征、免征的其他货物。

（二）特定减免税

特定减免也称政策性减免，是在法定减免税之外，国家按照国际通行规则和我国实际情况，制定发布的有关进出口货物减免关税的政策。具体包括：

（1）科教用品；

（2）残疾人专用品；

（3）扶贫、慈善性捐赠物资；

（4）其他特定减免税规定。

（三）临时减免税

临时减免，是指在法定减免税和特定减免税之外，由国务院根据《中华人民共和国海关法》对某个单位、某类商品、某个项目或某批进出口货物的特殊情况，给予特别照顾，一案一批，专门下达的减免税。

第三节 关税应纳税额的计算

一、关税完税价格

我国关税以进出口货物的完税价格为计税依据。进出口货物的完税价格，由海关以该货物的成交价格为基础审查确定。成交价格不能确定时，完税价格由海关估定。自我国加入WTO后，我国海关已全面实施《世界贸易组织估价协定》和《中华人民共和国海关审定进出口货物完税价格办法》审定进出口货物的完税价格。

（一）进口货物的完税价格

1. 进口货物完税价格确定的一般方法

（1）完税价格以成交价格为基础

按照《中华人民共和国海关审定进出口货物完税价格办法》的规定，进口货物的完税价格，包括货物的货价、货物运抵我国境内输入地点起卸前的运输及其相关费用、保险费用。

货物的货价，应以货物成交价格为基础。

进口货物成交价格，是指买方为购买该货物，并按《完税价格办法》有关规定调整后的实付或应付价格。包括直接支付的价款和间接支付的价款。

进口货物的成交价格应当符合下列条件：

① 对买方处置或者使用该货物不予限制，但法律、行政法规规定实施的限制、对货物转售地域的限制和对货物价格无实质性影响的限制除外；

② 该货物的成交价格没有因搭售或者其他因素的影响而无法确定；

③ 卖方不得从买方直接或者间接获得因该货物进口后转售、处置或者使用而产生的任何收益，或者虽有收益但能够按照本条例第十九条、第二十条的规定进行调整；

④ 买卖双方没有特殊关系，或者虽有特殊关系但未对成交价格产生影响。

（2）应计入完税价格的费用

实付或应付价格，是指买方为购买进口货物直接或间接支付的总额。如果下列费用或者价值未包括在进口货物的实付或应付价格中，应当计入完税价格。

① 由买方负担的除购货佣金以外的佣金和经纪费；

② 由买方负担的与该货物视为一体的容器费用；

③ 由买方负担的包装材料和包装劳务费用；

④ 与该货物的生产和向中华人民共和国境内销售有关的，由买方以免费或者以低于成

本的方式提供并可以按适当比例分摊的料件、工具、模具、消耗材料及类似货物的价款，以及在境外开发、设计等相关服务的费用；

⑤ 与该货物有关并作为卖方向我国销售该货物的条件，应当由买方直接或间接支付的特许权使用费；

⑥ 卖方直接或间接从买方对该货物进口后转售、处置或使用所得中获得的收益。

(3) 不计入完税价格的费用

进口时在货物的价款中列明的下列税收、费用，不计入该货物的完税价格：

① 厂房、机械、设备等货物进口后进行建设、安装、装配、维修和技术服务的费用；

② 进口货物运抵境内输入地点起卸后的运输及其相关费用、保险费；

③ 进口关税及国内税收。

【例 4-1】 某进出口公司为一般纳税人，2015 年 3 月从国外进口一批机器设备共 12 台，离岸价格每台不含增值税价为 2 万元人民币；支付国外中介佣金 2 万元，自己采购代理人的购货佣金 3 万元；该设备运抵我国某港口起卸前的包装、运输、保险和其他劳务费用共计 4 万元；海关放行后，从港口将货物运抵该公司发生运费、装卸费 1.2 万元。计算该批机器设备的关税完税价格。

解析：支付国外中介佣金应计入完税价格，向自己采购代理人支付的购货佣金不计入完税价格；货物运抵境内输入地点起卸后的运输及其相关费用不计入完税价格。

$$关税完税价格=2\times12+2+4=30(万元)$$

 **即学即用**

下列各项中，计入进口货物关税完税价格的有(　　)。(多选题)

A. 货价　　B. 进口关税

C. 输入地起卸前的运输费　　D. 输入地起卸前的保险费

答案：ACD

题解：进口货物的完税价格，包括货物的货价、货物运抵我国境内输入地点起卸前的运输及其相关费用、保险费用。

2. 进口货物海关估定价格

进口货物的价格不符合进出口关税条例有关规定，或成交价格不能确定的，海关应当依次按下列方法估定完税价格。

(1) 相同或类似货物成交价格方法。相同或类似货物成交价格方法是以与被估的进口货物同时或大约同时(在海关接受申报进口之日的前后 45 天以内)进口的相同或类似货物的成交价格为基础估定完税价格。

以该方法估定完税价格时，应按照如下顺序：

① 使用同一生产商生产的相同或类似货物的成交价格；

② 使用同一出口国或者地区生产的相同或类似货物的成交价格。如果有多个相同或类似货物的成交价格，应当以最低的成交价格为基础来估定进口货物的完税价格。

(2) 倒扣价格法。倒扣价格法是以被估的进口货物相同或者类似货物在境内销售的价格为基础估定完税价格。

用倒扣价格法估定完税价格时，应当扣除：

① 该货物的同等级或同种类货物在境内销售时的利润和一般费用及通常支付的佣金；

② 货物运抵境内输入地点之后的运费、保险费、装卸费及其他相关费用；

③ 进口关税、进口环节税和其他与进口或销售上述货物有关的国内税。

(3) 计算价格法。计算价格法是以生产该货物所使用的原材料价值和进行装配或其他加工费用加上与向境内进口销售同等级或同种类货物的利润、一般费用相符的利润和一般费用以及货物运抵境内输入地点起卸前的运输及相关费用、保险费。

(4) 以其他方法估定价格。使用其他方法估定价格时，应当以在境内获得的数据资料为基础估定完税价格。

小思考

什么情况下需要海关对进口货物估定完税价格?

(二) 出口货物的完税价格

1. 出口货物完税价格确定的一般方法

出口货物的完税价格，由海关以该货物向境外销售时的实际成交价格为基础审查确定。具体包括成交价格加上货物运至我国境内输出地点装卸前的运输及其相关费用、保险费，但其中包含的出口关税应当扣除。

出口货物的成交价格，是指该货物出口销售到我国境外时买方向卖方实付或应付价格。出口货物的成交价格中含有支付给境外佣金的，如果单独列明应当扣除。

2. 出口货物海关估定价格

出口货物的成交价格不能确定时，海关应当依次按下列方法估定：

(1) 同时或大约同时向同一国家或地区出口相同货物的成交价格；

(2) 同时或大约同时向同一国家或地区出口类似货物的成交价格；

(3) 根据境内生产相同或类似货物的成本、利润和一般费用、境内发生的运费及其相关费用、保险费计算所得的价格；

(4) 按照合理方法估定的价格。

小思考

出口货物的关税完税价格为什么要扣除关税?

二、关税应纳税额的计算

(一) 从价税应纳税额的计算

$$关税税额=应税进(出)口货物数量\times单位完税价格\times税率$$

(二) 从量税应纳税额的计算

$$关税税额=应税进(出)口货物数量\times单位货物税额$$

(三) 复合税应纳税额的计算

我国目前实行的复合税都是先计征从量税，再计征从价税，其优点是即可发挥从量税抑制低价商品进口，又可发挥从价税税负合理的特点，但因手续复杂，难以普遍使用。其计算公式如下：

关税税额＝应税进(出)口货物数量×单位货物税额＋应税进(出)口货物数量×单位完税价格×税率

(四) 滑准税应纳税额的计算

滑准税是一种随进口商品价格由高到低而由低到高设置关税税率的关税计征方法，其特点是可保持商品的国内市场价格相对稳定，尽可能减少国际市场价格波动的影响。目前我国仅对新闻纸实行滑准税。其计算公式如下：

关税税额＝应税进(出)口货物数量×单位完税价格×滑准税税率

【例 4-2】 某外贸公司从国外进口化妆品一批，成交价格为 165 万元，运抵我国输入地点起卸前的运费、保险费、手续费共计 10 万元。化妆品关税税率为 20%，消费税税率为 30%。计算该公司进口环节应纳关税、消费税和增值税。

解析：

关税完税价格＝165＋10＝175(万元)

进口关税＝175×20%＝35(万元)

组成计税价格＝(175＋35)÷(1－30%)＝300(万元)

进口环节应纳增值税＝300×17%＝51(万元)

进口环节应纳消费税＝300×30%＝90(万元)

第四节 关税的申报管理

一、关税的缴纳

进口货物自运输工具申报进境之日起 14 日内，出口货物在货物运抵海关监管区后装货的 24 小时以前，应由进出口货物的纳税人向货物进(出)境地海关申报，海关根据税则归类和完税价格计算应缴纳的关税和进口环节代征税，并填发税款缴款书。

纳税义务人应当自海关填发税款缴款书之日起 15 日内，向指定银行缴纳税款。如关税缴纳期限的最后 1 日是周末或法定节假日，则关税缴纳期限顺延至周末或法定节假日过后的第 1 个工作日。

关税纳税人因不可抗力或者在国家税收政策调整的情形下，不能按期缴纳税款的，经海关总署批准，可以延期缴纳税款，但最长不得超过 6 个月。

纳税义务人未在关税缴纳期限内缴纳税款，即构成关税滞纳。为保证海关征收关税决定的有效执行和国家财政收入的及时入库，海关拥有强制执行征收关税和关税滞纳金的权力。

二、关税的退还

关税退还，是指关税纳税义务人按海关核定的税额缴纳关税后，因某种原因的出现，海关将实际征收多于应当征收的税额退还给原纳税人的一种行政行为。

纳税义务人有下列情形之一的，可以申请退还关税：

(1) 已征进口关税的货物，因品质或者规格原因，原状退货复运出境的；

(2) 已征出口关税的货物，因品质或者规格原因，原状退货复运进境，并已重新缴纳因出口而退还的国内环节有关税收的；

(3) 已征出口关税的货物，因故未装运出口，申报退关的。

海关发现多征税款的，应当立即通知纳税义务人办理退还手续。

若纳税义务人发现多缴税款的，应当在缴纳税款之日起 1 年内，以书面形式要求海关退还多缴的税款。

纳税义务人发现多缴税款要求海关退还的，海关应当自受理退税申请之日起 30 日内查实并通知纳税义务人办理退还手续，纳税义务人应当自收到通知之日起 3 个月内办理有关退税手续，并应加算银行同期活期存款利息。

三、关税的补征和追征

关税补征和追征是海关在关税纳税义务人按海关核定的税额缴纳关税后，发现实际征收税额少于应当征收的税额时，责令纳税义务人补缴所差税款的一种行政行为。由于纳税人违反海关规定造成短征关税的，称为追征；非因纳税人违反海关规定造成短征关税的，称为补征。海关对补征和追征的追补时效有所不同：

(1) 补征税款时效：进出口货物放行后，海关发现少征或者漏征税款的，应当自缴纳税款或者货物放行之日起 1 年内，向纳税义务人补征税款；

(2) 追征税款时效：因纳税义务人违反规定造成少征或者漏征税款的，海关可以自缴纳税款或者货物放行之日起 3 年内追征税款，并从缴纳税款或者货物放行之日起按日加收少征或者漏征税款万分之五的滞纳金。

课后讨论

A 公司为某市一家中外合资经营企业，欲从甲国进口一批化妆品，但由于我国对甲国进口货物关税税率较高，该公司便选择通过与乙国 B 公司签订购销协议，由 B 公司先从甲国进口这批化妆品，并以经过加工的名义再销售给 A 公司，乙国与我国签有贸易协定。然而这批化妆品到岸报关时，海关告知 A 公司，根据确定进境货物原产国的"实质性加工标准"，这批进口化妆品的原产地应为甲国，适用甲国关税税率。为什么这批化妆品从乙国 B 公司购入，从乙国报关出口，而要适用甲国的税率呢？

练习题

一、单选题

1. 任何国家或者地区对其进口的原产于我国的货物征收歧视性关税或者给予其他歧视性待遇的，我国对原产于该国家或者地区的进口货物征收(　　)。

A. 保障性关税　　B. 报复性关税

C. 反倾销税　　D. 反补贴税

2. 下列不属于关税征税对象的是(　　)。

A. 从国外进口的设备　　B. 入境旅客随身携带的行李物品

C. 企业出口的设备　　D. 国家禁止出口的物品

3. 下列不属于关税纳税义务人的是(　　)。

A. 进口货物的收货人　　B. 出口货物的发货人

C. 邮递出口物品的收件人　　D. 进境物品的携带人

4. 进口货物完税价格是指货物的(　　)。

A. 成交价格为基础的完税价格　　B. 到岸价格为基础的成交价格

C. 组成计税价格　　D. 实际支付金额

5. 下列项目中，不应计入进口货物完税价格的有(　　)。

A. 货物运抵境内输入地点之后的运输费用

B. 运抵我国境内起卸前的保险费

C. 卖方从买方对该货物进口后转售所得中获得的收益

D. 该货物在境外开发、设计等相关服务的费用

6. 某进出口公司3月从国外进口一批施工设备共20台，每台货价5 000元人民币，该批设备运抵我国港口起卸前的包装、运输、保险和其他劳务费用共计50 000元，假设该类设备进口关税税率为30%。该公司应缴纳的关税是(　　)元。

A. 45 000　　B. 48 131　　C. 47 565.50　　D. 45 292.50

7. 甲公司进口一台机器设备，成交价格为4 500万元人民币，起卸前运费和保险费共为1.5万元，购货佣金4万元，进口关税税率为15%，则甲公司应纳进口关税为(　　)万元。

A. 600　　B. 601.8　　C. 675.225　　D. 608.25

8. 关税申报时间，符合我国规定的是(　　)。

A. 进口货物自运输工具申报进境之日起14日内，出口货物在运抵海关监管区后装货的12小时以前

B. 进口货物自运输工具申报进境之日起15日内，出口货物在运抵海关监管区后卸货的24小时以前

C. 进口货物自运输工具申报进境之日起14日内，出口货物在运抵海关监管区后装货的15日以内

D. 进口货物自运输工具申报进境之日起14日内，出口货物在运抵海关监管区后装货的24小时以前

9. 不能按期缴纳税款，经海总部署批准，可延期缴纳，但最长不得超过(　　)个月。

A. 1　　B. 3　　C. 6　　D. 12

10. 因纳税义务人违法规定而造成的少征或者漏征的税款，自纳税义务人应缴纳税款之日起(　　)年内可以追征，并加收万分之五的滞纳金。

A. 1　　B. 2　　C. 3　　D. 4

二、多选题

1. 按关税的征收标准分类，关税分为(　　)。

A. 从量税　　B. 从价税　　C. 核定税　　D. 复合税

2. 下列关于滑准税的陈述正确的是(　　)。

A. 进口价格越高，关税率越低

B. 可保持滑准税商品的国内市场价格相对稳定

C. 目前我国对新闻纸实行滑准税

D. 税率与价格成正比

3. 下列各项中，属于关税征税对象的是(　　)。

A. 贸易性商品

B. 个人邮寄物品

C. 入境旅客随身携带的行李和物品

D. 馈赠物品或以其他方式进入国境的个人物品

4. 下述选项中，关税的纳税义务人包括(　　)。

A. 进口货物的收货人　　B. 出口货物的发货人

C. 进出境物品的所有人　　D. 进口货物的发货人

5. 下列进口货物，免征关税的有(　　)。

A. 无商业价值的广告品　　B. 国际组织有偿提供的设备

C. 外国政府无偿赠送的物资　　D. 关税税额在人民币50元以下的货物

6. 在法定减免税之外，国家按照国际通行规则和我国实际情况，制定发布的有关进出口货物减免关税的政策，称为特定或政策性减免税。下列货物属于特定减免税的有(　　)。

A. 残疾人专用品　　B. 境外捐赠用于扶贫、慈善性捐赠物资

C. 科教用品　　D. 无商业价格的广告品和货样

7. 下列费用未包括在进口货物的实付或者应付价格中，应当计入完税价格的有(　　)。

A. 由买方负担的除购货佣金以外的佣金和经纪费

B. 由买方负担的在审查确定完税价格时与该货物视为一体的容器费用

C. 由买方负担的包装材料

D. 卖方直接从买方对该货物进口后转售中获得的收益

8. 进口货物的成交价格，是指卖方向中华人民共和国境内销售该货物时买方为进口该货物向卖方支付的价款，此价款包含(　　)的价款。

A. 实付　　B. 应付的　　C. 直接支付　　D. 间接支付

三、判断题

1. 我国对少数进口商品计征关税时所采用的滑准税实质上是一种特殊的从价税。(　　)

2. 按照货物的流动方向分类，可以将关税分为进口关税和出口关税。(　　)

3. 在确定进口货物完税价格时，货物成交价格中含进口人向卖方支付的佣金，应该从完税价格中扣除。 （ ）

4. 纳税义务人未在关税缴纳期限内缴纳税款，海关拥有强制执行征收关税的权力，但不具有强制执行征收关税滞纳金的权力。 （ ）

5. 按海关现行规定，因收发货人或者他们的代理人违反规定而造成的少征或漏征税款，海关应当自纳税人缴纳税款或者货物放行之日起1年内，向收货人或者他们的代理人追征。 （ ）

四、计算分析题

1. 某进出口公司从美国进口一批化工原料共500吨，货物以境外口岸离岸价格成交，单价折合人民币2万元。已知该货物运抵中国关境内输入地点起卸前的包装费、运输、保险和其他劳务费为每吨0.2万元人民币，关税税率为10%，则该批化工原料应纳关税为多少？

2. 某进出口公司从A国进口货物一批，成交价（离岸价）折合人民币9 000万元（包括单独计价并经海关审查属实的货物进口后按装配调试费用60万元，向境外采购代理人支付的买方佣金50万元）。另支付到境前的运费180万元，保险费90万元。该货物适用的关税税率为20%。计算该公司应缴的关税。

3. 某公司进口一辆商务客车用于接待，支付货价20万元，运抵我国境内输入地点前所发生的境外运输费用和保险费共计2万元，商务客车的关税税率为25%，消费税税率为5%，计算该公司应纳进口关税、消费税和增值税。

4. 有进出口经营权的某外贸公司，10月经有关部门批准从境外进口小轿车30辆，每辆小轿车货价14.8万元，运抵我国海关前发生的运输费用9万元、保险费2万元。公司委托运输公司将小轿车从海关运回本单位，支付运输公司运输费用6万元（小轿车关税税率60%、关税税率20%、增值税税率17%、消费税税率9%）。计算小轿车在进口环节应缴纳的关税、消费税和增值税。

第五章

财产税类

本章要点

- 房产税的征税范围、纳税人、应纳税额的计算
- 契税的征税范围、纳税人、应纳税额的计算
- 车船税的征税范围、纳税人、应纳税额的计算

案例引入

甲公司拥有两处房产：办公楼1栋，原值5 000万元；厂房1栋，原值6 000万元。2016年1月，甲公司将厂房投资联营，经营期为10年，每年取得固定收入，不承担联营风险。当地房产税计税余值的扣除比例为30%，公司实习会计小王在计算该公司2016年应缴纳房产税时，两处房产全部以房产余值计算房产税，小王的师傅告知小王，厂房的房产税应按租金计税。

小王对此不解，厂房并没有对外出租，为什么却要按租金计税呢？

第一节 房 产 税

一、房产税概述

（一）房产税的概念

房产税是以房产为征税对象，按照房产的计税余值或租金收入，向产权所有人征收的一种财产税。

征收房产税，有利于运用税收经济杠杆，加强对房产的管理，提高房产的使用效率；有利于地方政府筹集财政收入，对存量房征收房产税，可以在不增加土地资源的情况下，形成稳定的财政收入来源；有利于社会公平和资源节约，征收房产税一方面可以调节财富分配、实现社会公平，另一方面可以减少对房地产的需求，实现社会资源的节约。

（二）我国房产税的特点

1. 房产税属于财产税中的个别财产税

按征税对象的范围不同，财产税可以分为一般财产税与个别财产税。一般财产税也称

综合财产税,是对纳税人拥有的各类财产实行综合课征的税收。个别财产税也称单项财产税,是对纳税人拥有的土地、房屋、资本和其他财产分别课征的税收。由于房产税的征税对象只是房屋,所以房产税属于个别财产税。

2. 征收范围仅限于城镇的经营性住房

我国现行房产税,仅对城市、县城、建制镇和工矿区内的经营性住房征收房产税。一是不涉及农村,农村的房屋,大部分是农民居住用房,为了不增加农民负担,对农村的房屋没有纳入征税范围;二是对某些拥有房屋,但自身没有纳税能力的单位,如国家拨付行政经费、事业经费和国防经费的单位自用的房产,税法也通过免税的方式将这类房屋排除在征税范围之外;三是对个人所有的非营业用的房产暂免征收房产税。

3. 区别房屋的经营方式规定征税办法

拥有房屋的单位和个人,既可以将房屋用于经营自用,又可以把房屋用于出租、出典。房产税根据纳税人经营形式不同,计税方法也有所区别。对经营自用的房屋按房产计税余值征收,对出租、出典的房屋按租金收入计税,这样更加符合纳税人的经营特点,便于平衡税收负担和征收管理。

二、房产税的税法规定

现行房产税法的基本规范,是 1986 年 9 月 15 日国务院颁布的《中华人民共和国房产税暂行条例》。

(一) 房产税的征税对象

房产税的征税对象是房产。所谓"房产"是以房屋形态表现的财产。房屋,是指有屋面和围护结构(有墙或两边有柱),能够遮风避雨,可供人们在其中生产、学习、工作、娱乐、居住或贮藏物资的场所。独立于房屋之外的建筑物,如水塔、围墙、室外游泳池、石灰窑等不属于房屋,不征收房产税。

房地产开发企业建造的商品房,在出售前,不征收房产税;但对出售前房地产开发企业已使用或出租、出借的商品房应按规定征收房产税。

小思考

某单位用集装箱贮藏物资,贮藏物资的集装箱是否属于房产税的征税对象?

(二) 房产税的征税范围

房产税的征税范围为城市、县城、建制镇和工矿区。具体规定如下:

(1) 城市是指国务院批准设立的市;

(2) 县城是指县人民政府所在地的地区;

(3) 建制镇是指经省、自治区、直辖市人民政府批准设立的建制镇;

(4) 工矿区是指工商业比较发达、人口比较集中、符合国务院规定的建制镇标准但尚未设立建制镇的大中型工矿企业所在地,开征房产税的工矿区须经省、自治区、直辖市人民政府批准。

（三）房产税的纳税人

房产税以在征税范围内的房屋产权所有人为纳税人。其中：

(1) 产权属国家所有的，由经营管理单位纳税；产权属集体和个人所有的，由集体单位和个人纳税。

所称单位，包括国有企业、集体企业、私营企业、股份制企业、外商投资企业、外国企业以及其他企业和事业单位、社会团体、国家机关、军队以及其他单位；所称个人，包括个体工商户以及其他个人。

(2) 产权出典的，由承典人依照房产余值缴纳房产税。

所谓产权出典，是指产权所有人将房屋、生产资料等的产权，在一定期限内典当给他人使用，而取得资金的一种融资业务。产权所有人（房主）称为房屋出典人；支付现金或实物取得房屋支配权的人称为房屋的承典人。这是因为在房屋出典期间，产权所有人已无权支配房屋，所以税法规定对房屋具有支配权的承典人为纳税人。

(3) 产权所有人、承典人不在房屋所在地的，由房产代管人或者使用人纳税。

(4) 产权未确定及租典纠纷未解决的，由房产代管人或者使用人纳税。

所谓租典纠纷，是指产权所有人在房产出典和租赁关系上，与承典人、租赁人发生各种争议，特别是权利和义务的争议悬而未决的。此外还有一些产权归属不清的问题，也都属于租典纠纷。对租典纠纷尚未解决的房产，规定由代管人或使用人为纳税人，主要目的在于加强征收管理，保证房产税及时入库。

(5) 无租使用其他单位房产的应税单位和个人，应由使用人依照房产余值代为缴纳房产税。

其中，其他单位包括房产管理部门、免税单位及纳税单位。

(6) 对出租房产，租赁双方签订的租赁合同约定有免收租金期限的，免收租金期限由产权所有人按照房产原值缴纳房产税。

(7) 自2009年1月1日起，外商投资企业、外国企业和组织以及外籍个人，依照《中华人民共和国房产税暂行条例》缴纳房产税。

小思考

无租使用房产和约定有免收租金期限的，在房产税的征收上有哪些异同？

（四）房产税的税率

我国现行房产税采用比例税率。根据计税依据的不同分为两种形式：

(1) 以房产的余值为计税依据的，税率为1.2%。

房产余值，是指从房产的原值中一次减除10%～30%后的余值。

(2) 以房产的租金收入为计税依据的，税率为12%。

对个人出租住房，不区分用途，按4%的税率征收房产税；对企事业单位、社会团体以及其他组织按市场价格向个人出租用于居住的住房，减按4%的税率征收房产税。

（五）房产税的税收优惠

房产税的税收优惠是根据国家政策需要和纳税人的负担能力制定的。由于房产税属地方税，因此给予地方一定的减免权限，有利于地方因地制宜处理问题。目前，房产税的税收优惠政策主要有：

(1) 国家机关、人民团体、军队自用的房产，免征房产税。

自用的房产，是指这些单位本身的办公用房和公务用房。但上述免税单位的出租房产以及非自身业务使用的生产、营业用房，不属于免税范围。

(2) 由国家财政部门拨付事业经费的单位自用的房产，免征房产税。

如学校、医疗卫生单位、托儿所、幼儿园、敬老院、文化、体育、艺术等这些实行全额预算管理或差额预算管理的事业单位所有的，用于本身业务范围的房产免征房产税。但上述单位所属的附属工厂、商店、招待所等不属于单位公务、业务的用房，应照章纳税。

(3) 宗教寺庙、公园、名胜古迹自用的房产，免征房产税。

宗教寺庙自用的房产，是指举行宗教仪式等的房屋和宗教人员使用的生活用房屋。公园，名胜古迹自用的房产，是指供公共参观游览的房屋及其管理单位的办公用房屋。但宗教寺庙、公园、名胜古迹中附设的营业单位所使用的房产及出租的房产不属于免税范围，应照章纳税。

(4) 个人所有非营业用的房产，免征房产税。

个人所有非营业用的房产，主要是指居民住房，不分面积多少，一律免征房产税。对个人拥有的营业用房或出租的房产，不属于免税范围，应照章纳税。

(5) 对行使国家行政管理职能的中国人民银行总行(含国家外汇管理局)所属分支机构自用的房产，免征房产税。

(6) 经财政部批准免税的其他房产，主要有：

① 企业办的各类学校、医院、托儿所、幼儿园自用的房产，可以比照由国家财政部门拨付事业经费的单位自用的房产，免征房产税。

② 经有关部门鉴定，对毁损不堪居住的房屋和危险房屋，在停止使用后，可免征房产税。

③ 纳税人因房屋大修导致连续停用半年以上的，在房屋大修期间免征房产税，免征税额由纳税人在申报缴纳房产税时自行计算扣除，并在申报表或备注中作相应说明。

④ 在基建工地为基建工地服务的各种工棚、材料棚、休息棚和办公室、食堂、茶炉房、汽车房等临时性房屋，不论是施工企业自行建造还是由基建单位出资建造交施工企业使用的，在施工期间一律免征房产税。但是，如果在基建工程结束以后，施工企业将这种临时性房屋交还或者估价转让给基建单位的，应当从基建单位接收的次月起，依照规定征收房产税。

⑤ 纳税单位与免税单位共同使用的房屋，按各自使用的部分划分，分别征收或免征房产税。

⑥ 对按政府规定价格出租的公有住房和廉租住房，包括企业和自收自支事业单位向职工出租的单位自有住房，房管部门向居民出租的公有住房，落实私房政策中带户发还产权并以政府规定租金标准向居民出租的私有住房等，暂免征收房产税。

⑦ 非营利性医疗机构、疾病控制机构和妇幼保健机构等卫生机构自用的房产，免征房产税。

⑧ 对政府部门和企事业单位、社会团体以及个人等社会力量投资兴办的福利性、非营利性的老年服务机构自用房产，免征房产税。

⑨ 对公共租赁住房免征房产税。公共租赁住房经营管理单位应单独核算公共租赁住房租金收入，未单独核算的，不得享受免征房产税优惠政策。

三、房产税应纳税额的计算

（一）计税依据

房产税的计税依据是房产的余值或房产的租金收入。按照房产的余值征税的，称为从价计征；按照房产的租金收入征税的，称为从租计征。

1. 从价计征

纳税人自用的房产，采用从价计征的方式，以房产余值为计税依据。

房产余值按照房产原值一次减除10%～30%后的余值计算缴纳。具体减除幅度，由省、自治区、直辖市人民政府规定。

房产原值，是指纳税人按有关会计制度的规定，在账簿"固定资产"科目中记载的房屋原价。对依照房产原值计税的房产，不论是否记载在会计账簿固定资产科目中，均应按照房屋原价计算缴纳房产税。房屋原价应根据国家有关会计制度规定进行核算。对纳税人未按国家会计制度规定核算并记载的，应按规定予以调整或重新评估。相关具体规定如下：

(1) 按照房产余值计税的房产，无论会计上如何核算，房产原值均应包含地价，包括为取得土地使用权支付的价款、开发土地发生的成本费用等。宗地容积率低于0.5的，按房产建筑面积的2倍计算土地面积并据此确定计入房产原值的地价。

小思考

为什么要将地价计入房产原值计征房产税？

(2) 房产原值包括与房屋不可分割的各种附属设备或一般不单独计算价值的配套设施。主要有暖气、卫生、照明、通风、煤气等设备；各种管线，如蒸汽、压缩空气、石油、给水排水等管道及电力、电信、电缆导线；电梯、升降机；过道、晒台等。

自2006年1月1日起，为了维持和增加房屋的使用功能或使房屋满足设计要求，凡以房屋为载体，不可随意移动的附属设备和配套设施，如给排水、采暖、消防、中央空调、电气及智能化楼宇设备等，无论在会计核算中是否单独记账与核算，都应计入房产原值，计征房产税。对于更换房屋附属设备和配套设施的，在将其价值计入房产原值时，可扣减原来相应设备和设施的价值；对附属设备和配套设施中易损坏、需要经常更换的零配件，更新后不再计入房产原值。

(3) 纳税人对原有房屋进行改建、扩建的，要相应增加房屋的原值。

2. 从租计征

纳税人出租的房产，以房产租金收入为计税依据，租金收入不含增值税。

房产租金收入，是指房屋产权所有人出租房产使用权所得的报酬，包括货币收入和实物收入。对以劳务或者其他形式为报酬抵付房租收入的，应根据当地同类房产的租金水平，确定一个标准租金额从租计征。

纳税人对个人出租房屋的租金收入申报不实或申报数与同一地段同类房屋的租金收入

相比明显不合理的，税务部门可以按照《中华人民共和国税收征管法》的有关规定，采取科学合理的方法核定其应纳税额。具体办法由各省、自治区、直辖市地方税务机关结合当地实际情况制定。

3. 计税依据的特殊规定

(1) 对投资联营的房产，在计征房产税时应予以区别对待。对于以房产投资联营，投资者参与投资利润分红、共担风险的，按房产余值作为计税依据计算缴纳房产税；对以房产投资收取固定收入、不承担联营风险的，实际上是以联营名义取得房产租金，应由出租方按租金收入计算缴纳房产税。

本章引入案例解析

本章引入案例中甲公司将房产投资联营，收取固定收入、不承担联营风险的，实际上是以联营名义取得房产租金，应按租金收入计算缴纳房产税。

(2) 融资租赁的房产，由承租人自融资租赁合同约定开始日的次月起依照房产余值缴纳房产税。合同未约定开始日的，由承租人自合同签订的次月起依照房产余值缴纳房产税。对于融资租赁的房屋，由于租赁费包括购进房屋的价款、手续费、借款利息等，与一般房屋出租的“租金”内涵不同，且租赁期满后，当承租方偿还最后一笔租赁费时，房屋产权一般都转移到承租方，这实际是一种变相的分期付款购买固定资产的形式，所以在计征房产税时应以房产余值计算征收。

(3) 对居民住宅区内业主共有的经营性房产，由实际经营(包括自营和出租)的代管人或使用人缴纳房产税。其中自营的，依照房产原值减除10%～30%后的余值计征，没有房产原值或不能将业主共有房产与其他房产的原值准确划分开的，由房产所在地地方税务机关参照同类房产核定房产原值；出租的，依照租金收入计征。

(4) 具备房屋功能的地下建筑的房产税政策。

凡在房产税征收范围内的具备房屋功能的地下建筑，包括与地上房屋相连的地下建筑以及完全建在地面以下的建筑、地下人防设施等，均应当依照有关规定征收房产税。具备房屋功能的地下建筑是指有屋面和维护结构，能够遮风避雨，可供人们在其中生产、经营、工作、学习、娱乐、居住或储藏物资的场所。

① 自用的地下建筑，按房产余值计税。其中：工业用途房产，以房屋原价的50%～60%作为应税房产原值；商业和其他用途房产，以房屋原价的70%～80%作为应税房产原值；对于与地上房屋相连的地下建筑，如房屋的地下室、地下停车场、商场的地下部分等，应将地下部分与地上房屋视为一个整体按照地上房屋建筑的有关规定计算征收房产税。房屋原价折算为应税房产原值的具体比例，由各省、自治区、直辖市和计划单列市财政和地方税务部门在上述幅度内自行确定。

② 出租的地下建筑，按照出租地上房屋建筑的有关规定计算征收房产税。

即学即用

纳税人经营用房屋的房产税计税依据是(　　)。(单选题)

A. 房屋的原值　　B. 房屋净值

C. 房屋重置价值　　D. 房屋余值

答案：D

题解：纳税人经营用房屋的房产税计税依据是房屋的余值。

（二）应纳税额的计算

1. 从价计征应纳税额的计算

应纳税额＝应税房产原值×(1－扣除比例)×1.2％

【例 5-1】 甲企业 2016 年年初有以下房产：原值 2 000 万元的厂房，原值 500 万元的仓库。2016 年 5 月 31 日，将仓库以 800 万元的价格转让给乙企业。当地政府规定的计算房产余值的扣除比例为 30％。计算甲企业当年应缴纳房产税。

解析：甲企业 2016 年经营自用仓库时间为 1～5 月。

甲企业经营自用厂房应纳房产税＝2 000×(1－30％)×1.2％＝16.8(万元)

甲企业经营自用仓库应纳房产税＝500×(1－30％)×1.2％×5/12＝1.75(万元)

甲企业 2016 年应纳房产税＝16.8＋1.75＝18.55(万元)

2. 从租计征应纳税额的计算

应纳税额＝租金收入×12％

【例 5-2】 某企业 2016 年 7 月 1 日，将拥有的一栋闲置办公楼对外出租，租期 3 年，每年租金 80 万元(不含增值税)。计算该企业 2016 年出租该办公楼应缴纳的房产税。

解析：

该企业出租办公楼应纳的房产税＝80÷2×12％＝4.8(万元)

四、房产税的纳税管理

（一）房产税纳税义务发生时间

(1) 纳税人将原有房产用于生产经营，从生产经营之月起缴纳房产税。

(2) 纳税人自行新建房屋用于生产经营，从建成之次月起缴纳房产税。

(3) 纳税人委托施工企业建设的房屋，从办理验收手续之次月起缴纳房产税。

(4) 纳税人购置新建商品房，自房屋交付使用之次月起缴纳房产税。

(5) 纳税人购置存量房，自办理房屋权属转移、变更登记手续，房地产权属登记机关签发房屋权属证书之次月起，缴纳房产税。

(6) 纳税人出租、出借房产，自交付出租、出借房产之次月起，缴纳房产税。

(7) 房地产开发企业自用、出租、出借本企业建造的商品房，自房屋使用或交付之次月起，缴纳房产税。

小思考

为什么纳税人将原有房产用于生产经营，从生产经营之月起缴纳房产税，而不是次月起呢？

（二）纳税期限

房产税实行按年计算、分期缴纳的征收方法，具体纳税期限由省、自治区、直辖市人民政府确定。

(三) 纳税地点

房产税在房产所在地缴纳。房产不在同一地方的纳税人,应按房产的坐落地点分别向房产所在地的税务机关纳税。

第二节 契 税

一、契税概述

(一) 契税的概念

契税是以在中华人民共和国境内转移的土地、房屋权属为征税对象,向产权承受人征收的一种财产税。征收契税有利于增加地方财政收入,有利于保护合法产权,避免产权纠纷。

(二) 契税的特点

1. 契税属于财产转移税

契税是以发生权属转移变动的土地、房屋为征税对象,具有对财产转移课税的性质。土地、房屋权属每转移一次,就征收一次契税;土地、房屋产权未发生转移的,则不征收契税。

2. 契税由产权承受人缴纳

契税由产权承受人纳税,即买方纳税。区别于多数税种所规定的销售者即卖方纳税,契税规定以承受土地、房屋权属的单位和个人为纳税人,目的在于不动产转移生效承受人依法纳税后,便可拥有转移过来的土地或房屋的产权或使用权,法律保护纳税人的合法权益。

小思考

和其他税种相比,契税的纳税人有什么不同?

二、契税的税法规定

现行契税法的基本规范,是 1997 年 7 月 7 日国务院发布并于同年 10 月 1 日开始施行的《中华人民共和国契税暂行条例》。

(一) 契税的征税对象

契税的征税对象是境内转移的土地、房屋权属。具体包括以下内容。

1. 国有土地使用权出让

国有土地使用权出让是指土地使用者向国家交付土地使用权出让费用,国家将国有土地使用权在一定年限内让与土地使用者的行为。

国有土地使用权出让，受让者应向国家缴纳出让金，以出让金为依据计算缴纳契税。不得因减免土地出让金而减免契税。

2. 土地使用权的转让

土地使用权的转让是指土地使用者以出售、赠与、交换或者其他方式将土地使用权转移给其他单位和个人的行为。土地使用权的转让不包括农村集体土地承包经营权的转移。

3. 房屋买卖

房屋买卖即以货币为媒介，出卖者向购买者让渡房产所有权的交易行为。以下几种特殊情况，视同买卖房屋：以房产抵债或实物交换房屋；以房产作投资或作股权转让；买房拆料或翻建新房，应照章征收契税。

4. 房屋赠与

房屋的赠与是指房屋产权所有人将房屋无偿转让给他人所有。其中，将自己的房屋转交给他人的法人和自然人，称作房屋赠与人；接受他人房屋的法人和自然人，称为受赠人。房屋赠与的前提必须是，产权无纠纷，赠与人和受赠人双方自愿。

5. 房屋交换

房屋交换是指房屋所有者之间互相交换房屋的行为。

6. 视同土地所有权转让、房屋买卖或者房屋赠与

土地、房屋权属以下列方式转移的，视同土地所有权转让、房屋买卖或者房屋赠与征收契税：

(1) 以土地、房屋权属作价投资、入股；

(2) 以土地、房屋权属抵债；

(3) 以获奖方式承受土地、房屋权属；

(4) 以预购方式或预付集资建房款方式承受土地、房屋权属。

(二) 契税的纳税人

契税的纳税人是境内转移土地、房屋权属，承受的单位和个人。

土地、房屋权属是指土地使用权和房屋所有权。单位是指企业单位、事业单位、国家机关、军事单位和社会团体以及其他组织。个人是指个体经营者及其他个人，包括中国公民和外籍人员。

(三) 契税的税率

契税实行3%～5%的幅度税率。实行幅度税率是考虑到我国经济发展的不平衡，各地经济差别较大的实际情况。因此，各省、自治区、直辖市人民政府可以在3%～5%的幅度税率规定范围内，按照本地区的实际情况确定。

(四) 契税的税收优惠

(1) 国家机关、事业单位、社会团体、军事单位承受土地、房屋用于办公、教学、医疗、科研和军事设施的，免征契税。

(2) 城镇职工按规定第一次购买公有住房,免征契税。

(3) 对个人购买普通住房,且该住房属于家庭(成员范围包括购房人、配偶以及未成年子女,下同)唯一住房的,减半征收契税。对个人购买90平方米及以下普通住房,且该住房属于家庭唯一住房的,减按1%税率征收契税。

(4) 因不可抗力灭失住房而重新购买住房的,酌情减免。不可抗力是指自然灾害、战争等不能预见、不可避免,并不能克服的客观情况。

(5) 土地、房屋被县级以上人民政府征用、占用后,重新承受土地、房屋权属的,由省级人民政府确定是否减免。

(6) 承受荒山、荒沟、荒丘、荒滩土地使用权,并用于农、林、牧、渔业生产的,免征契税。

(7) 经外交部确认,依照我国有关法律规定以及我国缔结或参加的双边和多边条约或协定,应当予以免税的外国驻华使馆、领事馆、联合国驻华机构及其外交代表、领事官员和其他外交人员承受土地、房屋权属,免征契税。

(8) 财政部、国家税务总局规定的其他契税减免税政策。

三、契税应纳税额的计算

(一) 计税依据

契税的计税依据是不动产的价格。计征契税的成交价格不含增值税。按照土地、房屋权属转移方式、定价方法的不同,契税的计税依据具体规定如下。

(1) 国有土地使用权出让、土地使用权出售、房屋买卖,以成交价格为计税依据。成交价格是指土地、房屋权属转移合同确定的价格,包括承受者应交付的货币、实物、无形资产或者其他经济利益。

(2) 土地使用权赠与、房屋赠与,由征收机关参照土地使用权出售、房屋买卖的市场价格核定。

(3) 土地使用权交换、房屋交换,为所交换的土地使用权、房屋的价格差额。也就是说,交换价格相等时,免征契税;交换价格不等时,由多交付货币、实物、无形资产或者其他经济利益的一方缴纳契税。

小思考

为什么房屋交换采用差额计税征收契税?

(4) 以划拨方式取得土地使用权,经批准转让房地产时,由房地产转让者补交契税。计税依据为补交的土地使用权出让费用或者土地收益。

(5) 房屋附属设施征收契税的依据。

① 不涉及土地使用权和房屋所有权转移变动的,不征收契税;

② 采取分期付款方式购买房屋附属设施土地使用权、房屋所有权的,应按合同规定的总价款计征契税;

③ 承受的房屋附属设施权属如为单独计价的,按照当地确定的适用税率征收契税;如与房屋统一计价的,适用与房屋相同的契税税率。

(6) 个人无偿赠与不动产行为(法定继承人除外),应对受赠人全额征收契税。

(7) 出让国有土地使用权,契税计税价格为承受人为取得该土地使用权而支付的全部经济利益。对通过“招、拍、挂”程序承受国有土地使用权的,应按照土地成交总价款计征契税,其中的土地前期开发成本不得扣除。

(二) 应纳税额的计算

契税的应纳税额是以税法规定的计税依据乘以适用税率计算征收。其计算公式为:

应纳税额=计税依据×适用税率

【例 5-3】 甲某 2016 年 3 月,以 200 万元的价格购入一套住房,甲某将自有价值 240 万元的门市房与乙拥有的价值 300 万元的仓库交换,并向乙支付差价 60 万元。计算甲某上述各经济事项应缴纳的契税。(适用税率为 4%)

解析:土地使用权交换、房屋交换的计税依据,为所交换的土地使用权、房屋的价格差额,由多交付货币、实物、无形资产或者其他经济利益的一方缴纳契税。

甲某购入住房应纳契税=200×4%=8(万元)

甲某交换房产应纳契税=60×4%=2.4(万元)

四、契税的纳税管理

(一) 纳税义务发生时间

契税纳税义务发生时间是纳税人签订土地、房屋权属转移合同的当天,或者纳税人取得其他具有土地、房屋权属转移合同性质凭证的当天。

(二) 纳税期限

纳税人应当自纳税义务发生之日起 10 日内,向土地、房屋所在地的契税征收机关办理纳税申报,并在契税征收机关核定的期限内缴纳税款。

纳税人办理纳税事宜后,契税征收机关应当向纳税人开具契税完税凭证。纳税人持契税完税凭证和其他规定的文件材料,依法向土地管理部门、房产管理部门办理变更登记手续。纳税人未出具契税完税凭证的,土地管理部门、房产管理部门不予办理有关土地、房屋的权属变更登记手续。

(三) 纳税地点

契税的纳税地点为土地、房屋所在地。

契税的征收机关为土地、房屋所在地的财政机关或者地方税务机关。具体征收机关由省、自治区、直辖市人民政府确定。土地管理部门、房产管理部门应当向契税征收机关提供有关资料,并协助契税征收机关依法征收契税。

第三节 车 船 税

一、车船税概述

（一）车船税的概念

车船税是以车船为征税对象，向拥有应税车船的单位和个人所征收的一种税。征收车船税有利于为地方政府筹集财政资金，有利于车船的管理和合理配置，也有利于调节财富差异。

（二）车船税的特点

1. 具有单项财产税的特点

车船税属于财产税，其征税对象仅限于车辆和船舶，并且针对不同的车辆、船舶还规定了不同的税额，所以车船税从财产税的角度看，具有单项财产税的特点。

2. 实行分类、分级（项）的定额税率

车船税首先划分车辆与船舶，规定它们各自的定额税率。车辆税采用分类、分项幅度税额，即对不同类别和不同项目的车辆规定了最高和最低年税额。船舶税实行分级固定税额，分别对机动船舶按照净吨位数的不同、游艇按照艇身长度的不同，规定全国统一的固定税额，以保持全国税负的大体平衡。

3. 实行保险机构代收代缴税款为主的征收办法

由于车船税涉及面广、税源流动性强，且纳税人多为个人，因此征管难度较大。为方便纳税人缴纳车船税，提高税源控管水平，节约征纳双方的成本，车船税法规定，保险机构在办理机动车交通事故责任强制保险业务时代收代缴机动车的车船税。对其他属于不需要购买机动车交通事故责任强制保险的应税车船，由地方税务机关征收或委托代征。

小思考

车船税为什么由保险机构代收代缴？

二、车船税的税法规定

现行车船税法的基本规范，是2011年2月25日，由中华人民共和国第十一届全国人民代表大会常务委员会第十九次会议通过，于2012年1月1日起施行的《中华人民共和国车船税法》（以下简称《车船税法》）。

（一）车船税的征税范围

车船税的征税范围是指在中华人民共和国境内属于车船税法所附车船税税目税额表规定的车辆、船舶。车辆、船舶是指：

（1）依法应当在车船管理部门登记的机动车辆和船舶；

（2）依法不需要在车船管理部门登记、在单位内部场所行驶或者作业的机动车辆部门登记、在单位内部场所行驶或者作业的机动车辆和船舶。

车船管理部门，是指公安、交通运输、农业、渔业、军队、武装警察部队等依法具有车船登记管理职能的部门。

（二）车船税的纳税人

车船税的纳税人，是指在我国境内，应税车辆、船舶（以下简称车船）的所有人或者管理人。

所有人，是指在我国境内拥有车船的单位和个人；管理人，是指对车船具有管理权或者使用权不具有所有权的单位。

单位，包括在中国境内成立的行政机关、企业、事业单位、社会团体以及其他组织；个人，包括个体工商户以及其他个人。

从事机动车第三者责任强制保险业务的保险机构为机动车车船税的扣缴义务人，应当在收取保险费时依法代收车船税。

小思考

车船税与车辆购置税的区别是什么？

（三）车船税的税目与税率

车船税采用定额税率。车船的适用税额，依照《车船税税目税额表》执行，见表5-1。

表5-1　车船税税目税额表

税　目		计税单位	年基准税额	备　注
1. 乘用车按发动机气缸容量（排气量）分档	1.0升（含）以下的	每辆	60元至360元	核定载客人数9人（含）以下
	1.0升以上至1.6升（含）的		300元至540元	
	1.6升以上至2.0升（含）的		360元至660元	
	2.0升以上至2.5升（含）的		660元至1 200元	
	2.5升以上至3.0升（含）的		1 200元至2 400元	
	3.0升以上至4.0升（含）的		2 400元至3 600元	
	4.0升以上的		3 600元至5 400元	
2. 商用车客车		每辆	480元至1 440元	核定载客人数9人以上，包括电车
3. 商用车货车		整备质量每吨	16元至120元	包括半挂牵引车、三轮汽车和低速载货汽车等
4. 挂车		整备质量每吨	按照货车税额的50%计算	

续表

<table>
<tr><th colspan="2">税　　目</th><th>计税单位</th><th>年基准税额</th><th>备　　注</th></tr>
<tr><td colspan="2">5. 其他车辆专用作业车</td><td>整备质量每吨</td><td>16 元至 120 元</td><td>不包括拖拉机</td></tr>
<tr><td colspan="2">6. 其他车辆轮式专用机械车</td><td>整备质量每吨</td><td>16 元至 120 元</td><td>不包括拖拉机</td></tr>
<tr><td colspan="2">7. 摩托车</td><td>每辆</td><td>36 元至 180 元</td><td></td></tr>
<tr><td rowspan="4">8. 机动船舶</td><td>净吨位不超过 200 吨的</td><td rowspan="4">净吨位每吨</td><td>3 元</td><td rowspan="4">拖船、非机动驳船分别按照机动船舶税额的 50%计算；拖船按照发动机功率每 1 千瓦折合净吨位 0.67 吨计算</td></tr>
<tr><td>净吨位超过 200 吨但不超过 2 000 吨的</td><td>4 元</td></tr>
<tr><td>净吨位超过 2 000 吨但不超过 10 000 吨的</td><td>5 元</td></tr>
<tr><td>净吨位超过 10 000 吨的</td><td>6 元</td></tr>
<tr><td rowspan="4">9. 游艇</td><td>艇身长度不超过 10 米的</td><td rowspan="4">艇身长度每米</td><td>600 元</td><td rowspan="4">辅助动力帆艇按每米 600 元</td></tr>
<tr><td>艇身长度超过 10 米但不超过 18 米的</td><td>900 元</td></tr>
<tr><td>艇身长度超过 18 米但不超过 30 米的</td><td>1 300 元</td></tr>
<tr><td>艇身长度超过 30 米的</td><td>2 000 元</td></tr>
</table>

车辆的具体适用税额由省、自治区、直辖市人民政府依照车船税税目税额表规定的税额幅度和国务院的规定确定。省、自治区、直辖市人民政府确定的车辆具体适用税额，应当报国务院备案。船舶的具体适用税额由国务院在车船税税目税额表规定的税额幅度内确定。

对于车船税税额的确定，还要注意以下规定：

(1) 挂车整备质量每吨按照货车税额的 50%计算；

(2) 拖船按照发动机功率每 1 千瓦折合净吨位 0.67 吨计算征收车船税；

(3) 排气量、整备质量、核定载客人数、净吨位、千瓦、艇身长度，以车船登记管理部门核发的车船登记证书或者行驶证所载数据为准。

依法不需要办理登记的车船和依法应当登记而未办理登记或者不能提供车船登记证书、行驶证的车船，以车船出厂合格证明或者进口凭证标注的技术参数、数据为准；不能提供车船出厂合格证明或者进口凭证的，由主管税务机关参照国家相关标准核定，没有国家相关标准的参照同类车船核定。

(四) 税收优惠

1. 法定减免项目

(1) 捕捞、养殖渔船。它是指在渔业船舶登记管理部门登记为捕捞船或者养殖船的船舶。

(2) 军队、武装警察部队专用的车船。它是指按照规定在军队、武装警察部队车船登记管理部门登记，并领取军队、武警牌照的车船。

（3）警用车船。它是指公安机关、国家安全机关、监狱、劳动教养管理机关和人民法院、人民检察院领取警用牌照的车辆和执行警务的专用船舶。

（4）依照法律规定应当予以免税的外国驻华使领馆、国际组织驻华代表机构及其有关人员的车船。

（5）对节约能源的车船，减半征收车船税；对使用新能源的车船，免征车船税。免征或者减半征收车船税的车船的范围，按财政部、国家税务总局、工业和信息化部通过联合发布《节约能源使用新能源车辆（船舶）减免车船税的车型（船型）目录》实施管理。

（6）授权省、自治区、直辖市人民政府规定的减免税项目。

① 对受地震、洪涝等严重自然灾害影响纳税困难以及其他特殊原因确需减免税的车船，可以在一定期限内减征或者免征车船税。具体减免期限和数额由省、自治区、直辖市人民政府确定，报国务院备案。

② 省、自治区、直辖市人民政府根据当地实际情况，可以对公共交通车船，农村居民拥有并主要在农村地区使用的摩托车、三轮汽车和低速载货汽车定期减征或者免征车船税。

2. 特定减免

（1）经批准临时入境的外国车船和香港特别行政区、澳门特别行政区、台湾地区的车船，不征收车船税。

（2）按照规定缴纳船舶吨税的机动船舶，自车船税法实施之日起5年内免征车船税。

（3）依法不需要在车船登记管理部门登记的机场、港口、铁路站场内部行驶或者作业的车船，自车船税法实施之日起5年内免征车船税。

三、车船税应纳税额的计算

车船税的应纳税额是以税法规定的计税依据乘以适用单位税额计算征收。其计算公式为：

$$应纳税额=计税依据\times单位税额$$

（1）乘用车、商用车客车、摩托车应纳税额的计算：

$$应纳税额=辆数\times单位税额$$

（2）商用车货车、挂车、专用作业车、轮式专用机械车应纳税额的计算：

$$应纳税额=整备质量吨数\times单位税额$$

（3）船舶应纳税额的计算：

$$应纳税额=净吨位数\times单位税额$$

（4）拖船和非机动驳船应纳税额的计算：

$$应纳税额=净吨位数\times单位税额\times50\%$$

（5）游艇应纳税额的计算：

$$应纳税额=艇身长度\times单位税额$$

对于购置的新车船，购置当年的应纳税额自纳税义务发生的当月起按月计算。其计算公式为：

$$应纳税额=\frac{年应纳税额}{12}\times应纳税月份数$$

【例 5-4】 某公司 2016 年拥有载货汽车 8 辆(货车整备质量全部为 10 吨);大客车 5 辆;小客车 2 辆。计算 2016 年该公司应缴纳车船税。

注: 载货汽车适用税额为每年 80 元/吨,大客车适用税额为每年 800 元/辆,小客车适用税率为每年 700 元/辆。

解析:

载货汽车应纳车船税=8×10×80=6 400(元)

大客车应纳车船税=5×800=4 000(元)

小客车应纳车船税=2×700=1 400(元)

2015 年该公司应缴纳车船税=6 400+4 000+1 400=11 800(元)

四、车船税的纳税管理

(一) 纳税义务发生时间

车船税纳税义务发生时间为取得车船所有权或者管理权的当月,应当以购买车船的发票或者其他证明文件所载日期的当月为准。

(二) 纳税期限

车船税按年申报,分月计算,一次性缴纳。纳税年度为公历 1 月 1 日至 12 月 31 日。纳税人具体申报纳税期限由省、自治区、直辖市人民政府规定。

扣缴义务人应当及时解缴代收代缴的税款和滞纳金,并向主管税务机关申报。扣缴义务人解缴税款和滞纳金的具体期限,由省、自治区、直辖市地方税务机关依照法律、行政法规的规定确定。

(三) 纳税申报

扣缴义务人已代收代缴车船税的,纳税人不再向车辆登记地的主管税务机关申报缴纳车船税。

没有扣缴义务人的,纳税人应当向主管税务机关自行申报缴纳车船税。

(四) 纳税地点

车船税由地方税务机关负责征收。纳税地点为车船的登记地或者车船税扣缴义务人所在地。依法不需要办理登记的车船,车船税的纳税地点为车船的所有人或者管理人所在地。

(五) 其他规定

(1) 机动车车船税扣缴义务人在代收车船税时,应当在机动车交通事故责任强制保险的保险单以及保费发票上注明已收税款的信息,作为代收税款凭证。

(2) 已完税或者依法减免税的车辆,纳税人应当向扣缴义务人提供登记地的主管税务机关出具的完税凭证或者减免税证明。

(3) 纳税人没有按照规定期限缴纳车船税的,扣缴义务人在代收代缴税款时,可以一并代收代缴欠缴税款的滞纳金。

(4) 在一个纳税年度内，已完税的车船被盗抢、报废、灭失的，纳税人可以凭有关管理机关出具的证明和完税凭证，向纳税所在地的主管税务机关申请退还自被盗抢、报废、灭失月份起至该纳税年度终了期间的税款。

(5) 已办理退税的被盗抢车船失而复得的，纳税人应当从公安机关出具相关证明的当月起计算缴纳车船税。

(6) 已缴纳车船税的车船在同一纳税年度内办理转让过户的，不另纳税，也不退税。

课后讨论

我国现行房产税，仅对城市、县城、建制镇和工矿区内的经营性住房征收，对个人所有的非营业用的房产暂免征收房产税。要求对我国房产税的改革方向进行讨论。

练习题

一、单选题

1. 下列各项中，属于房产税征税对象的是(　　)。

　A. 农村居民住房　　　　B. 国家机关自用房产

　C. 事业单位用房　　　　D. 国有企业所有的职工宿舍

2. 以下属于房产税征税范围内的建筑物，应纳房产税的是(　　)。

　A. 某市的露天游泳池　　　　B. 工矿区内的砖瓦石灰窑

　C. 建制镇内的房屋　　　　D. 房地产开发企业开发的待售商品房

3. 下列有关房产税纳税人的表述中，不正确的是(　　)。

　A. 房屋产权出典的由承典人纳税

　B. 房屋出租的由承租人纳税

　C. 房屋产权未确定的由代管人或使用人纳税

　D. 产权人不在房屋所在地的由房屋代管人或使用人纳税

4. 王某将其建筑面积为200平方米的住房出租，其房产税税率为(　　)。

　A. 按房租的12%　　　　B. 按房租的4%

　C. 按房租的6%　　　　D. 按房租的1.2%

5. 纳税人经营自用的房屋缴纳房产税的计税依据是(　　)。

　A. 房产原值　　B. 房产净值　　C. 房产市值　　D. 房产余值

6. 下列有关房产税纳税义务发生时间的正确表述是(　　)。

　A. 纳税人自建房屋用于生产经营，自房屋建成之日起开始缴纳房产税

　B. 纳税人委托施工企业建设的房屋，自办理验收手续之日起缴纳房产税

　C. 纳税人办理验收手续之前已经使用的房屋应征收房产税

　D. 纳税人将原有房产用于生产经营，从开始生产经营的次月起缴纳房产税

7. 房产不在同一地方的纳税人，应(　　)的税务机关缴纳房产税。

　A. 向户口所在地

　B. 向纳税人居住的房产所在地

C. 按房产的坐落地点，分别向房产所在地

D. 按房产的坐落地点，选择向任一处房产所在地

8. 发生下列活动的单位和个人中，应缴纳契税的是（　　）。

A. 将房产用于偿债的张先生

B. 以房屋权属作价投资的某企业集团

C. 将房产投资于本人经营企业的李先生

D. 以高级轿车换取房屋的马太太

9. 下列关于契税的表述正确的是（　　）。

A. 契税实行幅度比例税率　　B. 契税由财产转让方缴纳

C. 契税属于行为税　　D. 契税是以增值额为征税对象

10. 土地使用权交换、房屋交换，若交换价格相等，（　　）。

A. 由交换双方各自交纳契税　　B. 由交换双方共同分担契税

C. 免征契税　　D. 由双方协商一致确定纳税人

11. 计算契税不涉及成交价格的是（　　）。

A. 土地使用权赠与　　B. 以协议方式出让土地使用权

C. 房屋买卖　　D. 以竞价方式出让土地使用权

12. 契税的纳税义务发生时间是（　　）。

A. 签订土地、房屋权属转移合同或合同性质凭证的当天

B. 签订土地、房屋权属转移合同或合同性质凭证的 7 日内

C. 签订土地、房屋权属转移合同或合同性质凭证的 10 日内

D. 签订土地、房屋权属转移合同或合同性质凭证的 30 日内

13. 应税车辆适用的车船税税率形式是（　　）。

A. 比例税率　　B. 超额累进税率

C. 超率累进税率　　D. 定额税率

14. 下列各项车辆，应征车船税的是（　　）。

A. 依法批准临时入境的外国车船　　B. 依法应当在车船管理部门登记的车船

C. 警用车船　　D. 拖拉机

15. 商用车货车的计税单位为整备质量每吨，每年税额在 16 元至 120 元的范围内确定，有权确定具体使用税额的部门是（　　）。

A. 国家税务总局　　B. 省级人民政府

C. 省级税务局　　D. 县级人民政府

二、多选题

1. 下列各项中，应当征收房产税的有（　　）。

A. 城市居民出租的房产　　B. 城市居民投资联营的房产

C. 城市居民所有的自住用房　　D. 城市居民拥有的营业用房

2. 下列各项中，暂免征收房产税的有（　　）。

A. 房管部门向居民出租的公有住房　　B. 文化体育单位出租的公有住房

C. 企业向职工出租的单位自有住房　　D. 个人对外出租经营的自有住房

3. 下列各项中，关于房产税的表述正确的有（　　）。

A. 个人所有非营业用的房产，免征房产税
B. 对非营利性医疗机构的房产免征房产税
C. 企业办的各类学校、医院、托儿所、幼儿园自用的房产，免征房产税
D. 应税房产大修停用三个月以上的，在大修期间可免征房产税

4. 下列各项符合房产税计税依据规定的有(　　)。
A. 地下建筑物若作商业和其他用途，以其房屋原价的 50%～60%作为应税房产原值
B. 融资租赁方式租入的房屋以房产余值计算征收房产税
C. 对经营自用的房屋，以房产的计税余值作为计税依据
D. 纳税人对原有房屋进行改造、扩建的，要相应增加房屋的原值

5. 以下属于契税纳税人的有(　　)。
A. 销售商品房的房地产开发公司　B. 承受土地使用权的国有企业
C. 对外转让房屋的华侨、港澳台同胞　D. 购买房屋的个体工商户

6. 下列关于契税的表述正确的是(　　)。
A. 契税实行幅度比例税率
B. 契税的纳税人包括外商投资企业、外国企业以及外籍个人
C. 契税属于行为税
D. 契税征税对象是发生权属转移的土地和房屋

7. 根据契税相关规定，下列项目中应征收契税的有(　　)。
A. 以实物交换房屋
B. 国有土地使用权出让
C. 以预购方式或预付集资建房款方式承受土地、房屋权属
D. 承受荒山、荒沟、荒丘、荒滩土地使用权，并用于农、林、牧、渔业生产

8. 关于契税的计税依据，下列说法不正确的有(　　)。
A. 以协议方式出让土地使用权的，以成交价格作为计税依据
B. 土地使用权出售，其计税依据为成交价格
C. 土地使用权相交换的，以交换的土地使用权的价格作为计税依据
D. 购买精装修房屋时，装修费用不得作为计税依据

9. 根据车船税法的规定，下列表述属于车船税的法定减免的有(　　)。
A. 养殖渔船　B. 警用车船
C. 经批准临时入境的台湾地区的车船　D. 使用新能源的车船

10. 根据车船税法的规定，下列表述正确的有(　　)。
A. 在中华人民共和国境内，车辆、船舶的所有人或者管理人为车船税的纳税人，应当依照《车船税法》的规定缴纳车船税
B. 已办理退税的被盗抢车船，失而复得的，纳税人应当从公安机关出具相关证明的当月起计算缴纳车船税
C. 从事机动车交强险业务的保险机构为机动车船税的扣缴义务人
D. 拥有车船的事业单位不是车船税的纳税义务人

三、判断题

1. 税法规定，产权未确定及租典纠纷未解决的房屋，暂不征收房产税。 （ ）

2. 经财政部批准，施工期间在基建工地为其服务的临时性房屋可以免征房产税。 （ ）

3. 有关房产税的纳税规定，融资租赁房屋对出租方以租金收入为计税依据征税。 （ ）

4. 以房产投资联营并参与利润分红，共同承担风险的，按房产余值为计税依据征税。 （ ）

5. 凡以房屋为载体，不可随意移动的附属设备和配套设施，无论在会计核算中是否单独记账与核算，都应计入房产原值，计征房产税。 （ ）

6. 房产税实行按年计算、分期缴纳的征收方法，具体纳税期限由各市地税局确定。 （ ）

7. 土地使用权交换、房屋交换，各自按所承受的土地使用权或房屋的市场价格征收契税。 （ ）

8. 契税的纳税地点为土地、房屋所在地。 （ ）

9. 车船税由车辆登记注册地的地方税务局征收。 （ ）

四、计算分析题

1. 某大型企业其生产用房原值 7 800 万元，还拥有一个内部职工医院、一个幼儿园、一个超市和一个学校，房产的原值分别为 320 万元、100 万元、300 万元和 240 万元。已知当地政府规定的扣除比例为 20%，计算该企业应缴纳房产税。

2. 某企业 2016 年度的企业原有房产原值 4 000 万元。6 月底将其中原值 200 万元、占地面积 400 平方米的一栋仓库出租给某商场存放货物，租期 1 年，每月租金收入 1.5 万元。8 月 20 日对委托施工单位建设的生产车间办理验收手续，由在建工程转入固定资产原值 500 万元，一并转入的还有基建时的茶炉房 100 万元，也计入固定资产管理。当地规定房产税计算余值的扣除比例为 20%。计算该企业 2016 年应缴纳的房产税。

3. 某公司 2015 年发生两笔互换房产业务，并已办理了相关手续。第一笔业务换出的房产价值 500 万元，换进的房产价值 800 万元；第二笔业务换出的房产价值 600 万元，换进的房产价值 300 万元。契税适用税率 4%。分别计算各笔业务该公司应缴纳的契税。

4. 某交通运输企业 2015 年年初拥有 20 辆整备质量为 5 吨的载重汽车，10 辆整备质量为 4 吨的挂车，整备质量 2.5 吨载货汽车 8 辆，中型载客汽车 10 辆，其中包括 2 辆电车。该企业所在地载货汽车年税额 20 元/吨，载客汽车的税额是 420 元/年。计算该企业当年应缴纳车船税。

第六章

行为目的税类

本章要点

- 印花税的征税范围、纳税人、应纳税额的计算
- 车辆购置税的征税范围、纳税人、应纳税额的计算
- 耕地占用税的征税范围、纳税人、应纳税额的计算
- 城市维护建设税和教育费附加的纳税人、应纳税额的计算

案例引入

某公司于2015年年底,与某企业签订了一项仓储保管合同,保管费金额20万元。但因种种原因合同未能履行,该公司2016年3月将已贴用的印花税票揭下重用。主管税务机关在对该企业进行税务检查时发现这一现象,对其处以1 000元的罚款。

某公司对此不解,提出该项仓储保管合同并未履行,为何还要缴纳印花税?

第一节 印花税

一、印花税概述

(一) 印花税的概念

印花税是对经济活动和经济交往中书立、使用、领受应税凭证的单位和个人征收的一种税。

印花税因其采用在应税凭证上粘贴印花税票的方法缴纳税款而得名。征收印花税有利于增加财政收入;有利于促进经济活动的规范化、合理化,配合和加强经济合同的监督管理;有利于培养纳税人的法制观念和纳税意识;也有利于配合对其他应纳税种的监督管理。

(二) 印花税的特点

1. 兼有凭证税和行为税性质

印花税是对单位和个人书立、领受的应税凭证征收的一种税,具有凭证税性质。同时,任何一种应税经济凭证反映的都是某种特定的经济行为,因此,对凭证征税,实质上是对经济行为的课税。

2. 征税范围广泛

印花税法规定，凡书立和领受税法列举的合同或具有合同性质的凭证、产权转移书据、营业账簿以及权利许可证照等，都必须依法纳税，因此，印花税征收范围广泛。

3. 税收负担较轻

印花税的最低税率为万分之零点五，最高税率为千分之一，由于印花税税率低，所以纳税人的税收负担较轻。

4. 纳税人自行完税

印花税的缴纳方式与其他税种不同，当纳税人发生纳税义务时，应自行计算应纳税额、自行购买印花税票，并一次足额粘贴在应税凭证上，最后由纳税人按照规定，对已粘贴的印花税票自行注销或划销，从而完成纳税义务。

5. 多缴不退不抵

印花税法规定，凡多贴印花税票者，不得申请退税或者抵用。这与其他税种多缴税款可以申请退税或抵缴的规定不相同。

二、印花税的税法规定

现行印花税的基本法律规范，是1988年8月6日国务院发布并于同年10月1日实施的《中华人民共和国印花税暂行条例》(以下简称《印花税暂行条例》)。

(一) 印花税的征税范围

印花税征税范围采取列举法，即只对《印花税暂行条例》列举的凭证征收，没有列举的凭证不征税。具体包括：购销、加工承揽、建设工程承包、财产租赁、货物运输、仓储保管、借款、财产保险、技术合同或者具有合同性质的凭证；产权转移书据；营业账簿；权利、许可证照；经财政部确定征税的其他凭证。

(二) 印花税的纳税人

印花税的纳税人，是在中国境内书立、使用、领受印花税法所列举的凭证并应依法履行纳税义务的单位和个人。

上述单位和个人，按照书立、使用、领受应税凭证的不同，可以分别确定为立合同人、立据人、立账簿人、领受人和使用人5种。

1. 立合同人

立合同人是指合同的当事人，即对凭证有直接权利义务关系的单位和个人，但不包括合同的担保人、证人和鉴定人。如果合同有代理人的，当事人的代理人有代理纳税的义务。

2. 立据人

产权转移书据的纳税人是立据人，是指土地、房屋权属转移过程中买卖双方的当事人。

3. 立账簿人

营业账簿的纳税人是立账簿人，是指设立并使用营业账簿的单位和个人。

4. 领受人

权利、许可证照的纳税人是领受人，是指领取或接受并持有该凭证的单位和个人。

5. 使用人

在国外书立、领受，但在国内使用的应税凭证，其纳税人为使用人。

6. 各类电子应税凭证的签订人

对纳税人以电子形式签订的各类应税凭证应按规定征收印花税。其纳税人为以电子形式签订的各类应税凭证的当事人。

对应税凭证，凡由两方或两方以上当事人共同书立的，其当事人各方都是印花税的纳税人，应各就其所持凭证的计税金额履行纳税义务。

（三）印花税的税目与税率

1. 税目

印花税的税目，指印花税法明确规定的应当纳税的项目，它具体划定了印花税的征税范围。一般地说，列入税目的就要征税，未列入税目的就不征税。印花税共有 13 个税目。具体包括以下几种。

（1）购销合同

购销合同包括供应、预购、采购、购销结合及协作、调剂、补偿、易货等合同；还包括各出版单位与发行单位（不包括订阅单位和个人）之间订立的图书、报刊、音像征订凭证。

对发电厂与电网之间、电网与电网之间（国家电网公司系统、南方电网公司系统内部各级电网互供电量除外）签订的购售电合同，按购销合同征收印花税。电网与用户之间签订的供用电合同不属于印花税列举征税的凭证，不征收印花税。

（2）加工承揽合同

加工承揽合同包括加工、定做、修缮、修理、印刷广告、测绘、测试等合同。

（3）建设工程勘察设计合同

建设工程勘察设计合同包括勘察、设计合同的总包合同、分包合同和转包合同。

（4）建筑安装工程承包合同

建筑安装工程承包合同包括建筑、安装工程承包合同的总包合同、分包合同和转包合同。

（5）财产租赁合同

财产租赁合同包括租赁房屋、船舶、飞机、机动车辆、机械、器具、设备等合同；还包括企业、个人出租门店、柜台等所签订的合同，但不包括企业与主管部门签订的租赁承包合同。

（6）货物运输合同

货物运输合同包括民用航空运输、铁路运输、海上运输、内河运输、公路运输和联运合同。

（7）仓储保管合同

仓储保管合同包括仓储、保管合同或作为合同使用的仓单、栈单（或称入库单）。对某些使用不规范的凭证不便计税的，可就其结算单据作为计税贴花的凭证。

（8）借款合同

借款合同包括银行及其他金融组织和借款人（不包括银行同业拆借）所签订的借款合同。

(9) 财产保险合同

财产保险合同包括财产、责任、保证、信用等保险合同。

(10) 技术合同

技术合同包括技术开发、转让、咨询、服务等合同以及作为合同使用的单据。其中：

① 技术转让合同，包括专利申请转让、非专利技术转让所书立的合同，但不包括专利权转让、专利实施许可所书立的合同；

② 技术咨询合同，是当事人就有关项目的分析、论证、评价、预测和调查订立的技术合同，而一般的法律、会计、审计等方面的咨询不属于技术咨询，其所立合同不贴花；

③ 技术服务合同，包括技术服务合同、技术培训合同和技术中介合同，但不包括以常规手段或者为生产经营目的进行一般加工、修理、修缮、广告、印刷、测绘、标准化测试，以及勘察、设计等所书立的合同。

(11) 产权转移书据

产权转移书据，是指单位和个人产权的买卖、继承、赠与、交换、分割等所立的书据。包括财产所有权、版权、商标专用权、专利权、专有技术使用权等转移书据和专利实施许可合同、土地使用权出让合同、土地使用权转让合同、商品房销售等权利转移合同。

(12) 营业账簿

营业账簿，是指单位或者个人记载生产经营活动的财务会计核算账簿。营业账簿按其反映的内容不同，分为记载资金的账簿和其他账簿。

记载资金的账簿，是指反映生产经营单位资本金数额增减变化的账簿。其他账簿，是指除上述账簿以外的有关其他生产经营活动内容的账簿，包括日记账簿和各明细分类账簿。

(13) 权利、许可证照

权利、许可证照，是指政府授予单位、个人某种法定权利和准予从事特定经济活动的各种证照的统称。包括政府部门颁发的房屋产权证、工商营业执照、商标注册证、专利证、土地使用证等。

小思考

某饭店取得卫生许可证是否需要缴纳印花税？

2. 税率

印花税的税率有两种形式，即比例税率和定额税率。

(1) 比例税率。在印花税 13 个税目中，各类合同以及具有合同性质的凭证(含以电子形式签订的各类应税凭证)、产权转移书据、营业账簿中记载资金的账簿，适用比例税率。

(2) 定额税率。在印花税的 13 个税目中，“权利、许可证照”和“营业账簿”税目中的其他账簿，适用定额税率，均为按件贴花，税额为 5 元。这样规定，主要是考虑到上述应税凭证比较特殊，有的是无法计算金额的凭证，例如权利、许可证照；有的是虽记载有金额，但以其作为计税依据又明显不合理的凭证，例如其他账簿。采用定额税率，既便于纳税人缴纳，又便于税务机关征管。印花税税目、税率表如表 6-1 所示。

表 6-1　印花税税目、税率表

税　目	范　围	税　率	纳税人	说　明
1. 购销合同	包括供应、预购、采购、购销结合及协作、调剂、补偿、易货等合同	按购销金额0.3‰贴花	立合同人	
2. 加工承揽合同	包括加工、定作、修缮、修理、印刷、广告、测绘、测试等合同	按加工或承揽收入0.5‰贴花	立合同人	
3. 建设工程勘察设计合同	包括勘察、设计合同	按收取费用0.5‰贴花	立合同人	
4. 建筑安装工程承包合同	包括建筑、安装工程承包合同	按承包金额0.3‰贴花	立合同人	
5. 财产租赁合同	包括租赁房屋、船舶、飞机、机动车辆、机械、器具、设备等合同	按租赁金额1‰贴花；税额不足1元，按1元贴花	立合同人	
6. 货物运输合同	包括民用航空运输、铁路运输、海上运输、内河运输、公路运输和联运合同	按运输费用0.05‰贴花	立合同人	单据作为合同使用的，按合同贴花
7. 仓储保管合同	包括仓储、保管合同	按仓储保管费用金额1‰贴花	立合同人	仓单或栈单作为合同使用的，按合同贴花
8. 借款合同	银行及其他金融组织和借款人(不包括银行同业拆借)所签订的借款合同	按借款金额0.05‰贴花	立合同人	单据作为合同使用的，按合同贴花
9. 财产保险合同	包括财产、责任、保证、信用等保险合同	按保险费收入1‰贴花	立合同人	单据作为合同使用的，按合同贴花
10. 技术合同	包括技术开发、转让、咨询、服务等合同	按所载金额0.3‰贴花	立合同人	
11. 产权转移书据	包括财产所有权和版权、商标专用权、专利权、专有技术使用权等转移书据	按所载金额0.5‰贴花	立据人	
12. 营业账簿	生产、经营用账册	记载资金的账簿，按实收资本和资本公积的合计金额0.5‰贴花，其他账簿按件贴花5元	立账簿人	
13. 权利、许可证照	包括政府部门发给的房屋产权证、工商营业执照、商标注册证、专利证、土地使用证	按件贴花5元	领受人	

（四）印花税的税收优惠

1. 法定免税项目

下列凭证免征印花税：

（1）已缴纳印花税的凭证的副本或者抄本；

（2）财产所有人将财产赠给政府、社会福利单位、学校所立的书据；

（3）国家指定收购部门与村民委员会、农民个人书立的农副产品收购合同；

（4）无息、贴息贷款合同；

（5）外国政府或者国际金融组织向我国政府及国家金融机构提供优惠贷款所立的合同。

2. 其他免税项目

（1）房地产管理部门与个人签订的用于生活居住的租赁合同免税。

（2）农牧业保险合同免税。

（3）特殊货运凭证免税。这类凭证包括军事物资运输凭证、抢险救灾物资运输凭证、新建铁路的工程临管线运输凭证。

（4）企业改制前签订但尚未履行完的各类应税合同，改制后需要变更执行主体的，对仅改变执行主体，其余条款未作变动且改制前已贴花的，不再贴花。

（5）企业因改制签订的产权转移书据免予贴花。

（6）对与高校学生签订的高校学生公寓租赁合同，免征印花税。

（7）对公共租赁住房经营管理单位建设、管理公租房涉及的印花税予以免征。

（8）对改造安置住房经营管理单位、开发商与改造安置住房相关的印花税以及购买安置住房的个人涉及的印花税予以免征。

三、印花税应纳税额的计算

（一）计税依据

印花税根据不同征税项目，分别实行从价计征和从量计征两种征收方法。

实行从价计征的合同、产权转移书据和资金账簿，以应税凭证上所记载的金额为计税依据。实行从量计征的权利、许可证照和营业账簿中的其他账簿，以应税凭证的件数为计税依据。具体规定如下。

（1）购销合同的计税依据为合同记载的购销金额。

商品购销活动中，采用以货换货方式进行商品交易签订的合同，是反映既购又销双重经济行为的合同。对此，应按合同所载的购、销合计金额计税贴花。合同未列明金额的，应按合同所载购、销数量依照国家牌价或市场价格计算应纳税金额。

（2）加工承揽合同的计税依据是加工或承揽收入的金额。

① 对于由委托方提供主要材料或原料的，受托方只提供辅助材料的加工合同，无论加工费和辅助材料金额是否分别记载，均以辅助材料与加工费的合计数为计税依据，按照加“工承揽合同”计税贴花。对委托方提供的主要材料或原料金额不计税贴花。

② 对于由受托方提供原材料的加工、定作合同，凡在合同中分别记载加工费金额与原材料金额的，加工费金额按"加工承揽合同"，原材料金额按"购销合同"计税，两项税额相加数，即为合同应贴印花；若合同中未分别记载加工费与原材料金额的，应按全部金额依照"加工承揽合同"计税贴花。

(3) 建设工程勘察设计合同的计税依据为收取的勘察、设计费用。

(4) 建筑安装工程承包合同的计税依据为承包金额。

施工单位将自己承包的建设项目分包或转包给其他施工单位，其所签订的分包或转包合同，应按新的分包或转包合同所载金额另行贴花。

(5) 财产租赁合同的计税依据为租赁金额。

(6) 货物运输合同的计税依据为取得的运输费用，但不包括所运输货物的金额、装卸费和保险费等。

(7) 仓储保管合同的计税依据为收取的仓储保管费用。

(8) 借款合同的计税依据为借款金额。针对实际借贷活动中不同的借款形式，税法规定了不同的计税方法：

① 凡一项信贷业务既签订借款合同又一次或分次填开借据的，只就借款合同按所载借款金额计税贴花；凡只填开借据并作为合同使用的，应按照借据所载借款金额计税，在借据上贴花。

② 在签订流动资金周转借款合同时，应按合同规定的最高借款限额计税贴花。以后，只要在限额内随借随还，不再签新合同的，就不另贴印花。

③ 借款方以财产作抵押、与贷款方签订的抵押借款合同，属于资金信贷业务，借贷双方应按"借款合同"计税贴花。因借款方无力偿还借款而将抵押财产转移给贷款方，应就双方书立的产权转移书据，按"产权转移书据"计税贴花。

④ 银行及其金融机构经营的融资租赁业务签订的融资租赁合同，可据合同所载的租金总额暂按"借款合同"计税贴花。

⑤ 在贷款业务中，如果贷方系由若干银行组成的银团，银团各方均承担一定的贷款数额。借款合同由借款方与银团各方共同梳理，各执一份合同正本。对这类合同借款方与贷款银团各方应分别在所执的合同正本上，按各自的借款金额计税贴花。

⑥ 在基本建设贷款中，如果按年度用款计划分年签订借款合同，在最后一年按总概算签订借款总合同，且总合同的借款金额包括各个份合同的借款金额的，对这类基建借款合同，应按分合同分别贴花，最后签订的总合同，只就借款总额扣除分合同借款金额后的余额计税贴花。

(9) 财产保险合同的计税依据为合同所载保险费金额。

(10) 技术合同的计税依据为合同所载的价款、报酬或使用费。

为了鼓励技术研究开发，对技术开发合同，只就合同所载的报酬金额计税贴花，不包括研究开发经费。但对合同约定按研究开发经费一定比例作为报酬的，应按一定比例的报酬金额计税贴花。

(11) 产权转移书据，计税依据为书据所载的金额。

(12) 营业账簿中记载资金的账簿，计税依据为"实收资本"和"资本公积"的两项合计金额。营业账簿中的其他账簿，计税依据为应税凭证件数。

(13) 权利、许可证照,计税依据为应税凭证件数。

(二) 应纳税额的计算

1. 采用从价征收方式的应纳税额的计算

合同、产权转移书据和营业账簿中的记载资金的账簿,适用比例税率,采用从价征收方式计算应纳税额。其计算公式为:

应纳税额=应税凭证计税金额×比例税率

【例 6-1】 甲公司 2016 年 3 月发生以下经济业务:与乙公司签订产品购销合同一份,所载金额为 200 万元;与丙公司签订以物易物合同,甲公司以 110 万元的产品换取丙公司 80 万元的原材料,丙公司以 30 万元的现金补足差价;与丁公司订立转移专用技术使用权书据一份,所载金额 500 万元。计算甲公司上述各经济事项应缴纳印花税税额。

解析:

(1) 签订产品购销合同应纳税额

应纳印花税=200×0.3‰=0.06(万元)

(2) 甲公司签订以物易物合同,应按合同所载的购、销合计金额计税贴花。甲以 110 万元的产品换取丙公司 80 万元的原材料,相当于销售了 110 万元的产品,同时购入 80 万元的原材料。

应纳印花税=(110+80)×0.3‰=0.057(万元)

(3) 订立产权转移数据应纳税额

应纳印花税=500×0.5‰=0.25(万元)

2. 采用从量征收方式的应纳税额的计算

权利、许可证照和营业账簿中的其他账簿,适用定额税率,采用从量征收方式计算应纳税额。其计算公式为:

应纳税额=应税凭证件数×定额税率

【例 6-2】 某公司于 2016 年 3 月开业,发生以下业务事项:领受房屋产权证、工商营业执照、土地使用证各 1 件;企业记载资金的账簿,“实收资本”“资本公积”为 500 万元;其他营业账簿 8 本。计算该企业上述各事项应纳印花税。

解析:

(1) 领受权利、许可证照应纳税额

应纳印花税=3×5=15(元)

(2) 企业记载资金的账簿应纳税额

应纳印花税=5 000 000×0.5‰=2 500(元)

(3) 企业其他营业账簿应纳税额

应纳印花税=8×5=40(元)

3. 计算应纳税额时应注意的问题

(1) 应税凭证以金额、收入、费用作为计税依据的,以全额计税,不得作任何扣除。

(2) 同一凭证因载有两个或两个以上经济事项而适用不同税目税率的,如分别载有金额的,应分别计算应纳税额,相加后按合计税额贴花;如未分别记载金额的,按税率较高的计税贴花。

(3) 按金额比例贴花的应税凭证，未标明金额的，应按照凭证所载数量及国家牌价计算金额；没有国家牌价的，按市场价格计算金额，然后按规定税率计算应纳税额。

(4) 应税凭证所载金额为外国货币的，按凭证书立当日的国家外汇管理局公布的外汇牌价折合成人民币，计算应纳税额。

(5) 已贴花的凭证，修改后所载金额增加的，其增加部分应当补贴印花税票。对已履行并贴花的合同，实际结算金额与合同所载金额不一致的，只要双方未修改合同金额，一般不再补贴印花。

(6) 应纳税额不足一角的，免纳印花税；应纳税额在一角以上的，其税额尾数不满五分的不计，满五分的按一角计算贴花。

(7) 在签订时无法确定计税金额的合同，如技术转让、财产租赁等合同，可先按定额5元贴花，以后结算时再按实际金额计税，补贴印花。

(8) 应税合同在签订时纳税义务即已发生，不论合同是否兑现或是否按期兑现，均应计算应纳税额并贴花。

(9) 对有经营收入的事业单位，凡属由国家财政拨付事业经费并实行差额预算管理的单位，其记载经营义务的账簿，按其他账簿定额贴花，不记载经营义务的账簿不贴花；凡属经费来源实行自收自支的单位，应对记载资金的账簿和按其他账簿分别计算应纳税额。

四、印花税的纳税管理

（一）纳税方法

印花税的纳税办法，根据税额大小、贴花次数以及税收征收管理的需要，分别采用以下三种纳税办法。

1. 自行贴花办法

自行贴花办法一般适用于应税凭证较少或者贴花次数较少的纳税人。纳税人书立、领受或者使用印花税法列举的应税凭证的同时，应当自行计算应纳税额，自行购买印花税票，自行一次贴足印花税票并加以注销或划销，纳税义务才算全部履行完毕。

小思考

为什么印花税可以采用自行履行全部纳税义务的做法？

2. 汇贴或汇缴办法

汇贴或汇缴办法一般适用于应纳税额较大或者贴花次数频繁的纳税人。

(1) 一份凭证应纳税额超过500元的，应向当地税务机关申请填写缴款书或者完税证，将其中一联粘贴在凭证上或者由税务机关在凭证上加注完税标记代替贴花。这就是通常所说的“汇贴”办法。

(2) 同一种类应纳税凭证需频繁贴花的，纳税人可以根据实际情况自行决定是否采用按期汇总缴纳印花税的方式。汇总缴纳的期限为1个月。采用按期汇总缴纳方式的纳税人应事先告知主管税务机关。缴纳方式一经选定，1年内不得改变。

(3) 凡汇总缴纳印花税的凭证，应加注税务机关指定的汇缴戳记、编号并装订成册，将已贴印花或者缴款书的一联黏附册后，盖章注销，保存备查。

3. 委托代征办法

委托代征办法是指通过税务机关的委托，经由发放或者办理应纳税凭证的单位代为征收印花税税款。如按照印花税法规定，工商行政管理机关核发各类营业执照和商标注册证的同时，负责代售印花税票，征收印花税税款，并监督领受单位或个人负责贴花。税务机关委托工商行政管理机关代售印花税票，按代售金额5%的比例支付代售手续费。

（二）纳税环节

印花税应当在书立或领受时贴花。具体是指在合同签订时、账簿启用时和证照领受时贴花。如果合同是在国外签订，并且不便在国外贴花的，应在将合同带入境时办理贴花纳税手续。

（三）纳税地点

印花税一般实行就地纳税。对于全国性商品物资订货会（包括展销会、交易会等）上所签订合同应纳的印花税，由纳税人回其所在地后及时办理贴花完税手续；对地方主办、不涉及省际关系的订货会、展销会上所签合同的印花税，其纳税地点由各省、自治区、直辖市人民政府自行确定。

（四）违章与处罚

印花税纳税人有下列行为之一的，由税务机关根据情节轻重予以处罚。

(1) 在应纳税凭证上未贴或少贴印花税票的，或者已粘贴在应纳税凭证上的印花税票未注销或者未划销的，由税务机关追缴其不缴或者少缴的税款、滞纳金，并处不缴或者少缴税款50%以上5倍以下的罚款。

(2) 已贴用印花税票揭下重用造成未缴或少缴印花税的，由税务机关追缴其不缴或者少缴的税款、滞纳金，并处不缴或者少缴税款50%以上5倍以下的罚款；构成犯罪的，依法追究刑事责任。

(3) 伪造印花税票，由税务机关责令改正，处2 000元以上10 000元以下的罚款；情节严重的，处10 000元以上50 000元以下的罚款；构成犯罪的，依法追究刑事责任。

(4) 按期汇总缴纳印花税的纳税人，超过纳税期限未缴或少缴印花税款的，由税务机关追缴不缴或者少缴税款、滞纳金，并处不缴或者少缴税款的50%以上5倍以下的罚款，同时撤销其汇缴许可证；构成犯罪的，依法追究刑事责任。

(5) 纳税人发生下列行为之一的，由税务机关责令限期改正，可以处2 000元以下的罚款；情节严重的，处2 000元以上10 000元以下的罚款：

① 凡汇总缴纳印花税的凭证，未加注税务机关指定的汇缴戳记、编号并装订成册，未将已贴印花或者缴款书的一联黏附册后、盖章注销和保存备查的；

② 纳税人未对纳税凭证妥善保存的。

本章引入案例解析

本章引入案例中公司虽然仓储保管合同未履行，但该合同在签订时印花税纳税义务即已发生，不论合同是否兑现或是否按期兑现，均应计算应纳税额并贴花，已贴用印花税票不得揭下重用。

第二节　车辆购置税

一、车辆购置税概述

（一）车辆购置税的概念

车辆购置税是以在中国境内购置规定车辆为课税对象，在特定的环节向车辆购置者征收的一种税。征收车辆购置税有利于合理筹集财政资金，规范政府行为，调节收入差距；也有利于配合打击车辆走私和维护国家权益。

（二）车辆购置税的特点

1. 征收范围和征收环节单一

车辆购置税仅以购置的特定车辆为课税对象，征收范围较窄。另外，车辆购置税实行一次课征制，仅在退出流通领域进入消费领域的特定环节征收。

2. 征税具有特定目的

车辆购置税属于特定目的税，其征收具有专门用途。车辆购置税由中央财政根据国家交通建设投资计划，统筹安排。

3. 价外征收

车辆购置税是价外税，其纳税人即为最终的税收负担者，税负没有转嫁性。

二、车辆购置税的税法规定

现行车辆购置税的基本法律规范，是2000年10月22日国务院令294号颁布并于2001年1月1日施行的《中华人民共和国车辆购置税暂行条例》（以下简称《车辆购置税暂行条例》）。

（一）车辆购置税的征税范围

车辆购置税以列举的车辆作为征税对象，未列举的车辆不纳税。其征税范围包括汽车、摩托车、电车、挂车、农用运输车，具体规定如下。

1. 汽车

汽车，包括各类汽车。

2. 摩托车

摩托车，包括轻便摩托车、二轮摩托车和三轮摩托车。

3. 电车

电车，包括无轨电车和有轨电车。

4. 挂车

挂车,包括全挂车和半挂车。

5. 农用运输车

农用运输车,包括三轮农用运输车和四轮农用运输车。

车辆购置税征收范围的调整,由国务院决定,其他任何部门、单位和个人无权擅自扩大和缩小车辆购置税的征收范围。

(二) 车辆购置税的纳税人

车辆购置税的纳税人是指在中国境内购置应税车辆的单位和个人。

购置,包括购买使用行为、进口使用行为、受赠使用行为、自产自用行为、获奖使用行为以及以拍卖、抵债、走私、罚没等方式取得并使用的行为。这些行为都属于车辆购置税的应税行为。

单位,包括国有企业、集体企业、私营企业、股份制企业、外商投资企业、外国企业以及其他企业、事业单位、社会团体、国家机关、部队以及其他单位;个人,包括个体工商户及其他个人,既包括中国公民又包括外国公民。

(三) 车辆购置税的税率

车辆购置税实行统一比例税率,税率为10%。

(四) 车辆购置税的税收优惠

我国车辆购置税实行法定减免,减免税范围的具体规定如下。

(1) 外国驻华使馆、领事馆和国际组织驻华机构及其外交人员自用车辆免税。

(2) 中国人民解放军和中国人民武装警察部队列入军队武器装备订货计划的车辆免税。

(3) 设有固定装置的非运输车辆免税。

(4) 由国务院规定予以免税或者减税的其他情形的,按照规定免税或减税。主要包括:

① 防汛部门和森林消防部门用于指挥、检查、调度、报讯(警)、联络的由指定厂家生产的设有固定装置的指定型号的车辆(以下简称防汛专用车和森林消防专用车);

② 回国服务的在外留学人员用现汇购买1辆个人自用国产小汽车;

③ 长期来华定居专家进口1辆自用小汽车。

(5) 自2012年1月1日起至2015年12月31日止,城市公交企业购置的公共汽电车辆免征车辆购置税。

(6) 自2004年10月1日起,对农用三轮运输车免征车辆购置税。

(7) 自2014年9月1日至2017年12月31日,对购置的新能源汽车免征车辆购置税。

三、车辆购置税应纳税额的计算

(一) 计税依据

车辆购置税的计税依据是车辆的计税价格。计税价格根据不同情况,具体规定如下。

1. 购买自用的应税车辆的计税价格

纳税人购买自用的应税车辆，计税价格为纳税人购买应税车辆而支付给销售者的全部价款和价外费用，不包含增值税税款。

价外费用，是指销售方价外向购买方收取的基金、集资费、违约金(延期付款利息)和手续费、包装费、储存费、优质费、运输装卸费、保管费以及其他各种性质的价外收费，但不包括销售方代办保险等而向购买方收取的保险费，以及向购买方收取的代购买方缴纳的车辆购置税、车辆牌照费。

如果纳税人购车发票的价格未扣除增值税税款，或者因不得开具机动车辆销售统一发票(或开具其他普通票据)而发生价款与增值税税款合并收取的，在确定车辆购置税的计税依据时，应换算成不含增值税的销售价格。

2. 进口自用的应税车辆的计税价格

纳税人进口自用的应税车辆以组成计税价格为计税依据。组成计税价格的计算公式为：

$$组成计税价格=关税完税价格+关税+消费税$$

进口自用的应税车辆，是指纳税人直接从境外进口或者委托代理进口自用的应税车辆，不包括境内购买的进口车辆，即非贸易方式进口自用的应税车辆。

3. 其他自用应税车辆计税依据的确定

纳税人自产、受赠、获奖或者以其他方式取得并自用的应税车辆的计税价格，由主管税务机关参照国家税务总局规定不同类型应税车辆的最低计税价格核定。

最低计税价格，是指国家税务总局依据机动车生产企业或者经销商提供的车辆价格信息，参照市场平均交易价格核定的车辆购置税计税价格。

国家税务总局未核定最低计税价格的车辆，计税价格为纳税人提供的有效价格证明注明的价格。有效价格证明注明的价格明显偏低的，主管税务机关有权核定应税车辆的计税价格。

实际工作中，通常是纳税人申报的计税价格等于或高于最低计税价格时，按申报价格计税；当纳税人申报的计税价格低于最低计税价格时，按最低计税价格计税。

4. 特殊情形应税车辆最低计税价格的确定

(1) 对已缴纳并办理登记手续的车辆，其底盘发生更换，其最低计税价格按同类型新车最低计税价格的70%计算。

(2) 免税、减税条件消失的车辆，其最低计税价格的确定方法：

$$最低计税价格=同类型新车最低计税价格\times\left(1-\frac{已使用年限}{规定使用年限}\right)\times100\%$$

其中，规定使用年限为：国产车辆按10年计算；进口车辆按15年计算。超过使用年限的车辆，不再征收车辆购置税。

(3) 非贸易渠道进口车辆的最低计税价格，为同类型新车最低计税价格。

(二) 应纳税额的计算

车辆购置税实行从价定率的办法计算应纳税额。其计算公式为：

$$应纳税额=计税价格\times适用税率$$

纳税人以外汇结算应税车辆价款的，按照申报纳税之日中国人民银行公布的人民币基准汇价，折合成人民币计算应纳税额。

【例 6-3】 2016 年 4 月，李某从某汽车 4S 店（一般纳税人）购买一辆小汽车供自己使用，支付含增值税价款 140 400 元，另支付购置工具件和零配件价款 1 200 元，车辆装饰费 4 500 元，4S 店还收取加急费 6 000 元，并统一开具“机动车销售统一发票”和有关票据。计算李某应缴纳的车辆购置税。

解析：

计税依据＝(140 400＋1 200＋4 500＋6 000)÷(1＋17%)＝130 000(元)

应纳车辆购置税＝130 000×10%＝13 000(元)

【例 6-4】 某外贸进出口公司 2015 年 2 月从国外进口 10 辆同型号小汽车，报关进口时，海关核定每辆小汽车关税完税价格为 21.28 万元，该型号小汽车关税税率为 25%，消费税税率为 5%。该公司将其中两辆留作自用，其余 8 辆待售。计算该公司应纳车辆购置税。

解析：该外贸公司进口自用的 2 辆小汽车应缴纳车辆购置税，以组成计税价格为计税依据。

每辆进口小汽车组成计税价格＝21.28×(1＋25%)÷(1－5%)＝28(万元)

该公司应缴纳车辆购置税＝28×2×10%＝5.6(万元)

四、车辆购置税的纳税管理

（一）纳税环节

车辆购置税的纳税环节为使用环节，即最终消费环节。纳税人应当在向公安机关等车辆管理机构办理车辆登记注册前，缴纳车辆购置税，即车辆购置税是在应税车辆上牌登记注册前的使用环节征收。

车辆购置税实行一次征收制度。购置已征车辆购置税的车辆，不再征收车辆购置税。

 **小思考**

购置二手车是否需要缴车辆购置税？

（二）纳税期限

纳税人购买自用应税车辆的，应当自购买之日起 60 日内申报纳税；进口自用应税车辆的，应当自进口之日起 60 日内申报纳税；自产、受赠、获奖或者以其他方式取得并自用应税车辆的，应当自取得之日起 60 日内申报纳税。车辆购置税税款应当一次缴清。

免税车辆因转让、改变用途等原因，其免税条件消失的，纳税人应在免税条件消失之日起 60 日内到主管税务机关重新申报纳税。免税车辆发生转让，但仍属于免税范围的，受让方应当自购买或取得车辆之日起 60 日内到主管税务机关重新申报免税。

（三）纳税地点

车辆购置税由国家税务局征收。纳税人购置应税车辆，应当向车辆登记注册地的主管税务机关申报纳税；购置不需要办理车辆登记注册手续的应税车辆，应当向纳税人所在地的主管税务机关申报纳税。

纳税人应当持主管税务机关出具的完税证明或者免税证明，向公安机关车辆管理机构办理车辆登记注册手续；没有完税证明或者免税证明的，公安机关车辆管理机构不得办理车辆登记注册手续。

（四）车辆购置税的缴税管理

1. 车辆购置税的缴税方法

车辆购置税的缴纳主要包括自行核缴、集中征收缴纳及代征、代扣、代收三种方法。

2. 车辆购置税的缴税管理

在征收车辆购置税时，根据税款缴纳方式不同，使用不同的税票，具体规定如下：

(1) 以现金方式缴纳，由税务机关开具税收通用完税凭证；

(2) 以支票、信用卡和电子结算方式缴纳，由税务机关开具税收转账专用完税证；

(3) 从银行存款账户直接划转税款的，由税务机关开具税收通用缴款书。

（五）车辆购置税的退税规定

已缴纳车辆购置税的车辆，发生下列情形之一的，准予纳税人申请退税：

(1) 车辆退回生产企业或者经销商。车辆退回生产企业或者经销商的，纳税人申请退税时，主管税务机关自纳税人办理纳税申报之日起，按已缴纳税款每满 1 年扣减 10%计算退税额；未满 1 年的，按已缴纳税款全额退税。

(2) 符合免税条件的设有固定装置的非运输车辆但已征税的。

(3) 其他依据法律法规规定应予以退税的情形。

 **小思考**

车辆购置税与车船税的区别有哪些？

第三节　耕地占用税

一、耕地占用税概述

（一）耕地占用税的概念

耕地占用税是对占用耕地建房或从事其他非农业建设的单位和个人，就其实际占用的耕地面积征收的一种税。

征收耕地占用税，有利于政府运用税收经济杠杆调节占用耕地建房及从事其他非农业建设的单位和个人的经济利益，引导其节约、合理的使用耕地资源。这对于保护国土资源，促进农业可持续发展，以及强化耕地管理，保护农民的切身利益等，具有重要意义。

（二）耕地占用税的特点

1. 兼具资源税与特定行为税的特点

耕地占用税以占用农用耕地建房或从事非农用建设的行为为征税对象，以约束纳税人占用耕地的行为，促进土地资源的合理运用为课征目的，除具有资源税的属性外，还具有明显的特定行为税的特点。耕地占用税收入按规定应用于建立发展农业专项基金，主要用于耕地开发与改良。

2. 采用地区差别税率

耕地占用税实行定额税率，即幅度差别税额。国家在确定税额时，根据各地人均占有耕地数量和经济发展状况的差别，分别规定了不同的适用税额，即以县为单位，以人均耕地面积为标准，分别规定单位税额，具有因地制宜的特点。

3. 在占用耕地环节一次性征收

耕地占用税在纳税人获准占用耕地的环节征收，除对获准占用耕地后超过两年未使用者须加征耕地占用税外，此后不再征收耕地占用税，具有一次性征收的特点。

小思考

为什么说耕地占用税具有惩罚性质？

二、耕地占用税的税法规定

现行耕地占用税的基本法律规范，是 2007 年 12 月 1 日国务院重新颁布的《中华人民共和国耕地占用税暂行条例》。

（一）耕地占用税的征税范围

耕地占用税的征税范围包括纳税人为建房或从事其他非农业建设而占用的国家所有和集体所有的耕地。

耕地，是指种植农业作物的土地，包括菜地、园地。其中，园地包括花圃、苗圃、茶园、果园、桑园和其他种植经济林木的土地。

占用鱼塘及其他农用土地建房或从事其他非农业建设，也视同占用耕地，必须依法征收耕地占用税。占用已开发从事种植、养殖的滩涂、草场、水面和林地等从事非农业建设，由省、自治区、直辖市本着有利于保护土地资源和生态平衡的原则，结合具体情况确定是否征收耕地占用税。此外，在占用之前三年内属于上述范围的耕地或农用土地，也视为耕地。

（二）耕地占用税的纳税人

耕地占用税的纳税人，是占用耕地建房或从事非农业建设的单位和个人。

单位，包括国有企业、集体企业、私营企业、股份制企业、外商投资企业、外国企业以及其他企业和事业单位、社会团体、国家机关、军队以及其他单位；个人，包括个体工商户以及其他个人。

（三）耕地占用税的税率

由于在我国的不同地区之间人口和耕地资源的分布极不均衡，有些地区人口稠密，耕地资源相对匮乏，而有些地区则人口稀少，耕地资源比较丰富。各地区之间的经济发展水平也有很大差异。考虑到不同地区之间客观条件的差别以及与此相关的税收调节力度和纳税人负担能力方面的差别，耕地占用税在税率设计上采用了地区差别定额税率。具体规定如表 6-2 所示。

表 6-2　耕地占用税税额表

级次	人均耕地面积（以县级行政区域为单位）	税额幅度
1	人均耕地不超过 1 亩的地区	10～50 元/平方米
2	人均耕地超过 1 亩但不超过 2 亩的地区	8～40 元/平方米
3	人均耕地超过 2 亩但不超过 3 亩的地区	6～30 元/平方米
4	人均耕地超过 3 亩的地区	5～25 元/平方米

经济特区、经济技术开发区和经济发达、人均耕地特别少的地区，适用税额可以适当提高，但最多不得超过上述规定税额的 50%。各省、自治区、直辖市耕地占用税平均税额如表 6-3 所示。

表 6-3　各省、自治区、直辖市耕地占用税平均税额表

地　区	每平方米/平均税额（元）
上海	45
北京	40
天津	35
江苏、浙江、福建、广东	30
辽宁、湖北、湖南	25
河北、安徽、江西、山东、河南、重庆、四川	22.5
广西、海南、贵州、云南、陕西	20
山西、吉林、黑龙江	17.5
内蒙古、西藏、甘肃、青海、宁夏、新疆	12.5

（四）耕地占用税的税收优惠

1. 免征耕地占用税

（1）军事设施占用耕地。

（2）学校、幼儿园、养老院、医院占用耕地。

2. 减征耕地占用税

（1）铁路线路、公路线路、飞机场跑道、停机坪、港口、航道占用耕地，减按每平方米 2 元的税额征收耕地占用税。

（2）农村居民占用耕地新建住宅，按照当地适用税额减半征收耕地占用税。

免征或减征耕地占用税后，纳税人改变原占地用途，不再属于免征或减征耕地占用税情形的，应按当地适用税额补缴耕地占用税。

三、耕地占用税应纳税额的计算

耕地占用税以纳税人实际占用的耕地面积为计税依据，实际占用的耕地面积，包括经批准占用的耕地面积和未经批准占用的耕地面积，以每平方米土地为计税单位，按适用的定额税率计税。其计算公式为：

应纳税额＝实际占用耕地面积（平方米）×适用定额税率

【例 6-5】 某公司在郊区新占用 20 000 平方米耕地用于建设新厂区，其中 1 000 平方米用于修建职工幼儿园，所占耕地适用耕地占用税单位税额为 20 元/平方米。计算该企业应缴纳耕地占用税。

解析：幼儿园占用的耕地免征耕地占用税。

应纳耕地占用税＝（20 000－1 000）×20＝380 000（元）

四、耕地占用税的纳税管理

（一）耕地占用税纳税义务发生时间

经批准占用耕地的，为纳税人收到土地管理部门办理占用农用地手续通知的当天。未经批准占用耕地的，为纳税人实际占用耕地的当天。

（二）纳税期限

获准占用耕地的单位或者个人应当在收到土地管理部门的通知之日起 30 日内缴纳耕地占用税。土地管理部门凭耕地占用税完税凭证或者免税凭证和其他有关文件发放建设用地批准书。

（三）纳税地点

耕地占用税由地方税务机关负责征收。土地管理部门在通知单位或者个人办理占用耕地手续时，应当同时通知耕地所在地同级地方税务机关。

第四节 城市维护建设税

一、城市维护建设税概述

（一）城市维护建设税的概念

城市维护建设税简称城建税，是国家对缴纳增值税和消费税的单位和个人，就其实际缴纳的增值税和消费税的税额为计税依据而征收的一种税。

征收城市维护建设税，可以补充城市维护建设资金的不足，使城市维护建设有了一个比较稳定和可靠的资金来源；同时也可以调动地方政府进行城市维护和建设的积极性，使其关心城市维护建设税收入，加强城市维护建设税的征税管理。

（二）城市维护建设税的特点

1. 税款专款专用

所收税款要求保证用于城市的公用事业和公共设施的维护和建设，而不是直接纳入国家财政，具体由地方政府安排使用。

2. 属于一种附加税

城市维护建设税的计税依据是纳税人实际缴纳的增值税和消费税的税额，并且是随增值税和消费税同时征收的一种税，其本身没有独立的征税对象，征管方法也是完全比照增值税、消费税的有关规定办理。因此，城市维护建设税本质上是一种附加税。

3. 征收范围广泛

由于增值税和消费税是我国税制的主体税种，其征收范围较广，而城市维护建设税的税基是增值税和消费税。因此，城市维护建设税的征税范围十分广泛。

4. 根据城镇规模设计不同的比例税率

城市维护建设税根据纳税人所在城镇的规模及其资金需要设计税率。

二、城市维护建设税的税法规定

现行城市维护建设税的基本法律规范，是 1985 年 2 月 8 日国务院发布并于同年 1 月 1 日实施的《中华人民共和国城市维护建设税暂行条例》。

（一）城市维护建设税的征税范围

城市维护建设税在全国范围内征收，包括城市、县城、建制镇以及城镇以外的地区。即只要是缴纳增值税和消费税的地方，除税法另有规定者外，都属于城市维护建设税的征税范围。

（二）城市维护建设税的纳税人

城市维护建设税的纳税人，是指负有缴纳增值税和消费税义务的单位和个人，包括国有企业、集体企业、私营企业、股份制企业、其他企业和行政单位、事业单位、军事单位、社会团体、其他单位，以及个体工商户及其他个人。

城市维护建设税的代扣代缴、代收代缴，一律比照增值税和消费税的有关规定办理。增值税和消费税的代扣代缴、代收代缴义务人同时也是城市维护建设税的代扣代缴、代收代缴义务人。

（三）城市维护建设税的税率

城市维护建设税按纳税人所在地的不同，设置了三档地区差别比例税率。

（1）纳税人所在地为市区的，税率为 7%。

(2) 纳税人所在地为县城、镇的,税率为5%。

(3) 纳税人所在地不在市区、县城或者镇的,税率为1%。

城市维护建设税的适用税率,应当按纳税人所在地的规定税率执行。但是,对下列两种情况,可按缴纳增值税和消费税所在地的规定税率缴纳城市维护建设税:

① 由受托方代扣代缴、代收代缴增值税和消费税的单位和个人,其代扣代缴、代收代缴的城市维护建设税按受托方所在地适用税率执行;

② 流动经营等无固定纳税地点的单位和个人,在经营地缴纳增值税和消费税的,其城市维护建设税的缴纳按经营地适用税率执行。

小思考

纳税人到外县市从事生产经营,应在哪里缴纳城市维护建设税?

(四) 城市维护建设税的税收优惠

城市维护建设税原则上不单独减免,但因城市维护建设税具有附加税性质,当主税发生减免时,城市维护建设税相应发生减免。城市维护建设税的减免具体有以下几种情况。

(1) 城市维护建设税按减免后实际缴纳的增值税和消费税税额计征,即随增值税和消费税的减免而减免。

(2) 对于因减免税而需进行增值税和消费税退库的,城市维护建设税也可同时退库。

(3) 海关对进口产品代征的增值税、消费税,不征收城市维护建设税。

(4) 对增值税和消费税实行先征后返、先征后退、即征即退办法的,除另有规定外,对随增值税和消费税附征的城市维护建设税和教育费附加,一律不予退(返)还。

(5) 为支持国家重大水利工程建设,对国家重大水利工程建设基金免征城市维护建设税。

三、城市维护建设税应纳税额的计算

(一) 计税依据

城市维护建设税的计税依据,为纳税人实际缴纳的增值税和消费税的税额。

确定计税依据要注意以下几点:

(1) 城市维护建设税的计税依据是增值税和消费税的正税,不包括纳税人违反增值税和消费税有关规定而加收的滞纳金、罚款等。但纳税人在被查补增值税和消费税和被处以罚款时,应同时对其偷漏的城市维护建设税进行补税,征收滞纳金和罚款。

(2) 城市维护建设税随增值税和消费税同时征收,如果要免征或者减征增值税和消费税,也要同时免征或者减征城市维护建设税。

(3) 对出口产品退还增值税、消费税的,不退还已缴纳的城市维护建设税。进口产品需征收增值税和消费税,但不征收城市维护建设税。

(4) 自2005年1月1日起,经国家税务总局正式审核批准的当期免抵的增值税税额,应纳入城市维护建设税和教育费附加的计征范围,分别按规定的税(费)率征收城市维护建设税和教育费附加。

小思考

城市维护建设税的计税依据有何特殊之处？

（二）应纳税额的计算

城市维护建设税的应纳税额，是在纳税人实际缴纳增值税和消费税的基础上计算出来的。其计算公式为：

应纳税额＝（实际缴纳的增值税税额＋实际缴纳的消费税税额）×适用税率

【例 6-6】 甲企业位于市区，2016 年 7 月，甲企业实际缴纳增值税 20 000 元，缴纳消费税 30 000 元。计算该企业当月应缴纳的城市维护建设税。

解析：

甲企业应纳城市维护建设税＝（20 000＋30 000）×7％＝3 500（元）

四、城市维护建设税的纳税管理

（一）城市维护建设税纳税义务发生时间

城市维护建设税以纳税人实际缴纳的增值税和消费税税额为计税依据，分别与增值税和消费税同时缴纳。所以城市维护建设税纳税义务发生时间基本上与增值税和消费税纳税义务发生时间一致。

（二）纳税期限

由于城市维护建设税是由纳税人在缴纳增值税和消费税时同时缴纳的，所以其纳税期限分别与增值税和消费税的纳税期限一致。增值税、消费税的纳税期限均分别为 1 日、3 日、5 日、10 日、15 日或者 1 个月。增值税和消费税的纳税人的具体纳税期限，由主管税务机关根据纳税人应纳税额大小分别核定，不能按照固定期限纳税的，可以按次纳税。

（三）纳税地点

纳税人缴纳增值税和消费税的地点，就是该纳税人缴纳城市维护建设税的地点。在向所在地税务机关申报和缴纳增值税、消费税的同时，申报和缴纳城市维护建设税。但下列情况除外：

（1）代征代扣、代收代缴增值税和消费税的单位和个人，同时也是城市维护建设税的代征代扣、代收代缴义务人，其城市维护建设税的纳税地点在代扣代收地。

（2）跨省开采的油田，下属生产单位与核算单位不在一个省内的，其生产的原油，在油井所在地缴纳增值税，其应纳税款由核算单位按照各油井的产量和规定税率，计算汇拨各油井缴纳。所以，各油井应纳的城建税，应由核算单位计算，随同增值税一并汇拨油井所在地，由油井在缴纳增值税的同时，一并缴纳城市维护建设税。

（3）对流动经营等无固定纳税地点的单位和个人，应随同增值税和消费税在经营地按适用税率缴纳。

第五节 教育费附加

一、教育费附加概述

教育费附加是对缴纳增值税和消费税的单位和个人，就其实际缴纳的增值税和消费税的税额为计税依据征收的一种附加费。教育费附加名义上是一种专项资金，但实质上具有税收的性质。

教育费附加的开征，有利于筹集教育资金，发展地方教育事业。

二、教育费附加的法律规定

国务院于1986年4月28日颁布了《征收教育费附加的暂行规定》，决定从同年7月1日开始在全国范围内征收教育费附加。2010年财政部下发了《关于统一地方教育附加政策有关问题的通知》对各省、市、自治区的地方教育附加进行了统一。

（一）教育费附加的征收范围及计征依据

教育费附加对缴纳增值税和消费税的单位和个人征收，以其实际缴纳的增值税和消费税为计征依据，分别与增值税和消费税同时缴纳。

（二）教育费附加的计征比率

现行教育费附加征收比率为3%，地方教育附加征收率统一为2%。

（三）教育费附加的减免规定

(1) 对海关进口的产品征收的增值税、消费税，不征收教育费附加。

(2) 对由于减免增值税和消费税而发生退税的，可同时退还已征收的教育费附加。但对出口产品退还增值税、消费税的，不退还已征的教育费附加。

(3) 为支持国家重大水利工程建设，对国家重大水利工程建设基金免征教育费附加。

(4) 自2015年1月1日起至2017年12月31日，对按月纳税的月销售额或营业额不超过3万元(含3万元)，以及按季纳税的季度销售额或营业额不超过9万元(含9万元)的缴纳义务人，免征教育费附加。

三、教育费附加的计算

教育费附加应以实际缴纳的增值税和消费税为计税依据，其计算公式为：

应纳教育费附加＝(实际缴纳的增值税税额＋实际缴纳的消费税税额)×征收比率

【例6-7】 甲企业2016年7月实际缴纳增值税20 000元，缴纳消费税30 000元。计算该企业当月应缴纳的教育费附加和地方教育附加。

解析：

甲企业应纳教育费附加＝(20 000＋30 000)×3％＝1 500(元)

甲企业应纳地方教育附加＝(20 000＋30 000)×2％＝1 000(元)

四、教育费附加征收管理的法律规定

教育费附加的征收管理，比照增值税和消费税的有关规定执行，与城市维护建设税的纳税环节、纳税期限、纳税地点相同。

课后讨论

讨论税收与行政事业性收费的区别有哪些。讨论我国教育费附加的性质。

练习题

一、单选题

1. 下列关于印花税纳税人表述中，错误的是(　　)。

A. 书立各类经济合同时，以合同当事人为纳税人

B. 所谓合同当事人是指对凭证负有直接或间接权利义务关系的单位和个人，包括担保人、证人

C. 现行印花税纳税人包括外商投资企业和外国企业

D. 建立营业账簿的以立簿人为纳税人

2. 下列关于印花税计税依据的表述中，符合印花税条例规定的是(　　)。

A. 对采用易货方式进行商品交易签订的合同，应以易货差价为计税依据

B. 货物运输合同的计税依据是运输费用总额，含装卸费和保险费

C. 金融机构经营融资租赁业务签订的融资租赁合同，应按租金总额按“租赁合同”计税贴花

D. 对于由委托方提供主要材料或原料的，受托方只提供辅助材料的加工合同，均以辅助材料与加工费的合计数为计税依据，按照加“工承揽合同”计税贴花

3. 某建筑公司与甲企业签订一份建筑承包合同，合同金额 6 000 万元。施工期间，该建筑公司又将其中价值 800 万元的安装工程转包给乙企业，并签订转包合同。该公司此项业务的印花税计税依据为(　　)万元。

A. 5 200　　B. 6 000　　C. 6 800　　D. 7 600

4. 甲公司与乙公司分别签订了两份合同：一是以货换货合同，甲公司的货物价值 200 万元，乙公司的货物价值 150 万元；二是采购合同，甲公司购买乙公司 50 万元货物，但因故合同未能兑现，甲公司应缴纳印花税(　　)元。(购销合同印花税税率为 0.3‰)

A. 150　　B. 600　　C. 1 050　　D. 1 200

5. 某企业 2016 年与银行签订一年期借款合同，借款金额 200 万元，年利率 6.5％；与甲公司签订技术开发合同，合同总金额为 200 万元，其中研究开发费 80 万元。该企业 2015 年

应缴纳印花税(　　)元。

A. 726.50　　B. 460　　C. 732.50　　D. 492.50

6. 下列各项中,不符合印花税有关违章处罚规定的是(　　)。

A. 已贴印花税票,揭下重用造成未缴或少缴印花税构成犯罪的,依法追究刑事责任

B. 在应税凭证上未贴印花税票,由税务机关追缴其不缴的税款、滞纳金,或者处不缴税款50%以上5倍以下的罚款

C. 伪造印花税票的,由税务机关责令改正,处以2 000元以上1万元以下的罚款

D. 代售户对取得的税款逾期不缴,税务机关可视其情节轻重,给予警告或者取消其代售资格

7. 车辆购置税以列举的车辆作为征税对象,下列车辆不属于车辆购置税征税对象的是(　　)。

A. 汽车　　B. 摩托车　　C. 农用运输车　　D. 电动自行车

8. 根据《车辆购置税暂行条例》的规定,下列人员中不属于车辆购置税纳税义务人的是(　　)。

A. 应税车辆的馈赠人　　B. 应税车辆的购买使用者

C. 免税车辆的受赠使用者　　D. 应税车辆的进口使用者

9. 下列各项中,不属于车辆购置税纳税义务人的是(　　)。

A. 进口应税车辆使用的国有企业　　B. 自产应税车辆自用的私营企业

C. 购买应税车辆销售的商贸企业　　D. 受赠应税车辆使用的个人

10. 某市的环保局有一辆已登记注册的小轿车,其底盘发生更换,支付更换款19 528元,其最低计税价格按同类型新车最低计税价格的(　　)计算。

A. 80%　　B. 70%　　C. 60%　　D. 55%

11. 李某2015年5月支付29.25万元购入一辆新型小轿车,缴纳了车辆购置税,2016年7月因该车有严重质量问题申请退货并得到厂家的退款,则李某可申请退还车辆购置税(　　)万元。

A. 0　　B. 2.25　　C. 2.5　　D. 2.92

12. 纳税人购买自用的应税车辆,自购买之日起60日内申报缴纳车辆购置税,"购买之日"是指(　　)。

A. 签订购买合同的当天　　B. 交付货款的当天

C. 购车发票上注明的销售日期　　D. 办理车辆登记注册手续的当天

13. 占用耕地从事建房应该依法征收耕地占用税的单位不包括(　　)。

A. 学校占用耕地　　B. 自然人占地建自住房

C. 国家机关占地建办公楼　　D. 国有企业占地建厂房

14. 我国城市维护建设税的税率实行的是(　　)的方法。

A. 纳税人所属行业差别比例税率　　B. 纳税人所在地差别比例税率

C. 纳税人所属行业累进税率　　D. 纳税人所在地累进税率

15. 下列各个项目中,可以作为城市维护建设税计税依据的是(　　)。

A. 补缴的消费税税款　　B. 因漏缴增值税而缴纳的滞纳金

C. 因漏缴增值税而缴纳的罚款　　D. 进口货物缴纳的增值税税款

二、多选题

1. 下列说法中,符合印花税计税依据的有(　　)。
   A. 购销合同的计税依据为购销金额,不得扣除任何费用
   B. 由委托方提供主要材料的加工合同,以加工费和主要材料金额合计为计税依据
   C. 对技术开发合同,只就合同所载的报酬金额计税,研究开发经费不作为计税依据
   D. 记载资金的营业账簿,以实收资本和资本公积的两项合计金额为计税依据
2. 下列应税凭证的计税依据,符合印花税暂行条例规定的是(　　)。
   A. 产权转移书据,以书据所载的金额为计税依据
   B. 货物运输合同为运输、保险、装卸等各项费用的合计数
   C. 融资租赁合同为合同所载的租金总额
   D. 建筑业总包、分包合同分别为总包额、分包额
3. 下列项目中,符合印花税相关规定的有(　　)。
   A. 加工承揽合同的计税依据为加工货物的同类售价金额
   B. 财产租赁合同的计税依据为租赁金额
   C. 仓储保管合同的计税依据为所保管货物的金额
   D. 建设工程勘察设计合同的计税依据为收取的费用
4. 印花税的自行贴花纳税主要是指(　　)。
   A. 纳税人自行计算应纳税额　　B. 自行购买印花税票
   C. 自行贴花　　D. 自行注销或画销
5. 车辆购置税的特点主要有(　　)。
   A. 征收范围单一　　B. 征收环节单一
   C. 征税具有特定目的　　D. 价外征收
6. 下列行为中,属于车辆购置税应税行为的有(　　)。
   A. 销售应税车辆的行为　　B. 购买使用应税车辆的行为
   C. 自产自用应税车辆的行为　　D. 进口使用应税车辆的行为
7. 根据《车辆购置税暂行条例》的规定,下面说法正确的有(　　)。
   A. 纳税人购买自用的应税车辆,自购买之日起60天内申报纳税
   B. 进口自用的应税车辆,应当自进口之日起60天内申报纳税
   C. 纳税人购买自用的应税车辆,其计税价格为纳税人支付给销售者的含增值税税款的全部价款和价外费用
   D. 车辆购置税是在应税车辆上牌登记注册前的使用环节征收
8. 关于车辆购置税的纳税地点,下列说法中正确的有(　　)。
   A. 购置需要办理车辆登记注册手续的应税车辆,纳税地点是纳税人所在地
   B. 购置需要办理车辆登记注册手续的应税车辆,应当向购买地主管税务机关申报纳税
   C. 购置需要办理车辆登记注册手续的应税车辆,纳税地点是车辆上牌落籍地
   D. 购置不需要办办理登记注册手续的应税车辆,应当向纳税人所在地主管税务机关申报纳税
9. 下列情形中,免征耕地占用税的有(　　)。

A. 军事设施占用耕地　　B. 学校、幼儿园占用耕地

C. 农村居民占用耕地新建住宅　　D. 养老院、医院占用耕地

10. 下列各项中，属于城市维护建设税及教育费附加计税依据的有(　　)。

A. 外商投资企业缴纳的增值税　　B. 偷逃消费税加收的滞纳金

C. 出口免抵的增值税税额　　D. 进口产品征收的消费税

11. 下列关于城市维护建设税的说法中，正确的有(　　)。

A. 某企业出口服装已退增值税后，应退还城市维护建设税

B. 减免"三税"而发生退税的，可以同时退还已征收的城建税及教育费附加

C. 纳税人因偷漏增值税、消费税应该补税的，也要补缴城市维护建设税

D. 某企业进口小汽车，海关征收了增值税和消费税，应同时征收城市维护建设税

12. 根据规定，下列关于城市维护建设税的纳税地点的说法中，正确的有(　　)。

A. 流动经营的单位和个人，按纳税人缴纳"三税"所在地缴纳

B. 代扣代缴增值税和消费税的，在委托方所在地缴纳

C. 纳税人销售不动产，在不动产所在地缴纳城市维护建设税

D. 纳税人缴纳"三税"的地点，就是该纳税人缴纳城市维护建设税的地点

三、判断题

1. 由两方或两方以上当事人共同书立应税凭证的，其当事人各方都是印花税的纳税人，应各就其所持凭证的计税金额履行纳税义务。　(　　)

2. 专利权转让合同，应按技术转让合同征收印花税。　(　　)

3. 印花税有比例税率和定额税率两种形式。　(　　)

4. 甲公司委托乙服装厂加工一批工作服，合同约定，由乙加工厂代为购买原材料，并提供服装加工劳务，甲与乙签订的合同应按加工承揽合同计税贴花。　(　　)

5. 印花税根据税额大小、贴花次数以及税收征收管理的需要，分别采用自行贴花办法、汇贴或汇缴办法、委托代办办法。　(　　)

6. 车辆购置税实行一次征收制度。购置已征车辆购置税的车辆，不再征收车辆购置税。　(　　)

7. 未经批准占用耕地的，其耕地占用税纳税义务发生时间为纳税人实际占用耕地的当天。　(　　)

8. 对因减免税而需要进行增值税、消费税退库的，不可以同时退还已征的城市维护建设税。　(　　)

四、计算分析题

1. 2016 年 3 月，甲、乙企业签订一份购销合同，合同注明甲向乙销售货物一批，货物价值为 30 万元，当月已按规定贴花。2016 年 4 月甲实际向乙发出 50 万元的货物，但未修改合同金额；当月甲企业和丙企业签订一份建筑工程勘察设计合同，合同约定勘察设计费用为 25 万元，因某些问题，该合同未履行。已知购销合同印花税税率为 0.3‰，建筑工程勘察设计合同印花税税率为 0.5‰。计算甲企业 2016 年 4 月应缴纳的印花税。

2. 2016 年 1 月，甲企业签订了两份合同：受托为乙企业加工一批产品，合同注明甲企业提供原材料 20 万元，并向乙企业收取加工费 10 万元；受托为丙企业加工一批料件，合同注明丙企业提供原材料 16 万元，甲企业提供辅料 4 万元、收取加工费 6 万元。已知购销合

同印花税税率为 0.3‰，加工承揽合同印花税税率为 0.5‰。计算甲企业当月应缴纳印花税。

3. 2016 年 5 月，陈某从某汽车有限公司（增值税一般纳税人）购买一辆供小汽车自己使用，支付了含增值税的价款 228000 元，另支付购置工具件和零配件含税价款 4000 元，支付代收的保险费 3000 元，运费 2000 元，支付的各项款项均由汽车公司开具“机动车销售统一发票”。计税陈某应缴纳车辆购置税。

4. 某公司 2016 年 2 月接受捐赠小汽车 10 辆自用，该小汽车的成本为 10 万元/辆，成本利润率为 8%，取得捐出方按市场不含增值税售价为 14 万元/辆开具的机动车销售统一发票，国家税务总局规定的同类型应税车辆的最低计税价格为 13 万元/辆。计算该公司应缴纳的车辆购置税。

5. 某企业占用林地 30 万平方米建造生产厂房，还占用林地 100 万平方米开发经济林木，所占耕地适用的定额税率为 20 元/平方米。计算该企业应缴纳耕地占用税。

6. 某县城一家食品加工企业，为增值税小规模纳税人，2016 年 2 月购进原材料，取得普通发票的购进价款合计 50 000 元，销售货物开具普通发票销售额合计 87 000 元，出租设备取得收入 5 700 元。计算该企业当月应纳城市维护建设税和教育费附加。

第七章

资源税类

本章要点

- 资源税的征税范围、纳税人、应纳税额的计算
- 城镇土地使用税的征税范围、纳税人、应纳税额的计算
- 土地增值税的征税范围、纳税人、应纳税额的计算

案例引入

某矿山企业主要开采黏土矿，2016 年 7 月 1 日前缴纳资源税的计征依据是开采黏土矿的销售数量。2016 年 7 月 1 日后矿产品缴纳资源税由从量计征改为从价计征。该矿山企业在新实行的资源税税目、税率表中查不到所开采的黏土矿的税率。

该企业如何缴纳黏土矿的资源税呢？

第一节　资　源　税

一、资源税概述

（一）资源税的概念

资源税，是对在我国领域及管辖海域从事应税矿产品开采和生产盐的单位和个人，就其应税产品的销售额或销售数量为计税依据而征收的一种税。中国资源税开征于 1984 年，对在中国境内从事原油、天然气、煤炭等矿产资源开采的单位和个人征收。1994 年国务院颁布了资源税暂行条例，确定了普遍征收、从量定额计征方法。经国务院批准，自 2010 年起先后实施了原油、天然气、煤炭、稀土、钨、钼 6 个品目资源税从价计征改革，并全面清理相关收费基金。2016 年 7 月 1 日，资源税改革推广到所有矿产品，与之前实施的相关品目改革实现了并轨，统一规范了资源税征收制度。

（二）资源税的特点

1. 对特定的资源征税

我国现行资源税的征税对象主要是矿产品和盐，征税范围的窄小，限制了资源税普遍调节作用的发挥。从资源税的改革和政府宏观经济调控的客观需要出发，我国资源税的征税

范围将逐步扩大。

2. 调节资源的级差收入

资源税的征收实行“普遍征收，级差调节”的原则，其立法目的主要在于调节资源开采企业因资源开采条件的差异所形成的级差收入，为资源开采企业之间开展公平竞争创造条件。

3. 实行源泉课征

不论采掘或生产单位是否属于独立核算，资源税均规定在采掘或生产地源泉控制征收，这样既照顾了采掘地的利益，又避免了税款的流失。这与其他税种由独立核算的单位统一缴纳不同。

二、资源税的法律规定

现行资源税法的基本规范，是2011年9月30日国务院公布《中华人民共和国资源税暂行条例》，2011年10月28日财政部、国家税务总局公布的《中华人民共和国资源税暂行条例实施细则》及2016年5月9日财政部、国家税务总局发布的《关于全面推进资源税改革的通知》。

（一）资源税的征税对象

(1) 原油，是指开采的天然原油，不包括人造石油。

(2) 天然气，是指专门开采或者与原油同时开采的天然气，暂不包括煤炭生产的天然气。

(3) 煤炭，是指原煤，不包括洗煤、选煤及其他煤炭制品。

(4) 金属矿，包括铁矿、金矿、铜矿、铝土矿、铅锌矿、镍矿、锡矿及未列举名称的其他金属矿产品的原矿或精矿、金锭。

(5) 非金属矿，是指原油、天然气、煤炭和海盐以外的非金属矿产品的原矿或精矿、氯化钠初级产品。

(6) 海盐，是指氯化钠初级产品。

纳税人在开采主矿产品的过程中伴采的其他应税矿产品，凡未单独规定适用税额或税率的，一律按主矿产品或视同主矿产品税目征收资源税。

为深化财税体制改革，促进资源节约集约利用，促进资源行业持续健康发展，加快生态文明建设，资源税的征税范围进一步扩大，逐步将水流等自然资源纳入资源税征税范围。自2016年7月1日起，在河北省开展水资源税试点工作，水资源首度被纳入资源税征收范围；同时，地方政府可以根据当地森林、草场、滩涂等资源开发利用情况提出征收资源税具体建议，报国务院批准后实施。

（二）资源税的纳税人与扣缴义务人

1. 资源税的纳税人

资源税的纳税人是指在中华人民共和国领域及管辖海域开采应税资源的矿产品或者生产盐的单位和个人。

单位，是指国有企业、集体企业、私营企业、股份制企业、其他企业和行政单位、事业单位、军事单位、社会团体及其他单位；个人是指个体经营者和其他个人；其他单位和其他个人包括外商投资企业、外国企业及外籍人员。

对于中外合作开采石油、天然气，暂不征收资源税。

2. 资源税的扣缴义务人

收购未税矿产品的单位为资源税的扣缴义务人。规定资源税的扣缴义务人，主要是针对零星、分散、不定期开采的情况，为了加强管理，避免漏税，由扣缴义务人在收购矿产品时代扣代缴资源税。扣缴义务人履行代扣代缴的适用范围是，收购的除原油、天然气、煤炭以外的资源税未税矿产品。

收购未税矿产品的单位是指独立矿山、联合企业和其他单位。独立矿山是指只有采矿或只有采矿和选矿、独立核算、自负盈亏的单位，其生产的原矿和精矿主要用于对外销售。联合企业是指采矿、选矿、冶炼（或加工）连续生产的企业或采矿、冶炼（或加工）连续生产的企业。其他单位也包括收购未税矿产品的个体户在内。

（三）资源税的税率

1. 纳税人适用的税率

资源税的税率采用比例税率和定额税率两种形式。

2016 年 7 月 1 日资源税改革前，原油、天然气、煤炭、稀土、钨、钼已经实现从价计征，改革后的计征办法不变，其税目、税率见表 7-1。

表 7-1　原油、天然气、煤炭、稀土、钨、钼资源税税目、税率表

税　　目	税　　率
一、原油	销售额的 6%～10%
二、天然气	销售额的 6%～10%
三、煤炭	销售额的 2%～10%
四、稀土	轻稀土按地区执行不同的适用税率，其中，内蒙古为 11.5%、四川为 9.5%、山东为 7.5%。中重稀土资源税适用税率为 27%
五、钨	销售额的 6.5%
六、钼	销售额的 11%

2016 年 7 月 1 日后，在煤炭、原油、天然气、稀土、钨、钼等已实施从价计征改革基础上，对其他矿产资源实施从价计征改革。矿产品及盐的《资源税税目税率表》（见表 7-2）中列举名称的 21 种资源品目和未列举名称的其他金属矿实行从价计征，计税依据由原矿销售量调整为原矿、精矿（或原矿加工品）、氯化钠初级产品或金锭的销售额。列举名称的 21 种资源品目包括：铁矿、金矿、铜矿、铝土矿、铅锌矿、镍矿、锡矿、石墨、硅藻土、高岭土、萤石、石灰石、硫铁矿、磷矿、氯化钾、硫酸钾、井矿盐、湖盐、提取地下卤水晒制的盐、煤层（成）气、海盐。对经营分散、多为现金交易且难以控管的黏土、砂石，按照便利征管原则，仍实行从量定额计征。对《矿产品及盐资源税税目税率表》中未列举名称的其他非金属矿产品，按照从价计征为主、从量计征为辅的原则，由省级人民政府确定计征方式。

表 7-2　矿产品及盐资源税税目、税率表

序号	税目		征税对象	税率幅度
1	金属矿(不含稀土、钨、钼)	铁矿	精矿	1%～6%
2		金矿	金锭	1%～4%
3		铜矿	精矿	2%～8%
4		铝土矿	原矿	3%～9%
5		铅锌矿	精矿	2%～6%
6		镍矿	精矿	2%～6%
7		锡矿	精矿	2%～6%
8		未列举名称的其他金属矿产品	原矿或精矿	税率不超过 20%
9	非金属矿	石墨	精矿	3%～10%
10		硅藻土	精矿	1%～6%
11		高岭土	原矿	1%～6%
12		萤石	精矿	1%～6%
13		石灰石	原矿	1%～6%
14		硫铁矿	精矿	1%～6%
15		磷矿	原矿	3%～8%
16		氯化钾	精矿	3%～8%
17		硫酸钾	精矿	6%～12%
18		井矿盐	氯化钠初级产品	1%～6%
19		湖盐	氯化钠初级产品	1%～6%
20		提取地下卤水晒制的盐	氯化钠初级产品	3%～15%
21		煤层(成)气	原矿	1%～2%
22		黏土、砂石	原矿	每吨或立方米 0.1～5 元
23		未列举名称的其他非金属矿产品	原矿或精矿	从量税率每吨或立方米不超过 30 元；从价税率不超过 20%
24	海盐		氯化钠初级产品	1%～5%

注：①铝土矿包括耐火级矾土、研磨级矾土等高铝黏土。②氯化钠初级产品是指井矿盐、湖盐原盐、提取地下卤水晒制的盐和海盐原盐，包括固体和液体形态的初级产品。③海盐是指海水晒制的盐，不包括提取地下卤水晒制的盐。

本章引入案例解析

本章引入案例中的矿山企业销售的黏土矿，按照便利征管的原则，仍实行从量定额计征。

2. 扣缴义务人适用的税率

(1) 独立矿山、联合企业收购未税资源税应税产品的单位，按照本单位应税产品税额、税率标准，依据收购的金额(数量)代扣代缴资源税。

(2) 其他收购单位收购的未税资源税应税产品,按主管税务机关核定的应税产品税额、税率标准,依据收购的金额(数量)代扣代缴资源税。

(四) 资源税的税收优惠

纳税人有下列情形之一的,减征或免征资源税:

(1) 开采原油过程中用于加热、修井的原油免税;

(2) 纳税人开采或者生产应税产品过程中,因意外事故或者自然灾害等原因造成重大损失的,由省、自治区、直辖市人民政府酌情决定减税或者免税;

(3) 自2015年5月1日起,铁矿石资源税减按规定税额的40%征收;

(4) 原矿已缴纳过资源税,选冶后形成的尾矿进行再利用的,不再计征资源税;

(5) 对油田范围内运输稠油过程中用于加热的原油、天然气免征资源税;

(6) 对稠油、高凝油和高含硫天然气资源税减征40%;

(7) 对三次采油资源税减征30%;

(8) 对低丰度油气田资源税暂减征20%;

(9) 对深水油气田资源税减征30%;

(10) 对衰竭期煤矿开采的煤炭,资源税减征30%;

(11) 对充填开采置换出来的煤炭,资源税减征50%;

(12) 对依法在建筑物下、铁路下、水体下通过充填开采方式采出的矿产资源,资源税减征50%;

(13) 对实际开采年限在15年以上的衰竭期矿山开采的矿产资源,资源税减征30%;

(14) 对鼓励利用的低品位矿、废石、尾矿、废渣、废水、废气等提取的矿产品,由省级人民政府根据实际情况确定是否给予减税或免税;

(15) 国务院规定的其他减税、免税项目。

纳税人的减税、免税项目,应当单独核算销售额或者销售数量;未单独核算或者不能准确提供销售额或者销售数量的,不予减税或者免税。同时符合上述两项及两项以上减税规定的,只能选择其中一项执行,不能叠加适用。

三、资源税应纳税额的计算

资源税应纳税额的计算,除少量的矿产品采取从量定额方法外都采用从价计征的办法。资源税的计税依据为应税产品的销售额或销售量。

(一) 关于销售额的认定

1. 销售额的一般规定

销售额是指纳税人销售应税产品向购买方收取的全部价款和价外费用,不包括增值税销项税额和运杂费用。

运杂费用是指应税产品从坑口或洗选(加工)地到车站、码头或购买方指定地点的运输费用、建设基金以及随运销产生的装卸、仓储、港杂费用。运杂费用应与销售额分别核算,凡未取得相应凭据或不能与销售额分别核算的,应当一并计征资源税。

小思考

征收资源税的销售额为什么不包括运杂费？

2. 销售额的特殊规定

(1) 关于原矿销售额与精矿销售额的换算或折算。

为公平原矿与精矿之间的税负，对同一种应税产品，征税对象为精矿的，纳税人销售原矿时，应将原矿销售额换算为精矿销售额缴纳资源税；征税对象为原矿的，纳税人销售自采原矿加工的精矿，应将精矿销售额折算为原矿销售额缴纳资源税。换算比或折算率原则上应通过原矿售价、精矿售价和选矿比计算，也可通过原矿销售额、加工环节平均成本和利润计算。

金矿以标准金锭为征税对象，纳税人销售金原矿、金精矿的，应比照上述规定将其销售额换算为金锭销售额缴纳资源税。

换算比或折算率应按简便可行、公平合理的原则，由省级财税部门确定，并报财政部、国家税务总局备案。

(2) 共伴生矿产的征免税规定。

为促进共伴生矿的综合利用，纳税人开采销售共伴生矿，共伴生矿与主矿产品销售额分开核算的，对共伴生矿暂不计征资源税；没有分开核算的，共伴生矿按主矿产品的税目和适用税率计征资源税。财政部、国家税务总局另有规定的，从其规定。

(3) 纳税人申报的应税产品销售额明显偏低并且无正当理由的，有视同销售应税产品行为而无销售额的，除财政部、国家税务总局另有规定外，按下列顺序确定销售额：

① 按纳税人最近时期同类产品的平均销售价格确定；

② 按其他纳税人最近时期同类产品的平均销售价格确定；

③ 按组成计税价格确定。组成计税价格为：

$$组成计税价格=\frac{成本\times(1+成本利润率)}{1-税率}$$

成本，是指应税产品的实际生产成本。成本利润率由省、自治区、直辖市税务机关确定。

【例 7-1】 某油田 2016 年 4 月生产原油 20 万吨，当月销售 19.5 万吨，取得不含增值税收入 80 万元；加热、修井用 0.5 万吨。开采天然气 120 万立方米，当月销售 100 万立方米，取得含增值税收入 226 万元。当地规定的原油、天然气适用税率均为 6%。计算本月该油田应缴纳资源税。

解析：原油、天然气按从价定率计征办法征收资源税，以应税产品的不含增值税销售额为计税依据。加热、修井用原油，免征资源税。

该油田本月应纳资源税=[80+226÷(1+13%)]×6%=16.8(万元)

四、资源税的纳税管理

(一) 纳税义务发生时间

(1) 纳税人销售应税产品，其纳税义务发生时间为：

① 纳税人采取分期收款结算方式的,其纳税义务发生时间,为销售合同规定的收款日期的当天;

② 纳税人采取预收货款结算方式的,其纳税义务发生时间,为发出应税产品的当天;

③ 纳税人采取其他结算方式的,其纳税义务发生时间,为收讫销售款或者取得索取销售款凭据的当天。

(2) 纳税人自产自用应税产品的纳税义务发生时间,为移送使用应税产品的当天。

(3) 扣缴义务人代扣代缴税款的纳税义务发生时间,为支付首笔货款或者开具应支付货款凭据的当天。

(二) 纳税期限

纳税期限是纳税人发生纳税义务后缴纳税款的期限。资源税的纳税期限为 1 日、3 日、5 日、10 日、15 日或者 1 个月,纳税人的纳税期限由主管税务机关根据实际情况具体核定。不能按固定期限计算纳税的,可以按次计算纳税。

纳税人以 1 个月为一期纳税的,自期满之日起 10 日内申报纳税;以 1 日、3 日、5 日、10 日或者 15 日为一期纳税的,自期满之日起 5 日内预缴税款,于次月 1 日起 10 日内申报纳税并结清上月税款。

(三) 纳税地点

(1) 凡是缴纳资源税的纳税人,都应当向应税产品的开采或者生产所在地主管税务机关缴纳税款。

(2) 如果纳税人在本省、自治区、直辖市范围内开采或者生产应税产品,其纳税地点需要调整的,由所在地省、自治区、直辖市税务机关决定。

(3) 如果纳税人应纳的资源税属于跨省开采,其下属生产单位与核算单位不在同一省、自治区、直辖市的,对其开采的矿产品一律在开采地纳税,其应纳税款由独立核算、自负盈亏的单位,按照开采地的实际销售量(或者自用量)及适用的单位税额计算划拨。

(4) 扣缴义务人代扣代缴的资源税,也应当向收购地主管税务机关缴纳。

(四) 纳税环节

资源税在应税产品的销售或自用环节计算缴纳。以自采原矿加工精矿产品的,在原矿移送使用时不缴纳资源税,在精矿销售或自用时缴纳资源税。

纳税人以自采原矿加工金锭的,在金锭销售或自用时缴纳资源税。纳税人销售自采原矿或者自采原矿加工的金精矿、粗金,在原矿或者金精矿、粗金销售时缴纳资源税,在移送使用时不缴纳资源税。

以应税产品投资、分配、抵债、赠与、以物易物等,视同销售,依照本通知有关规定计算缴纳资源税。

第二节　城镇土地使用税

一、城镇土地使用税概述

（一）城镇土地使用税的概念

城镇土地使用税，是以国有土地为征税对象，对在城镇范围内拥有土地使用权的单位和个人，按实际占用的土地面积征收的一种税。

征收城镇土地使用税有利于促进土地的合理使用，调节土地级差收入，也有利于筹集地方财政资金。

（二）城镇土地使用税的特点

1. 征税对象是国有土地

由于我国的土地归国家所有，单位和个人只有占用权或使用权，没有所有权，因此国家既可以凭借财产权利对土地使用人获取的收益进行分配，又可以凭借政治权力对土地使用者进行征税。开征城镇土地使用税，实质上是运用国家政治权力，将纳税人获取的本应属于国家的土地收益集中到国家手中。

2. 征税范围有所限定

现行城镇土地使用税征税范围限定在城市、县城、建制镇、工矿区，坐落在农村地区的房地产不属城镇土地使用税的征税范围。

3. 实行差别幅度税额

城镇土地使用税实行差别幅度税额，不同城镇适用不同税额，对同一城镇的不同地段，根据市政建设状况和经济繁荣程度也确定不等的负担水平。其目的是为了调节土地的级差收入，公平税负。

二、城镇土地使用税的税法规定

现行城镇土地使用税的基本规范，是1988年9月27日国务院颁布的《中华人民共和国城镇土地使用税暂行条例》。

（一）城镇土地使用税的征税范围

城镇土地使用税的征税范围，包括在城市、县城、建制镇和工矿区内的国家所有和集体所有的土地。其中：

（1）城市，是指经国务院批准设立的市，其征税范围包括市区和郊区的土地。

（2）县城，是指县人民政府所在地，其征税范围为县人民政府所在地的城镇的土地。

（3）建制镇，是指经省、自治区、直辖市人民政府批准设立的建制镇，其征税范围为镇人民政府所在地的土地。

(4) 工矿区,是指工商业比较发达,人口比较集中,符合国务院规定的建制镇标准,但尚未设立建制镇的大中型工矿企业所在地。工矿区的设立必须经省、自治区、直辖市人民政府批准。

建立在城市、县城、建制镇和工矿区以外的工矿企业不需要缴纳城镇土地使用税。

(二) 城镇土地使用税的纳税人

在城市、县城、建制镇、工矿区范围内使用土地的单位和个人,为城镇土地使用税的纳税人。

单位包括国有企业、集体企业、私营企业、股份制企业、外商投资企业、外国企业以及其他企业和事业单位、社会团体、国家机关、军队以及其他单位。个人包括个体工商户以及其他个人。

城镇土地使用税的纳税人通常包括以下几类:

(1) 拥有土地使用权的单位和个人;

(2) 拥有土地使用权的单位和个人不在土地所在地的,其土地的实际使用人和代管人为纳税人;

(3) 土地使用权未确定或权属纠纷未解决的,其实际使用人为纳税人;

(4) 土地使用权共有的,共有各方都是纳税人,由共有各方分别纳税。

几个人或几个单位共同拥有一块土地的使用权,这块土地的城镇土地使用税的纳税人应是对这块土地拥有使用权的每一个人或每一个单位。他们应以其实际使用的土地面积占总面积的比例,分别计算缴纳土地使用税。

小思考

某农产品加工企业设立在农村,该企业是否是城镇土地使用税的纳税人?

(三) 城镇土地使用税的税率

城镇土地使用税采用定额税率,即采用有幅度的差别税额,按大、中、小城市和县城、建制镇、工矿区分别规定每平方米土地使用税年应纳税额。具体标准如表 7-3 所示。

表 7-3 城镇土地使用税税率表

级　　别	人口/人	每平方米税额/元
大城市	50 万以上	1.5～30
中等城市	20 万～50 万	1.2～24
小城市	20 万以下	0.9～18
县城、建制镇、工矿区		0.6～12

各省、自治区、直辖市人民政府可根据市政建设情况和经济繁荣程度在规定税额幅度内,确定所辖地区的适用税额幅度。经济落后地区,土地使用税的适用税额标准可适当降低,但降低额不得超过上述规定最低税额的 30%。经济发达地区的适用税额标准可以适当提高,但须报财政部批准。

(四) 城镇土地使用税的税收优惠

1. 法定免缴城镇土地使用税的优惠

(1) 国家机关、人民团体、军队自用的土地。

(2) 由国家财政部门拨付事业经费的单位自用的土地。

(3) 宗教寺庙、公园、名胜古迹自用的土地。

(4) 市政街道、广场、绿化地带等公共用地。

(5) 直接用于农、林、牧、渔业的生产用地。

(6) 经批准开山填海整治的土地和改造的废弃土地,从使用的月份起免缴城镇土地使用税5年至10年。具体免税期限由各省、自治区、直辖市地方税务局在规定的期限内自行确定。

(7) 对非营利性医疗机构、疾病控制机构和妇幼保健机构等卫生机构自用的土地,免征城镇土地使用税。

(8) 企业办的学校、医院、托儿所、幼儿园,其用地能与企业其他用地明确区分的,免征城镇土地使用税。

(9) 免税单位无偿使用纳税单位的土地,免征城镇土地使用税。纳税单位无偿使用免税单位的土地,纳税单位应照章缴纳城镇土地使用税。

(10) 对行使国家行政管理职能的中国人民银行总行(含国家外汇管理局)所属分支机构自用的土地,免征城镇土地使用税。

(11) 为了体现国家的产业政策,支持重点产业的发展,对石油、电力、煤炭等能源用地,民用港口、铁路等交通用地和水利设施用地,三线调整企业、盐业、采石场、邮电等一些特殊用地划分了征免税界限和给予政策性减免税照顾。

2. 省、自治区、直辖市地方税务局确定减免城镇土地使用税的优惠

(1) 个人所有的居住房屋及院落用地。

(2) 房产管理部门在房租调整改革前经租的居民住房用地。

(3) 免税单位职工家属的宿舍用地。

(4) 民政部门举办的安置残疾人占一定比例的福利工厂用地。

(5) 集体和个人办的各类学校、医院、托儿所、幼儿园用地。

三、城镇土地使用税应纳税额的计算

(一) 计税依据

城镇土地使用税的计税依据是纳税人实际占用的土地面积,土地面积的计量标准为每平方米。纳税人实际占用的土地面积具体规定如下:

(1) 由省、自治区、直辖市人民政府确定的单位组织测定土地面积的,以测定的面积为准;

(2) 尚未组织测量的,但纳税人持有政府部门核发的土地使用证书的,以证书确认的土地面积为准;

(3) 尚未核发土地使用证书的，应由纳税人据实申报土地面积，据以纳税，待核发土地使用证书后再作调整；

(4) 对在城镇土地使用税征税范围内单独建造的地下建筑用地，按规定征收城镇土地使用税。其中，已取得地下土地使用权证的，按土地使用权证确认的土地面积计算应征税款；未取得地下土地使用权证或地下土地使用权证上未标明土地面积的，按地下建筑垂直投影面积计算应征税款。

对上述地下建筑用地暂按应征税款的50%征收城镇土地使用税。

(二) 应纳税额的计算

城镇土地使用税的应纳税额可以根据纳税人实际占用的土地面积乘以该土地所在地段的适用税额计算。其计算公式为：

全年应纳税额=实际占用应税土地面积(平方米)×适用税额

【例7-2】 甲企业和乙企业共同使用面积为10 000平方米的土地，甲企业使用其中的60%，乙企业使用其中的40%。经税务机关核定，该土地的城镇土地使用税的适用税额为4元/平方米。计算甲企业和乙企业全年应纳的城镇土地使用税税额。

解析： 甲企业和乙企业共同拥有一块土地的使用权，应以其实际使用的土地面积为计税依据分别计算缴纳土地使用税。

甲企业应纳城镇土地使用税=10 000×60%×4=24 000(元)

乙企业应纳城镇土地使用税=10 000×40%×4=16 000(元)

四、城镇土地使用税的纳税管理

(一) 纳税义务发生时间

(1) 纳税人购置新建商品房，自房屋交付使用之次月起，缴纳城镇土地使用税。

(2) 纳税人购置存量房，自办理房屋权属转移、变更登记手续，房地产权属登记机关签发房屋权属证书之次月起，缴纳城镇土地使用税。

(3) 纳税人出租、出借房产，自交付出租、出借房产之次月起，缴纳城镇土地使用税。

(4) 以出让或转让方式有偿取得土地使用权的，应由受让方从合同约定交付时间的次月起缴纳城镇土地使用税；合同未约定交付时间的，由受让方从合同签订的次月起缴纳城镇土地使用税。

(5) 纳税人新征用的耕地，自批准征用之日起满1年时开始缴纳城镇土地使用税。

(6) 纳税人新征用的非耕地，自批准征用次月起缴纳城镇土地使用税。

(7) 自2009年1月1日起，纳税人因土地的权利发生变化而依法终止城镇土地使用税纳税义务的，其应纳税款的计算应截止到土地权利发生变化的当月月末。

(二) 纳税期限

城镇土地使用税实行按年计算、分期缴纳的征收方法，具体纳税期限由省、自治区、直辖市人民政府确定。

（三）纳税地点

城镇土地使用税在土地所在地缴纳。

纳税人使用的土地不属于同一省、自治区、直辖市管辖的，由纳税人分别向土地所在地的税务机关缴纳土地使用税；在同一省、自治区、直辖市管辖范围内，纳税人跨地区使用的土地，其纳税地点由各省、自治区、直辖市地方税务局确定。

第三节 土地增值税

一、土地增值税概述

（一）土地增值税的概念

土地增值税，是对有偿转让国有土地使用权及地上建筑物和其附着物产权，取得收入的单位和个人，就其取得的增值额征收的一种税。

征收土地增值税增强了政府对房地产开发和交易市场的调控，有利于抑制炒买炒卖土地获取暴利的行为，也增加了国家财政收入。

（二）土地增值税的特点

1. 以增值额为计税依据

土地增值税的计税依据为增值额，增值额是纳税人转让房地产的收入额减除税法规定准予扣除项目金额后的余额。所以，有增值额就征收土地增值税，没有增值额就不征收土地增值税。

2. 征税面比较广

凡在我国境内转让国有土地使用权及地上建筑物和其附着物产权的单位和个人，除税法规定免税的外，不论其经济性质，也不分内、外资企业或中、外籍人员，无论专营或兼营房地产业务，均有缴纳土地增值税的义务。

3. 实行超率累进税率

土地增值税以纳税人转让房地产取得的增值额占扣除项目的比率高低确定税率，实行超率累进税率，比率越高税率越高，比率越低税率越低，税收负担较为合理。

4. 实行按次征收

土地增值税是对纳税人发生房地产的转让行为征税，实行按次征收，每发生一次房地产的转让行为，就征收一次土地增值税。

小思考

土地增值税为什么采用超率累进税率？

二、土地增值税的税法规定

现行土地增值税的基本规范，是 1993 年 12 月 13 日国务院颁布的《中华人民共和国土地增值税暂行条例》。

（一）土地增值税的征税范围

1. 土地增值税的基本征税范围

土地增值税是对转让国有土地使用权及其地上建筑物和附着物的行为征税，不包括国有土地使用权出让，也不包括未转让土地使用权、房产产权的行为。基本范围包括：

（1）转让国有土地使用权

国有土地，是指按国家法律规定属于国家所有的土地。

（2）地上的建筑物及其附着物连同国有土地使用权一并转让

地上的建筑物，是指建于土地上的一切建筑物，包括地上地下的各种附属设施。附着物，是指附着于土地上的不能移动或一经移动即遭损坏的物品。

（3）存量房地产的买卖

存量房地产，是指已经建成并已投入使用的房地产，其房屋所有人将房屋产权和土地使用权一并转让给其他单位和个人。

2. 具体情况规定

转让的土地，其使用权是否为国家所有；土地使用权、地上的建筑物及其附着物的产权是否发生转让；是否取得收入，是判定是否属于土地增值税征税范围的三个标准。

（1）房地产的继承与赠与。

房地产的继承、赠与因其只发生房地产产权的转让，没有取得相应的收入，属于无偿转让房地产的行为，所以不能将其纳入土地增值税的征税范围。

这里的"赠与"仅指以下情况：

① 房产所有人、土地使用权所有人将房屋产权、土地使用权赠与直系亲属或承担直接赡养义务人的。

② 房产所有人、土地使用权所有人通过中国境内非营利的社会团体、国家机关将房屋产权、土地使用权赠与教育、民政和其他社会福利、公益事业的。

（2）房地产的出租。房地产的出租，出租人虽取得收入，但没有发生房产产权、土地使用权的转让，因此不属于土地增值税的征税范围。

（3）房地产的抵押。由于房产、土地使用权在抵押期间并没有发生权属的变更，因此对房地产在抵押期间不征收土地增值税。待抵押期满后，视该房地产是否转移占有而确定是否征收土地增值税。对于以房地产抵债而发生房地产权属转让的，应列入土地增值税的征税范围。

（4）房地产的交换。由于交换行为既发生了房产产权、土地使用权的转移，交换双方又取得了实物形态的收入，因此属于土地增值税的征税范围。但对个人之间互换自有居住用房地产的，经当地税务机关核实，可暂免征土地增值税。

（5）房地产的投资、联营。以房地产进行投资、联营的，投资、联营的一方以土地（房地产)作价入股进行投资或作为联营条件,将房地产转让到所投资、联营的企业中时,暂免征收土地增值税。对投资、联营企业将上述房地产再转让的,应征收土地增值税。

对于以土地(房地产)作价投资入股进行投资或联营的,凡所投资、联营的企业从事房地产开发的,或者房地产开发企业以其建造的商品房进行投资和联营的,均应按规定缴纳土地增值税。

(6) 合作建房。对于一方出地,一方出资金,双方合作建房,建成后按比例分房自用的,暂免征收土地增值税;建成后转让的,应征收土地增值税。

(7) 企业兼并转让房地产。在企业兼并中,对被兼并企业将房地产转让到兼并企业中的,暂免征收土地增值税。

(8) 房地产的代建行为。代建行为是指房地产开发公司代客户进行房地产开发,开发完成后向客户收取代建收入的行为。房地产开发公司虽然取得了收入,但没有发生房地产权属的转移,故不属于土地增值税的征税范围。

(9) 房地产评估增值。对房地产的重新评估而产生的增值,因其既没有发生房地产权属的转移,房产产权人、土地使用权人也未取得收入,所以不属于土地增值税的征税范围。

(二) 土地增值税的纳税人

土地增值税的纳税人为转让国有土地使用权、地上建筑物及其附着物,并取得收入的单位和个人。包括机关、团体、部队、企业事业单位、个体工商业户及国内其他单位和个人,还包括外商投资企业、外国企业及外国机构、华侨、港澳台同胞及外国公民等。

小思考

个人销售二手房是否为土地增值税的纳税人?

(三) 土地增值税的税率

土地增值税实行四级超率累进税率。超率累进税率见表 7-4 所示。

表 7-4 土地增值税四级超率累进税率表

级数	增值额与扣除项目金额的比率	税率/%	速算扣除系数/%
1	不超过 50%的部分	30	0
2	超过 50%至 100%的部分	40	5
3	超过 100%至 200%的部分	50	15
4	超过 200%的部分	60	35

上述所列四级超率累进税率,每级“增值额未超过扣除项目金额”的比例,均包括本比例数。

(四) 土地增值税的税收优惠

(1) 纳税人建造普通标准住宅出售,增值额未超过扣除项目金额 20%的,免征土地增值税。

(2) 因国家建设需要依法征用、收回的房地产,免征土地增值税。

(3) 个人因工作调动或改善居住条件而转让原自用住房，经向税务机关申报核准，凡居住满5年或5年以上的，免予征收土地增值税；居住满3年未满5年的，减半征收土地增值税。居住未满3年的，按规定计征土地增值税。

(4) 因城市实施规划、国家建设的需要而搬迁，由纳税人自行转让原房地产的，免征土地增值税。

(5) 对企事业单位、社会团体以及其他组织转让旧房作为公共租赁住房房源，且增值额未超过扣除项目金额20%的，免征土地增值税。

小思考

普通标准住宅是怎样界定的？

三、土地增值税计税依据的计算

土地增值税的计税依据，是纳税人转让房地产所取得的增值额。转让房地产的增值额，是指纳税人转让房地产所取得的收入减除税法规定的扣除项目金额后的余额。其计算公式为：

$$增值额=收入额-扣除项目$$

（一）应税收入的确定

根据《土地增值税暂行条例》及其实施细则的规定，纳税人转让房地产取得的应税收入，应包括转让房地产的全部价款及有关的经济收益。从收入的形式来看，包括货币收入、实物收入和其他收入。

(1) 货币收入。货币收入是指纳税人转让房地产而取得的现金、银行存款、支票、银行本票、汇票等各种信用票据和国库券、金融债券、企业债券、股票等有价证券。这些类型的收入其实质都是转让方因转让土地使用权、房屋产权而向取得方收取的价款。货币收入一般比较容易确定。

(2) 实物收入。实物收入是指纳税人转让房地产而取得的各种实物形态的收入，如钢材、水泥等建材，房屋、土地等不动产等。实物收入的价值不太容易确定，一般要对这些实物形态的财产进行估价。

(3) 其他收入。其他收入是指纳税人转让房地产而取得的无形资产收入或具有财产价值的权利，如专利权、商标权、著作权、专有技术使用权、土地使用权、商誉权等。这种类型的收入比较少见，其价值需要进行专门的评估。

（二）扣除项目的确定

计算土地增值税应纳税额，并不是直接对转让房地产所取得的收入征税，而是要对收入额减除国家规定的各项扣除项目金额后的余额计算征税。因此，要计算增值额，首先必须确定扣除项目。

1. 转让新建房屋及建筑物

转让新建房屋及建筑物，允许扣除的项目为四项，房地产开发企业允许扣除的项目为五项。

(1) 取得土地使用权所支付的金额

取得土地使用权所支付的金额包括两方面的内容：

① 纳税人为取得土地使用权所支付的地价款。以协议、招标、拍卖等出让方式取得土地使用权的，地价款为纳税人所支付的土地出让金；以行政划拨方式取得土地使用权的，地价款为按照国家有关规定补交的土地出让金；以转让方式取得土地使用权的，地价款为向原土地使用权人实际支付的地价款。

② 纳税人在取得土地使用权时按国家统一规定缴纳的有关费用。主要指纳税人在取得土地使用权过程中为办理有关手续，按国家统一规定缴纳的有关登记、过户手续费。

(2) 房地产开发成本

房地产开发成本是指纳税人房地产开发项目实际发生的成本，包括土地的征用及拆迁补偿费、前期工程费、建筑安装工程费、基础设施费、公共配套设施费、开发间接费用等。

① 土地征用及拆迁补偿费，包括土地征用费、耕地占用税、劳动力安置费及有关地上、地下附着物拆迁补偿的净支出、安置动迁用房支出等。

② 前期工程费，包括规划、设计、项目可行性研究和水文、地质、勘察、测绘、“三通一平”等支出。

③ 建筑安装工程费，指以出包方式支付给承包单位的建筑安装工程费，以自营方式发生的建筑安装工程费。

④ 基础设施费，包括开发小区内道路、供水、供电、供气、排污、排洪、通信、照明、环卫、绿化等工程发生的支出。

⑤ 公共配套设施费，包括不能有偿转让的开发小区内公共配套设施发生的支出。

⑥ 开发间接费用，指直接组织、管理开发项目发生的费用，包括工资、职工福利费、折旧费、修理费、办公费、水电费、劳动保护费、周转房摊销等。

(3) 房地产开发费用

房地产开发费用是指与房地产开发项目有关的销售费用、管理费用和财务费用。根据现行财务会计制度的规定，这三项费用作为期间费用，直接计入当期损益，不按成本核算对象进行分摊。故作为土地增值税扣除项目的房地产开发费用，不按纳税人房地产开发项目实际发生的费用进行扣除，而按如下标准进行扣除：

① 财务费用中的利息支出，凡能够按转让房地产项目计算分摊并提供金融机构证明的，允许据实扣除，但最高不能超过按商业银行同类同期贷款利率计算的金额。超过贷款期限的利息和加罚的利息均不允许扣除。其他房地产开发费用，按取得土地使用权所支付的金额和房地产开发成本之和的5%以内计算扣除。计算公式为：

允许扣除的房地产开发费用＝实际支付的利息＋(取得土地使用权所支付的金额＋房地产开发成本)×5%以内

② 财务费用中的利息支出，凡不能按转让房地产项目计算分摊或不能提供金融机构证明的，其房地产开发费用按取得土地使用权所支付的金额和房地产开发成本之和的10%以内计算扣除。计算公式为：

允许扣除的房地产开发费用＝(取得土地使用权所支付的金额＋房地产开发成本)×10%以内

财政部、国家税务总局还对扣除项目金额中利息支出的计算问题做了专门的规定：一是利息的上浮幅度按国家的有关规定执行，超过上浮幅度的部分不允许扣除；二是对于超过贷款期限的利息部分和加罚的利息不允许扣除。

小思考

为什么计算土地增值税时开发费用不采用据实扣除？

(4) 与转让房地产有关的税金

与转让房地产有关的税金是指在转让房地产时缴纳的城市维护建设税、印花税。因转让房地产缴纳的教育费附加，也可视同税金予以扣除。

房地产开发企业在房地产转让时缴纳的印花税因列入管理费用中，故在此不允许单独再扣除。其他纳税人缴纳的印花税允许在此扣除。

小思考

为什么与转让房地产有关的税金不包括增值税？

(5) 财政部规定的其他扣除项目

对从事房地产开发的纳税人可按取得土地使用权所支付的金额和房地产开发成本计算的金额之和，加计20%的扣除。在此，应特别指出的是，此条优惠只适用于从事房地产开发的纳税人，除此之外的其他纳税人不适用。这样规定，目的是为了抑制炒买炒卖房地产的投机行为，保护正常开发投资者的积极性。

2. 转让旧房及建筑物

纳税人转让旧房的，应按房屋及建筑物的评估价格、取得土地使用权所支付的地价款或出让金、按国家统一规定缴纳的有关费用和转让环节缴纳的税金作为扣除项目金额。

(1) 房屋及建筑物的评估价格

旧房及建筑物的评估价格是指在转让已使用的房屋及建筑物时，由政府批准设立的房地产评估机构评定的重置成本价乘以成新度折扣率后的价格。评估价格须经当地税务机关确认。

重置成本价是指对旧房及建筑物，按转让时的建材价格及人工费用计算，建造同样面积、同样层次、同样结构、同样建设标准的新房及建筑物所需花费的成本费用。成新度折扣率是指按旧房的新旧程度作一定比例的折扣。例如，一幢房屋已使用近10年，建造时的造价为1 000万元，按转让时的建材及人工费用计算，建同样的新房需花费4 000万元，该房有六成新，则该房的评估价格为：4 000×60%＝2 400(万元)。

纳税人转让旧房及建筑物，凡不能取得评估价格，但能提供购房发票的，经当地税务部门确认，取得土地使用权所支付的金额和旧房及建筑物的评估价格扣除项目的金额，可按发票所载金额并从购买年度起至转让年度止每年加计5%计算。对纳税人购房时缴纳的契税，凡能提供契税完税凭证的，准予作为“与转让房地产有关的税金”予以扣除，但不作为加计5%的基数。对于转让旧房及建筑物，既没有评估价格，又不能提供购房发票的，实行核定征收。

(2) 取得土地使用权所支付的地价款和按国家统一规定缴纳的有关费用

对取得土地使用权时未支付地价款或不能提供已支付的地价款凭据的，在计征土地增值税时不允许扣除。

(3) 转让环节缴纳的税金

与转让旧房及建筑物有关的税金，在计征土地增值税时允许扣除。

3. 转让未进行项目开发的土地使用权

转让未进行项目开发的土地使用权扣除项目为以下两项。

(1) 取得土地使用权所支付的地价款和按国家统一规定缴纳的有关费用；

(2) 转让环节缴纳的税金。

(三) 增值额计算的特殊规定

在实际房地产交易活动中，有些纳税人由于不能准确提供房地产转让价格或扣除项目金额，造成增值额不准确，直接影响应纳税额的计算和缴纳。所以，根据《土地增值税暂行条例》，纳税人有下列情形之一的，应按照房地产评估价格计算征收土地增值税。

1. 隐瞒、虚报房地产成交价格的

隐瞒、虚报房地产成交价格，是指纳税人不报或有意低报转让土地使用权、地上建筑物及其附着物价款的行为。

对于纳税人隐瞒、虚报房地产成交价格，应由评估机构参照同类房地产的市场交易价格进行评估。税务机关根据评估价格确定转让房地产的收入。

2. 提供扣除项目金额不实的

提供扣除项目金额不实的，是指纳税人在纳税申报时不据实提供扣除项目金额的行为。

对于纳税人提供扣除项目金额不实的，应由评估机构按照房屋重置成本价乘以成新度折扣率计算的房屋成本价和取得土地使用权时的基准地价进行评估。税务机关根据评估价格确定扣除项目金额。

3. 转让房地产的成交价格低于房地产评估价格，又无正当理由的

转让房地产的成交价格低于房地产评估价格，又无正当理由的，是指纳税人申报的转让房地产的实际成交价低于房地产评估机构评定的交易价，纳税人又不能提供凭据或无正当理由的行为。

转让房地产的成交价格低于房地产评估价格，又无正当理由的，由税务机关参照房地产评估价格确定转让房地产的收入。

上述所说的“房地产评估价格”，是指由政府批准设立的房地产评估机构根据相同地段、同类房地产进行综合评定的价格。

四、土地增值税应纳税额的计算

(一) 转让土地使用权和出售新建房及配套设施应纳税额的计算

转让土地使用权和出售新建房及配套设施的土地增值税应纳税额可以按下列步骤逐项计算。

(1) 确定转让房地产所取得的收入。

(2) 确定扣除项目的金额。

(3) 计算增值额。

增值额＝收入额－扣除项目金额

(4) 计算增值率，确定适用税率和速算扣除系数。

$$增值率=\frac{增值额}{扣除项目金额}\times 100\%$$

(5) 计算应纳土地增值税。

应纳税额＝增值额×税率－扣除项目金额×速算扣除系数

(二) 出售旧房应纳土地增值税的计算

除第一步外，出售旧房应纳土地增值税额的计算过程，与出售新建房的方法相同。

出售旧房应纳土地增值税计算的第一步为计算评估价格。其公式为：

评估价格＝重置成本价×成新度折扣率

【例 7-3】 2016 年 5 月，某市一家房地产开发公司为增值税一般纳税人，销售自行开发的房地产老项目，选择简易计税方法，按照 5%的征收率计税，取得不含税收入 9 000 万元，分别按照税法的规定缴纳了增值税、城建税、教育费附加和印花税。已知该公司为取得该项目土地使用权支付的地价款和相关费用共计 2 000 万元；该项目开发成本为 1 000 万元，房地产开发费用 500 万元，其中包括利息支出为 200 万元，该部分利息支出能够提供金融机构证明，同时能够按照房地产项目进行计算分摊。该公司所在地政府规定的房地产开发费用的扣除比例为 5%(城建税税率为 7%，教育费附加的征收率为 3%，印花税税率为 0.05%)。计算该房地产开发公司应纳的土地增值税额。

解析：

(1) 应税收入额＝9 000(万元)

(2) 扣除项目：

取得土地使用权支付的金额＝2 000(万元)

开发成本＝1 000(万元)

开发费用＝200＋(2 000＋1 000)×5%＝350(万元)

与转让房地产有关的税金及附加＝9 000×5%×(7%＋3%)＝45(万元)

其他扣除项目＝(2 000＋1 000)×20%＝600(万元)

扣除项目合计数＝2 000＋1 000＋350＋45＋600＝3 995(万元)

(3) 土地增值额＝9 000－3 995 ＝5 005(万元)

(4) 增值额与扣除项目金额的比率＝5 005÷3 995×100%＝125.28%

(5) 应纳土地增值税＝5 005×50%－3 995×15%＝2 142.95(万元)

五、土地增值税的纳税管理

(一) 预征管理

根据《土地增值税暂行条例实施细则》(财法字〔1995〕6 号)第十六条规定，“纳税人在项目全部竣工结算前转让房地产取得的收入，由于涉及成本确定或其他原因，而无法据以计算土地增值税的，可以预征土地增值税，待该项目全部竣工、办理结算后再进行清算，多退少补。”

由于我国的房地产开发与转让周期较长，预售的产品较多，造成土地增值税征管难度较大。各地可以实行平时预征、竣工结算后汇算清缴的管理办法。即在项目销售阶段，按月或季度以申报收入预征土地增值税；在项目售完之后，再按照实际销售收入所得，清算应纳土地增值税额，多退少补。具体办法由各省、自治区、直辖市地方税务局根据当地情况制定。

对已经实行预征办法的地区，可根据不同类型房地产的实际情况，确定适当的预征率。除保障性住房外，东部地区省份预征率不得低于2%，中部和东北地区省份不得低于1.5%，西部地区省份不得低于1%。

 **小思考**

土地增值税为什么要实行预征办法？

（二）纳税期限

土地增值税的纳税人应在转让房地产合同签订后的7日内，到房地产所在地主管税务机关办理纳税申报，并向税务机关提交房屋及建筑物产权、土地使用权证书，土地转让、房产买卖合同，房地产评估报告及其他与转让房地产有关的资料。

纳税人因经常发生房地产转让而难以在每次转让后申报的，经税务机关审核同意后，可以定期进行纳税申报，具体期限由税务机关根据情况确定。

（三）纳税地点

土地增值税的纳税人应向房地产所在地主管税务机关办理纳税申报，并在税务机关核定的期限内缴纳土地增值税。

这里所说的“房地产所在地”，是指房地产的坐落地。纳税人转让的房地产坐落在两个或两个以上地区的，应按房地产所在地分别申报纳税。

在实际工作中，纳税地点的确定又可分为以下两种情况：

(1) 纳税人是法人的。当转让的房地产坐落地与其机构所在地或经营所在地一致时，则在办理税务登记的原管辖税务机关申报纳税即可；如果转让的房地产坐落地与其机构所在地或经营所在地不一致时，则应在房地产坐落地所管辖的税务机关申报纳税。

(2) 纳税人是自然人的。当转让的房地产坐落地与其居住所在地一致时，则在住所所在地税务机关申报纳税；当转让的房地产坐落地与其居住所在地不一致时，在办理过户手续所在地的税务机关申报纳税。

 **课后讨论**

2016年7月1日起我国全面推进资源税改革，明确扩大资源税征收范围，先在河北省开展水资源税试点，条件成熟后推广到全国，并授权地方政府对森林、草场、滩涂等，凡具备征税条件的可上报国务院批准后征收资源税。结合个人生活实际，谈一下地方政府如何进行森林、草场、滩涂的资源税的征收。

练习题

一、单选题

1. 下列单位出售的矿产品中，不缴纳资源税的是(　　)。
   A. 开采单位销售自行开采的天然大理石
   B. 油田出售自行开采的天然气
   C. 盐场生产的海盐
   D. 煤矿出售生产的天然气
2. 资源税的纳税环节是(　　)。
   A. 生产销售环节　　B. 批发环节
   C. 运输环节　　D. 最终消费环节
3. 下列各项中，属于资源税纳税人的是(　　)。
   A. 境内开采应税矿产品或者生产盐的个人
   B. 生产居民煤炭制品的单位
   C. 在境外开采应税资源的中国企业
   D. 进口应税资源的单位或个人
4. 根据资源税暂行条例规定，下列说法错误的是(　　)。
   A. 原油是资源税的应税资源，包括天然原油和人造石油
   B. 开采原油过程中用于加热、修井的原油，免征资源税
   C. 2016年7月1日后，资源税的征税范围进一步扩大，开展水资源税改革试点工作
   D. 2016年7月1日后，逐步将森林、草场、滩涂等资源其他自然资源纳入征收范围
5. 下列结算方式中，不符合资源税纳税义务发生时间的是(　　)。
   A. 采取预收货款结算方式的，为收到预收款的当天
   B. 采取其他结算方式的为收讫销售款或者取得索取销售款凭据的当天
   C. 代扣代缴税款时，为扣缴人支付首笔货款或者开具应支付货款凭据的当天
   D. 自产自用的矿产品，为移送使用应税产品的当天
6. 扣缴义务人代扣代缴的资源税，应当向(　　)税务机关缴纳。
   A. 机构所在地　　B. 生产所在地　　C. 收购地　　D. 销售地
7. 城镇土地使用权未确定或权属纠纷未解决的，以(　　)为土地使用税纳税人。
   A. 原拥有人　　B. 实际使用人　　C. 代管人　　D. 产权所有人
8. 甲拥有一块土地使用权，其中的40%自用，另60%出租给乙生产经营使用，则(　　)。
   A. 应当由甲缴纳全部的土地使用税　　B. 应当由乙缴纳全部的土地使用税
   C. 应当按比例计算缴纳土地使用税　　D. 按双方协商比例缴纳土地使用税
9. 城镇土地使用税的计税依据应为(　　)。
   A. 纳税人使用土地而支付的使用费金额
   B. 纳税人实际占用的土地面积
   C. 纳税人转让土地使用权的转让收入
   D. 纳税人租用土地而每年支付的租金

10. 城镇土地使用税是由(　　)负责征收管理。

A. 国税机关　　B. 地税机关

C. 土地管理部门　　D. 财政机关

11. 城镇土地使用税征税方式是(　　)。

A. 按年计征,分期缴纳　　B. 按次计征

C. 按年计征,分期预缴　　D. 按期缴纳

12. 下列各项中,应征收土地增值税的是(　　)。

A. 赠与社会公益事业的房地产

B. 个人之间互换自有居住用房地产

C. 抵押期满权属转让给债权人的房地产

D. 兼并企业从被兼并企业得到的房地产

13. 土地增值税是在房地产的(　　)环节征收的。

A. 出租　　B. 转让　　C. 使用　　D. 建设

14. 纳税人转让房地产所取得的收入减除(　　)后的余额,为增值额。

A. 实际支出　　B. 扣除项目金额

C. 与转让房地产有关的税金　　D. 房地产开发成本

15. 土地增值额计算过程中,不准予按实际发生额扣除的项目是(　　)。

A. 房地产开发费用　　B. 地价款

C. 房地产开发成本　　D. 营业税金

二、多选题

1. 下列各项中,不征收资源税的有(　　)。

A. 海盐　　B. 人造石油

C. 洗煤、选煤　　D. 煤矿生产的天然气

2. 下列纳税人中,不缴纳资源税的有(　　)。

A. 采掘应税资源产品的外商投资企业和外国企业

B. 进口应税资源产品的国有企业

C. 进口应税资源产品的个人

D. 采掘应税资源产品的私营企业

3. 下列各项中,符合资源税纳税义务发生时间规定的有(　　)。

A. 采取分期收款结算方式的为实际收到款项的当天

B. 采取预收贷款结算方式的为发出应税产品的当天

C. 自产自用应税产品的为移送使用应税产品的当天

D. 采取其他结算方式的为收讫销售款或取得索取销售款凭据的当天

4. 下列可以成为城镇土地使用税的纳税人有(　　)。

A. 拥有土地使用权的单位和个人

B. 出租房屋的承租方

C. 共有土地使用权的各方

D. 未确定土地使用权的房屋的实际使用人

5. 下列土地属于城镇土地使用税征税范围的有(　　)。

A. 城市中属于国有企业的土地
B. 城市郊区中属于股份制企业所有的土地
C. 农村中属于私营企业所有的土地
D. 工矿区中属于集体所有的土地

6. 按照城镇土地使用税的有关规定,下列表述中正确的有( )。
A. 征用的耕地,免征城镇土地使用税
B. 征用非耕地,从批准征用的次月起征收城镇土地使用税
C. 宗教寺庙自用的土地,免征城镇土地使用税
D. 对邮政部门坐落在城市、县城、建制镇、工矿区范围内的土地,免征城镇土地使用税

7. 按照城镇土地使用税的有关规定,下列表述中正确的有( )。
A. 建立在城市、县城、建制镇和工矿区以外的工矿企业不需要缴纳城镇土地使用税
B. 经省、自治区、直辖市人民政府批准,经济落后地区的城镇土地使用税额标准可以适当降低,但减低额不得超过规定的最低税额的30%
C. 城镇土地使用税实行按年计算、分期缴纳的征收方法,具体纳税期限由省、自治区、直辖市人民政府确定
D. 在同一省、自治区、直辖市管辖范围内,纳税人跨地区使用的土地,其纳税地点由各省、自治区、直辖市人民政府确定

8. 按照城镇土地使用税的规定,对纳税人实际占用的土地面积,可以按照下列( )方法确定。
A. 房地产管理部门核发的土地使用证书确认的土地面积
B. 纳税人实际使用的建筑面积
C. 尚未核发土地使用证书的纳税人据实申报的面积
D. 尚未核发土地使用证书的纳税人以税务机关核定的土地面积

9. 以下说法属于土地增值税特点的是( )。
A. 以增值额为计税依据　　B. 征税面比较广
C. 实行超率累进税率　　D. 实行按次征收

10. 下列业务应缴纳土地增值税的有( )。
A. 房地产评估增值的
B. 出地、出资双方合作建房,建成后又转让的
C. 将自有房产赠送给客户的
D. 以房地产抵押贷款而房地产尚在抵押期间的

11. 根据《土地增值税暂行条例》及其实施细则规定,土地增值税的征税范围包括( )。
A. 转让国有土地使用权
B. 出让国有土地使用权
C. 转让集体土地
D. 地上的建筑物及其附着物连同国有土地使用权一并转让

12. 以下单位和个人可以成为土地增值税的纳税义务人( )。

A. 外商投资企业　B. 国家机关　C. 个人　D. 国有企业

13. 下列项目中，计征土地增值税时需要用评估价格来确定转让房地产收入、扣除项目金额的包括(　　)。

A. 出售新房屋及建筑物的　B. 出售旧房屋及建筑物的

C. 虚报房地产成交价格的　D. 提供扣除项目金额不实的

14. 转让旧房地产及建筑物的扣除项目包括(　　)。

A. 取得土地使用权时按国家统一规定缴纳的有关费用

B. 旧房及建筑物的重置成本价

C. 旧房及建筑物的评估价格

D. 转让环节缴纳的税款

三、判断题

1. 资源税是对开采、生产所有自然资源的单位和个人征收的一种税。(　　)

2. 外商投资企业开采或者生产资源税应税产品，其自用的部分，暂不征收资源税。(　　)

3. 收购未税矿产品的单位为资源税的扣缴义务人。扣缴义务人履行代扣代缴的适用范围是，收购的除原油、天然气、煤炭以外的资源税未税矿产品。(　　)

4. 资源税实行差别税额，从量征收。(　　)

5. 非金属矿产品缴纳资源税全部采用比例税率。(　　)

6. 资源税扣缴义务人代扣代缴税款的纳税义务发生时间，为支付首笔货款或者开具应支付货款凭据的当天。(　　)

7. 凡在中华人民共和国境内拥有土地使用权的单位和个人，均应依法缴纳城镇土地使用税。(　　)

8. 我国目前对大、中、小城市征收城镇土地使用税，不包括其郊区的土地。(　　)

9. 直接用于农、林、牧、渔业的生产用地包括农副产品加工场地和生活、办公用地免征土地使用税。(　　)

10. 纳税人实际占用的土地面积，以省级人民政府确定的单位所测定的面积为准。(　　)

11. 土地增值税的基本范围包括转让国有土地使用权和地上的建筑物及其附着物。(　　)

12. 房地产的出租，出租人虽取得收入，但没有发生房产产权、土地使用权的转让。因此，不属于土地增值税的征税范围。(　　)

13. 纳税人建造普通标准住宅出售，增值额未超过扣除项目金额10%的，免征土地增值税。(　　)

14. 对于房地产开发企业来说，与转让房地产有关的营业税、印花税、城市维护建设税和教育费附加，可以作为税金直接扣除。(　　)

15. 土地增值税实行按年征收。(　　)

四、计算分析题

1. 甲油田9月开采天然原油8 000吨，当月销售5 000吨，取得不含增值税销售收入90万元，开采原油过程中修井用原油200吨，用于职工食堂的原油300吨；开采人造石油

1 000 吨，当月销售 800 吨，取得不含增值税销售收入 70 万元；当月销售与原油同时开采的天然气 1 000 立方米，取得不含增值税销售收入 30 万元，已知原油和天然气适用的资源税税率为 5%。计算该油田当月应缴纳资源税。

2. 甲公司与某外商投资企业共同拥有一块面积为 3 000 平方米的土地，其中 A 公司实际使用 2 000 平方米，其余归外商投资企业使用。当地城镇土地使用税单位税额每平方米 5 元。计算甲公司应纳城镇土地使用税。

3. 某公司实际占地面积共计 20 000 平方米，其中 3 000 平方米为厂区以内的绿化区，企业内学校和医院共占地 1 500 平方米，出租面积 500 平方米的土地使用权给其他企业，出借 800 平方米土地给部队作训练场地。该企业所处地段适用年税额为 2 元/平方米。计算该企业应缴纳的城镇土地使用税。

3. 某房地产开发公司转让一幢写字楼取得收入 1 000 万元。已知该公司为取得土地使用权所支付的金额为 50 万元，房地产开发成本为 200 万元，房地产开发费用为 40 万元，该公司没有按房地产项目计算分摊银行借款利息，该项目所在省政府规定计征土地增值税时房地产开发费用扣除比例按 10%计算，转让房地产有关的税金为 60 万元。计算该公司应缴纳的土地增值税。

4. 某服装生产企业转让一幢旧的生产车间，取得转让收入 600 万元，缴纳相关税费共计 25 万元。该生产车间原造价 300 万元，如果按现行市场价的材料、人工费计算，建造同样的生产车间需 800 万元，该生产车间经评估还有 4 成新。计算该企业转让生产车间应缴纳的土地增值税。

第八章

企业所得税

本章要点

- 企业所得税概念、特点、作用
- 企业所得税的征税对象、纳税人、税率、税收优惠
- 收入确认和扣除项目
- 资产的税务处理
- 应纳税所得额和应纳税额的计算

案例引入

甲公司于2015年1月搬入一区属工业园区，入驻的主要原因是被园区的优惠政策所吸引。税务人员在检查该公司2015年度企业所得税时发现，“不征税收入”列示了80万元。财务人员说明是企业收到工业园区发放的80万元项目资助资金，企业作为不征税收入处理。税务人员指出，该资金不满足不征税收入的条件。

企业财务人员提出，只要是政府部门拨付的财政性资金，企业单独进行核算就可以按不征税收入处理。该观点正确吗？

第一节　企业所得税概述

一、企业所得税的概念

企业所得税，在国际上又被称为公司所得税或法人所得税，是国家对企业或公司在一定时期内的生产经营和其他所得征收的一种税。它是国家参与企业利润分配、调节企业收益水平、正确处理国家与企业分配关系的一个重要税种。

我国企业所得税是对我国境内的企业和其他取得收入的组织的生产经营所得和其他所得征收的一种税。

二、我国企业所得税的特点

（一）征税范围广泛

凡是在中华人民共和国境内的企业和其他取得收入的组织都是企业所得税的纳税人，

应依照税法的规定缴纳企业所得税。企业所得税的征税对象包括生产经营所得和利息、股息、红利、租金、转让资产收益和特许权使用费等企业通过提供资金或财产取得的其他所得。因此,企业所得税具有征收上的广泛性。

(二) 实行比例税率

我国企业所得税不分所有制、地区、行业和层次,对企业实行统一的比例税率,能使各类企业税负较为公平。企业所得税是对企业的经营净收入即经营所得征收的,所以企业一般都具有所得税的承受能力,并且税负水平与纳税人所得直接关联,所得多的多征,所得少的少征,无所得的不征,是能够较好体现公平税负和税收中性的良性税种。

(三) 实行所得综合课征制,计税依据计算复杂

我国企业所得税实行所得综合课征制,对纳税人取得的所有所得,不区分来源和性质,不划分类别和项目,适用统一的税率和计征办法计征税款。其计税依据为应纳税所得额,是以纳税人每一纳税年度的各项收入总额,减除不征税收入、免税收入、各项扣除以及允许弥补的以前年度亏损后的余额为应纳税所得额,其计算程序较为复杂。

(四) 实行按年计算、分期预缴的征收办法

企业所得税的征收一般是以全年的应纳税所得额为计税依据,实行按年计算、分月或分季预缴、年终汇算清缴的征收办法。以年为纳税期间,使所得税的计征期间与企业的财会核算期间相一致,有利于计算和确定应纳税所得额,便于征收和缴纳税款;为了使税收收入及时、均衡地入库,企业所得税采取了分月或分季预缴,年终汇算清缴的征收管理办法。

(五) 纳税人与负税人一致

企业所得税属于企业的终端税种,纳税人缴纳的所得税一般不易转嫁,纳税人和实际负担人通常是一致的。

三、企业所得税的作用

(一) 为国家建设筹集财政资金

企业所得税是我国第二大主体税种,对组织国家财政收入发挥着非常重要作用。随着我国国民经济的快速发展和企业经济效益的不断提高,由企业所得税所提供的财政收入也取得了较快的增长。

(二) 贯彻国家宏观调控政策,促进经济发展

企业所得税是国家实施税收优惠政策最主要的税种,包括减免税、低税率、加计扣除、加速折旧、投资抵免、减计收入等众多的税收优惠措施,是贯彻国家产业政策和社会政策,实施宏观调控的主要政策工具。在为国家组织财政收入的同时,企业所得税作为国家宏观调控的一种重要手段,也促进了我国产业结构调整和经济的良性发展。

（三）有利于正确处理国家与企业的利益关系

在经济社会中，企业是连接生产要素、创造财富的主体，同时也是国家提供公共产品和公共服务的对象之一。国家为企业提供的利益需要在企业收入分配中以某种适当的形式体现出来。其中，属于资源、资本方面的利益，以租金、利息的形式体现出来；属于特殊的行政事务方面的利益，通过行政收费的形式体现出来；属于一般的公共服务方面的利益，则要通过税收的形式体现出来。企业所得税就是国家为企业提供一般性公共服务在收入分配中的经济体现。

第二节 企业所得税的税法规定

现行企业所得税法的基本规范，是2007年3月16日第十届全国人民代表大会第五次全体会议通过的《中华人民共和国企业所得税法》和2007年11月28日国务院第197次常务会议通过的《中华人民共和国企业所得税法实施条例》。

一、企业所得税的纳税人

企业所得税的纳税人，是指在中华人民共和国境内的企业和其他取得收入的组织（以下统称企业）。不包括依照中国法律、行政法规成立的个人独资企业和合伙企业。

我国企业所得税参照国际惯例，选择了地域管辖权和居民管辖权的双重标准，以充分维护我国的税收利益。依据是否在中国境内成立或实际管理机构是否在中国境内，将企业分为居民企业和非居民企业，分别承担不同纳税义务。

（一）居民企业

居民企业，是指依法在中国境内成立，或者依照外国（地区）法律成立但实际管理机构在中国境内的企业。

1. 依法在中国境内成立的企业

依法在中国境内成立的企业，是指依照中国法律、行政法规在中国境内成立的企业、事业单位、社会团体以及其他取得收入的组织。

企业、事业单位、社会团体以及其他取得收入的组织统称“企业”，这类企业应同时符合以下三个方面的条件：

（1）成立的依据为中国的法律、行政法规；

（2）在中国境内成立；

（3）属于取得收入的经济组织。

2. 依照外国（地区）法律成立但实际管理机构在中国境内的企业

依照外国（地区）法律成立的企业，是指依照外国（地区）法律成立的企业和其他取得收入的组织。实际管理机构，是指对企业的生产经营、人员、账务、财产等实施实质性全面管理和控制的机构，这种机构应同时符合以下三个方面的条件：

(1) 对企业有实质性管理和控制的机构；

(2) 对企业实行全面的管理和控制的机构；

(3) 管理和控制的内容是企业的生产经营、人员、账务、财产等。

(二) 非居民企业

非居民企业，是指依照外国(地区)法律成立且实际管理机构不在中国境内，但在中国境内设立机构、场所的，或者在中国境内未设立机构、场所，但有来源于中国境内所得的企业。

1. 设立机构、场所的

机构、场所，是指在中国境内从事生产经营活动的机构、场所，包括：

(1) 管理机构、营业机构、办事机构；

(2) 工厂、农场、开采自然资源的场所；

(3) 提供劳务的场所；

(4) 从事建筑、安装、装配、修理、勘探等工程作业的场所；

(5) 其他从事生产经营活动的机构、场所。

2. 委托营业代理人的

委托营业代理人的，视同设立机构、场所。

非居民企业委托营业代理人在中国境内从事生产经营活动的，包括委托单位或者个人经常代其签订合同，或者储存、交付货物等，该营业代理人视为非居民企业在中国境内设立的机构、场所。

上述委托营业代理人必须同时具备以下三个方面的条件：

(1) 接受外国企业委托的主体，既可以是中国境内的单位，也可以是中国境内的个人；

(2) 代理活动必须是经常性的行为；

(3) 代理的具体行为，包括代其签订合同，或者储存、交付货物等。

小思考

为什么要进行居民企业和非居民企业的划分？

二、企业所得税的征税对象

企业所得税的征税对象，是指企业的生产经营所得、其他所得和清算所得。

(一) 居民企业的征税对象

居民企业应就其来源于中国境内、境外的所得作为征税对象，承担无限纳税义务。所得包括销售货物所得、提供劳务所得、转让财产所得、股息红利等权益性投资收益、利息所得、租金所得、特许权使用费所得、接受捐赠所得和其他所得。

(二) 非居民企业的征税对象

(1) 非居民企业在中国境内设立机构、场所的，应当就其所设机构、场所取得的来源于中国境内的所得，以及发生在中国境外但与其所设机构、场所有实际联系的所得缴纳企业所得税。

（2）非居民企业在中国境内未设立机构、场所的，或者虽设立机构、场所但取得的所得与其所设机构、场所没有实际联系的，应当就其来源于中国境内的所得缴纳企业所得税。

（三）所得来源地的确定

为使居民企业和非居民企业正确履行纳税义务，必须确定所得来源地，所得来源地按照以下原则确定：

（1）销售货物所得，按照交易活动发生地确定。交易活动发生地，主要指销售货物行为发生的场所，通常是销售企业的营业机构，在送货上门的情况下为购货单位或个人的所在地，还可以是买卖双方约定的其他地点。

（2）提供劳务所得，按照劳务发生地确定。劳务行为既包括部分工业生产活动，也包括商业服务行为。

（3）转让财产所得，分三种情况：

① 不动产转让所得按照不动产所在地确定。

② 动产转让所得按照转让动产的企业或者机构、场所所在地确定。同时如果非居民企业在中国境内设立机构、场所，并从该机构、场所转让财产给其他单位或个人的，也应认定为来源于境内的所得。

③ 权益性投资资产转让所得按照被投资企业所在地确定。

（4）股息红利等权益性投资所得，按照分配所得的企业所在地确定。

（5）利息所得、租金所得、特许权使用费所得，按照负担或者支付所得的企业或者机构、场所所在地确定。

（6）其他所得，由国务院财政、税务主管部门确定。

小思考

非居民企业的哪些所得一般与其所设机构场所无关？

三、企业所得税的税率

（一）基本税率

企业所得税实行比例税率，税率为25%。基本税率适用于：

（1）居民企业取得的各项所得；

（2）非居民企业在中国境内设立机构、场所取得的来源于中国境内的所得，以及发生在中国境外但与其所设机构、场所有实际联系的所得。

（二）预提所得税率

非居民企业在中国境内未设立机构、场所的，或者虽设立机构、场所但取得的所得与其所设机构、场所没有实际联系的，如股息、利息、红利所得、特许权使用费所得等一般采取源泉扣缴方式征收企业所得税，这种所得税形式习惯上称之为预提所得税。

预提所得税税率为20%。目前减按10%的税率征收企业所得税。

（三）优惠税率

对符合条件的小型微利企业减按20%的税率征收企业所得税；对国家需要重点扶持的高新技术企业减按15%的税率征收企业所得税。

四、企业所得税的税收优惠

（一）免征与减征优惠

1. 从事农、林、牧、渔业项目的所得

企业从事农、林、牧、渔业项目的所得，包括免征和减征两部分。

(1) 企业从事下列项目的所得，免征企业所得税：

① 蔬菜、谷物、薯类、油料、豆类、棉花、麻类、糖料、水果、坚果的种植；

② 农作物新品种的选育；

③ 中药材的种植；

④ 林木的培育和种植；

⑤ 牲畜、家禽的饲养；

⑥ 林产品的采集；

⑦ 灌溉、农产品初加工、兽医、农技推广、农机作业和维修等农、林、牧、渔服务业项目；

⑧ 远洋捕捞。

(2) 企业从事下列项目的所得，减半征收企业所得税：

① 花卉、茶以及其他饮料作物和香料作物的种植；

② 海水养殖、内陆养殖。

小思考

是不是只要是农业企业就不需要缴纳企业所得税？

2. 从事国家重点扶持的公共基础设施项目投资经营的所得

企业从事国家重点扶持的公共基础设施项目的投资经营的所得，自项目取得第一笔生产经营收入所属纳税年度起，第一年至第三年免征企业所得税，第四年至第六年减半征收企业所得税。

国家重点扶持的公共基础设施项目，是指《公共基础设施项目企业所得税优惠目录》规定的港口码头、机场、铁路、公路、城市公共交通、电力、水利等项目。

企业承包经营、承包建设和内部自建自用的上述项目，不得享受企业所得税的税收优惠。

企业在减免税期限内转让上述项目的，受让方自受让之日起，可以在剩余期限内享受规定的减免税优惠；减免税期限届满后转让的，受让方不得就该项目重复享受减免税优惠。

3. 从事符合条件的环境保护、节能节水项目的所得

企业从事符合条件的环境保护、节能节水项目的所得，自项目取得第一笔生产经营收入所属纳税年度起，第一年至第三年免征企业所得税，第四年至第六年减半征收企业所得税。

符合条件的环境保护、节能节水项目，包括公共污水处理、公共垃圾处理、沼气综合开发利用、节能减排技术改造、海水淡化等。

企业在减免税期限内转让上述项目的，受让方自受让之日起，可以在剩余期限内享受规定的减免税优惠；减免税期限届满后转让的，受让方不得就该项目重复享受减免税优惠。

4. 符合条件的技术转让所得

在一个纳税年度内，居民企业技术转让所得不超过500万元的部分，免征企业所得税；超过500万元的部分，减半征收企业所得税。

技术转让，是指居民企业转让其拥有符合技术转让范围规定技术所有权的行为。

技术转让的范围，包括居民企业转让专利技术、计算机软件著作权、集成电路布图设计权、植物新品种、生物医药新品种，以及财政部和国家税务总局确定的其他技术。

（二）小型微利企业的税收优惠

（1）符合条件的小型微利企业，减按20%的税率征收企业所得税。

（2）符合条件的小型微利企业，是指从事国家非限制和禁止行业，并符合下列条件的企业：

① 工业企业，年度应纳税所得额不超过30万元，从业人数不超过100人，资产总额不超过3 000万元；

② 其他企业，年度应纳税所得额不超过30万元，从业人数不超过80人，资产总额不超过1 000万元。

自2015年1月1日至2017年12月31日，对年应纳税所得额低于20万元（含20万元）的小型微利企业，其所得减按50%计入应纳税所得额，按20%的税率缴纳企业所得税。自2015年10月1日起至2017年12月31日，对年应纳税所得额在20万元到30万元（含30万元）之间的小型微利企业，其所得减按50%计入应纳税所得额，按20%的税率缴纳企业所得税。

（三）国家重点扶持的高新技术企业的税收优惠

（1）国家需要重点扶持的高新技术企业，减按15%的税率征收企业所得税。

（2）国家需要重点扶持的高新技术企业，是指拥有核心自主知识产权，并同时符合下列条件的企业：

① 产品（服务）属于《国家重点支持的高新技术领域》规定的范围；

② 研究开发费用占销售收入的比例不低于规定比例；

③ 高新技术产品（服务）收入占企业总收入的比例不低于规定比例；

④ 科技人员占企业职工总数的比例不低于规定比例；

⑤ 高新技术企业认定管理办法规定的其他条件。

小思考

高新技术企业的认定是不是终身制？

（四）加计扣除优惠

企业的下列支出，可以在计算应纳税所得额时加计扣除。

1. 开发新技术、新产品、新工艺发生的研究开发费用

企业为开发新技术、新产品、新工艺发生的研究开发费用，未形成无形资产计入当期损益的，在按照规定据实扣除的基础上，按照研究开发费用的50%加计扣除；形成无形资产的，按照无形资产成本的150%摊销。

2. 安置残疾人员及国家鼓励安置的其他就业人员所支付的工资

企业安置残疾人员的，在按照支付给残疾职工工资据实扣除的基础上，按照支付给残疾职工工资的100%加计扣除。企业享受安置残疾职工工资100%加计扣除应同时具备如下条件：

(1) 依法与安置的每位残疾人签订了1年以上（含1年）的劳动合同或服务协议，并且安置的每位残疾人在企业实际上岗工作；

(2) 为安置的每位残疾人按月足额缴纳了企业所在区县人民政府根据国家政策规定的基本养老保险、基本医疗保险、失业保险和工伤保险等社会保险；

(3) 定期通过银行等金融机构向安置的每位残疾人实际支付了不低于企业所在区县适用的经省级人民政府批准的最低工资标准的工资；

(4) 具备安置残疾人上岗工作的基本设施。

小思考

加计扣除项目的金额在会计核算中是否需要体现出来？

（五）创业投资企业的税收优惠

创业投资企业从事国家需要重点扶持和鼓励的创业投资，可以按投资额的一定比例抵扣应纳税所得额。

抵扣应纳税所得额，是指创业投资企业采取股权投资方式投资于未上市的国家需要重点扶持和鼓励中小高新技术企业2年以上的，可以按照其投资额的70%在股权持有满2年的当年抵扣该创业投资企业的应纳税所得额；当年不足抵扣的，可以在以后纳税年度结转抵扣。

（六）减计收入优惠

企业综合利用资源，生产符合国家产业政策规定的产品所取得的收入，可以在计算应纳税所得额时减计收入。

减计收入，是指企业以《资源综合利用企业所得税优惠目录》规定的资源作为主要原材料，生产国家非限制和禁止并符合国家和行业相关标准的产品取得的收入，减按90%计入收入总额，计算应纳税所得额。

（七）税额抵免优惠

税额抵免，是指企业购置并实际使用《环境保护专用设备企业所得税优惠目录》《节能节水专用设备企业所得税优惠目录》和《安全生产专用设备企业所得税优惠目录》规定的环境保护、节能节水、安全生产等专用设备的，该专用设备的投资额的10%可以从企业当年的应纳税额中抵免；当年不足抵免的，可以在以后5个纳税年度结转抵免。

享受上述企业所得税优惠规定的企业，应当实际购置并自身实际投入使用上述规定的专用设备；企业购置上述专用设备在5年内转让、出租的，应当停止享受企业所得税优惠，并补缴已经抵免的企业所得税税款。

（八）民族自治地方的税收优惠

民族自治地方的自治机关对本民族自治地方的企业应缴纳的企业所得税中属于地方分享的部分，可以决定减征或者免征。自治州、自治县决定减征或者免征的，须报省、自治区、直辖市人民政府批准。

民族自治地方，是指依照《中华人民共和国民族区域自治法》的规定，实行民族区域自治的自治区、自治州和自治县。

（九）非居民企业优惠

非居民企业减按10%的税率征收企业所得税。这里的非居民企业，是指在中国境内未设立机构、场所的，或者虽设立机构、场所但取得的所得与其所设机构、场所没有实际联系的企业。这类非居民企业取得下列所得免征企业所得税：

（1）外国政府向中国政府提供贷款取得的利息所得；

（2）国际金融组织向中国政府和居民企业提供优惠贷款取得的利息所得；

（3）经国务院批准的其他所得。

第三节　企业所得税的收入与扣除

企业所得税在对收入与扣除项目的确认上遵循权责发生制原则。凡属于当期的收入和费用，不论款项是否收付，均作为当期的收入和费用；不属于当期的收入和费用，即使款项已经在当期收付，也不作为当期的收入和费用。

一、收入总额

收入总额是企业以货币形式和非货币形式从各种来源取得的收入。

企业取得收入的货币形式，包括现金、存款、应收账款、应收票据、准备持有至到期的债券投资以及债务的豁免等；纳税人以非货币形式取得的收入，包括固定资产、生物资产、无形资产、股权投资、存货，不准备持有至到期的债券投资、劳务以及有关权益等，这些非货币资产应当按照公允价值确定收入额，公允价值是指按照市场价格确定的价值。

（一）一般收入的确认

（1）销售货物收入，是指企业销售商品、产品、原材料、包装物、低值易耗品以及其他存货取得的收入。

① 销售商品采用售后回购方式销售商品的，销售的商品按售价确认收入，回购的商品作为购进商品处理，有证据表明不符合销售收入确认条件的，如以销售商品方式进行融资，收到的款项应确认为负债，回购价格大于原售价的，差额应在回购期间确认为利息费用。

② 销售商品以旧换新的，销售商品应当按照销售商品收入确认条件确认收入，回收的商品作为购进商品处理。

③ 销售货物涉及现金折扣的，应当按照扣除现金折扣前的金额确定销售货物金额，涉及商业折扣的，应当按照扣除商业折扣后的金额确定销售货物金额。

④ 企业已经确认销售收入的售出货物发生销售折让的，应当在发生时冲减当期销售收入，发生销售退回的，应当在发生时冲减当期销售收入。

⑤ 采取买一赠一等方式组合销售本企业商品的，不属于捐赠，应将总的销售金额按照各项商品公允价值的比例来分摊确认各项的销售收入。

(2) 提供劳务收入，是指企业从事建筑安装、修理修配、交通运输、仓储租赁、金融保险、邮电通信、咨询经纪、文化体育、科学研究、技术服务、教育培训、餐饮住宿、中介代理、卫生保健、社区服务、旅游、娱乐、加工以及其他劳务服务活动取得的收入。

(3) 转让财产收入，是指企业转让固定资产、生物资产、无形资产、股权、债权等财产取得的收入。

企业应当按照从财产受让方已收或应收的合同或协议价款确定转让财产收入金额。

(4) 股息、红利等权益性投资收益，是指企业因权益性投资从被投资方取得的收入。

除国务院财政、税务主管部门另有规定外，企业应当按照被投资方作出利润分配决定的日期确认收入的实现，按照从被投资企业分配的股息、红利和其他利润分配收益全额确认股息、红利收益金额。

(5) 利息收入，是指企业将资金提供他人使用但不构成权益性投资，或者因他人占用本企业资金取得的收入，包括存款利息、贷款利息、债券利息、欠款利息等收入。

企业应当按照合同约定的债务人应付利息的日期确认收入的实现，按照有关借款合同或协议约定的金额确定利息收入金额。

(6) 租金收入，是指企业提供固定资产、包装物或者其他有形资产的使用权取得的收入。

企业应当按照合同约定的承租人应付租金的日期确认收入的实现，按照有关租赁合同或协议约定的金额全额确定租金收入金额。

(7) 特许权使用费收入，是指企业提供专利权、非专利技术、商标权、著作权以及其他特许权的使用权取得的收入。

企业应当按照合同约定的特许权使用人应付特许权使用费的日期确认收入的实现，按照有关使用合同或协议约定的金额全额确定特许权使用费收入金额。

(8) 接受捐赠收入，是指企业接受的来自其他企业、组织或者个人无偿给予的货币性资产、非货币性资产。

企业应当按照实际收到捐赠资产的日期确认收入的实现；按照捐赠资产的公允价值，即公平交易中，熟悉情况的交易双方自愿进行资产交换或者债务清偿的金额确定接受捐赠收入金额。

(9) 其他收入，是指企业取得上述八项收入以外的其他收入，包括企业资产溢余收入、逾期未退包装物押金收入、确实无法偿付的应付款项、已作坏账损失处理后又收回的应收款项、债务重组收入、补贴收入、违约金收入、汇兑收益等。

企业应当按照实际收入额或相关资产的公允价值确定其他收入金额。

 **小思考**

其他收入在会计核算中一般都记入哪些会计科目？

（二）特殊收入的确认

(1) 以分期收款方式销售货物的，按照合同约定的收款日期确认收入的实现。

(2) 企业受托加工制造大型机械设备、船舶、飞机等，以及从事建筑、安装、装配工程业务或者提供劳务等，持续时间超过 12 个月的，按照纳税年度内完工进度或者完成的工作量确认收入的实现。

(3) 采取产品分成方式取得收入的，按照企业分得产品的时间确认收入的实现，其收入额按照产品的公允价值确定。

(4) 企业发生非货币性资产交换，以及将货物、财产、劳务用于捐赠、偿债、赞助、集资、广告、样品、职工福利或者利润分配等用途的，应当视同对外销售货物、转让财产或者提供劳务，按照公允价值确定其收入，计算应纳税额。

（三）处置资产收入的确认

(1) 企业发生下列情形的处置资产，除将资产转移至境外以外，由于资产所有权属在形式和实质上均不发生改变，可作为内部处置资产，不视同销售确认收入，相关资产的计税基础延续计算：

① 将资产用于生产、制造、加工另一产品；

② 改变资产形状、结构或性能；

③ 改变资产用途(如自建商品房转为自用或经营)；

④ 将资产在总机构及其分支机构之间转移；

⑤ 上述两种或两种以上情形的混合；

⑥ 其他不改变资产所有权属的用途。

(2) 企业将资产移送他人的下列情形，因资产所有权属已发生改变而不属于内部处置资产，应按规定视同销售确定收入：

① 用于市场推广或销售；

② 用于交际应酬；

③ 用于职工奖励或福利；

④ 用于股息分配；

⑤ 用于对外捐赠；

⑥ 其他改变资产所有权属的用途。

(3) 企业发生上述视同销售的情形时，属于企业自制的资产，应按企业同类资产同期对外销售价格确定销售收入；属于外购的资产，可按购入时的价格确定销售收入。

（四）收入实现的确认

（1）采取下列商品销售方式的，应按以下规定确认收入实现时间：

① 销售商品采用托收承付方式的，在办妥托收手续时确认收入；

② 销售商品采取预售款方式的，在发出商品时确认收入；

③ 销售商品需要安装和检验的，在购买方接受商品以及安装和检验完毕时确认收入，如果安装程序比较简单，可在发出商品时确认收入；

④ 销售商品采用支付手续费方式委托代销的，在受到代销清单时确认收入。

（2）企业在各个纳税期末，提供劳务交易的结果能够可靠估计的，应采用完工进度（完工百分比）法确认提供劳务收入。

（3）下列提供劳务满足收入确认条件的，应按规定确认收入。

① 安装费。应根据安装完工进度确认收入，安装工作是商品销售附带条件的，安装费在确认商品销售实现时确认收入。

② 宣传媒介的收费。应在相关的广告或商业行为出现于公众面前时确认收入；广告的制作费，应根据制作广告的完工进度确认收入。

③ 软件费。为特定客户开发软件的收费，应根据开发的完工进度确认收入。

④ 服务费。包括在商品售价内可区分的服务费，在提供服务的期间分期确认收入。

⑤ 艺术表演、招待宴会和其他特殊活动的收费。在相关活动发生时确认收入，收费涉及几项活动的，预收的款项合理分配给每项活动，分别确认收入。

⑥ 会员费。申请入会或加入会员，只允许取得会籍，所有其他服务或商品都要另行收费的，在取得该会员费时确认收入；申请入会或加入会员后，会员在会员期内不再付费就可得到各种服务或商品，或者以低于非会员的价格销售商品或提供劳务的，该会员费应在整个收益期内分期确认收入。

⑦ 特许权费。属于提供设备和其他有形资产的特许权费，在交付资产或转移资产所有权时确认收入；属于提供初始及后续服务的特许权费，在提供服务时确认收入。

⑧ 劳务费。长期为客户提供重复的劳务收取的劳务费，在相关劳务活动发生时确认收入。

（4）企业取得财产（包括分类资产、股权、债权等）转让收入、债务重组收入、接受捐赠收入、无法偿付的应付款收入等，不论是以货币形式还是非货币形式体现，除另有规定外，均应一次性计入确认收入的年度计算缴纳企业所得税。

二、不征税收入和免税收入

国家为了扶持和鼓励某些特殊的纳税人和特定的项目，或者避免因征税影响企业的正常经营，对企业取得的某些收入予以不征税或免税的特殊政策。

（一）不征税收入

1. 财政拨款

财政拨款指各级人民政府对纳入预算管理的事业单位、社会团体等组织拨付的财政资金，但国务院和国务院财政、税务主管部门另有规定的除外。

2. 依法收取并纳入财政管理的行政事业性收费、政府性基金

行政事业性收费是指依照法律法规等有关规定，按照国务院规定程序批准，在实施社会公共管理，以及在向公民、法人或者其他组织提供特定公共服务过程中，向特定对象收取并纳入财政管理的费用。政府性基金，是指企业依照法律、行政法规等有关规定，代政府收取的具有专项用途的财政资金。

3. 国务院规定的其他不征税收入

国务院规定的其他不征税收入指企业取得的，由国务院财政、税务主管部门规定专项用途并经国务院批准的财政性资金。

财政性资金，是指企业取得的来源于政府及其有关部门的财政补助、补贴、贷款贴息，以及其他各类财政专项资金，包括直接减免的增值税和即征即退、先征后退、先征后返的各种税收。但不包括企业按规定取得的出口退税款。

4. 专项用途财政性资金企业所得税处理的具体规定

财税〔2011〕70号通知规定，自2011年1月1日起，企业取得的专项用途财政性资金企业所得税处理按以下规定执行。

(1) 企业从县级以上各级人民政府财政部门及其他部门取得的应计入收入总额的财政性资金，凡同时符合以下条件的，可以作为不征税收入，在计算应纳税所得额时从收入总额中减除：

① 企业能够提供规定资金专项用途的资金拨付文件；

② 财政部门或其他拨付资金的政府部门对该资金有专门的资金管理办法或具体管理要求；

③ 企业对该资金以及该资金发生的支出单独进行核算。

(2) 不征税收入用于支出所形成的费用，不得在计算应纳税所得额时扣除；用于支出所形成的资产，其计算的折旧、摊销不得在计算应纳税所得额时扣除。

(3) 企业将符合规定条件的财政性资金作不征税收入处理后，在5年(60个月)内未发生支出且未缴回财政部门或其他拨付资金的政府部门的部分，应计入取得该资金第六年的应税收入总额；计入应税收入总额的财政性资金发生的支出，允许在计算应纳税所得额时扣除。

本章引入案例解析

本章引入案例中的甲公司取得的财政资金，是区属工业园区发放的项目资助资金，不满足"企业从县级以上各级人民政府财政部门及其他部门取得的应计入收入总额的财政性资金"的规定，该资金的发放部门不属于县级以上部门，即使满足不征税收入的其他条件也不能做不征税收入处理。

(二) 免税收入

(1) 国债利息收入。为鼓励企业积极购买国债，支援国家建设项目，税法规定，企业因购买国债所得的利息收入，免征企业所得税。

(2) 符合条件的居民企业之间的股息、红利等权益性收益。是指居民企业直接投资于其他居民企业取得的投资收益。不包括连续持有居民企业公开发行并上市流通的股票不足12个月取得的投资收益。

(3) 在中国境内设立机构、场所的非居民企业从居民企业取得与该机构、场所有实际联系的股息、红利等权益性投资收益。该收益不包括连续持有居民企业公开发行并上市流通的股票不足12个月取得的投资收益。

(4) 符合条件的非营利组织的收入。符合条件的非营利组织的收入,是指非营利组织在开展业务活动过程中所获得的非营利性收入,不包括非营利组织从事营利性活动取得的收入,但国务院财政、税务主管部门另有规定的除外。

小思考

不征税收入与免税收入有何不同?

三、扣除项目

(一) 税前扣除项目的原则

企业申报的扣除项目和金额要真实、合法。所谓真实是指能提供证明有关支出确属已经实际发生;合法是指符合国家税法的规定,若其他法规规定与税收法规规定不一致,应以税收法规的规定为标准。除税收法规另有规定外,税前扣除一般应遵循以下原则:

(1) 权责发生制原则,是指企业费用应在发生的所属期扣除,而不是在实际支付时确认扣除。

(2) 配比原则,是指企业发生的费用应当与收入配比扣除。除特殊规定外,企业发生的费用不得提前或滞后申报扣除。

(3) 相关性原则,是指企业可扣除的费用从性质和根源上必须与取得应税收入直接相关。

(4) 确定性原则,是指企业可扣除的费用不论何时支付,其金额必须是确定的。

(5) 合理性原则,是指符合生产经营活动常规,应当计入当期损益或者有关资产成本的必要和正常的支出。

(二) 基本扣除项目

企业实际发生的与取得收入有关的、合理的支出,包括成本、费用、税金、损失和其他支出,准予在计算应纳税所得额时扣除。

1. 成本

成本,是指企业在生产经营活动中发生的销售成本、销货成本、业务支出以及其他耗费。

(1) 销售成本,是生产性企业在生产产品过程中,为生产产品所耗费的原材料、直接人工以及耗费在产品的辅助材料、物料等。

(2) 销货成本,是商品流通企业销售货物的成本,由企业所销货物的购买价加上可直接归属于销售货物所发生的支出组成。

(3) 业务支出,是服务业企业提供服务过程中发生的支出,包括直接耗费的原材料、服务人员的工资薪金等直接可归属于服务的其他支出。

(4) 其他耗费,凡是企业在生产产品、销售商品、提供劳务等过程中耗费的其他直接相关支出,如果没有列入费用的范畴,都允许作为其他耗费列入成本的范围,在计算企业所得税前扣除。

2. 费用

费用,是指企业在生产经营活动中发生的销售费用、管理费用和财务费用,但已经计入成本的有关费用除外。

(1) 销售费用,是指应由企业负担的为销售商品而发生的费用,包括广告费、运输费、装卸费、包装费、展览费、保险费、销售佣金(能直接认定的进口佣金调整商品进价成本)、代销手续费、经营性租赁费及销售部门发生的差旅费、工资、福利费等费用。

(2) 管理费用,是指企业的行政管理部门为管理组织经营活动提供各项支援性服务而发生的费用。

(3) 财务费用,是指企业筹集经营性资金而发生的费用,包括利息净支出、汇兑净损失、金融机构手续费以及其他非资本化支出。

3. 税金

税金,是指企业发生的除企业所得税和允许抵扣的增值税以外的各项税金及其附加。即企业按规定缴纳的消费税、营业税、城市维护建设税、关税、资源税、土地增值税、房产税、车船税、土地使用税、印花税、教育费附加等产品销售税金及附加。这些已纳税金准予税前扣除。准许扣除的税金有两种方式:一是在发生当期扣除;二是在发生当期计入相关资产的成本,在以后各期分摊扣除。

4. 损失

损失,是指企业在生产经营活动中发生的固定资产和存货的盘亏、毁损、报废损失,转让财产损失,呆账损失,坏账损失,自然灾害等不可抗力因素造成的损失以及其他损失。

5. 其他支出

其他支出,是指除成本、费用、税金、损失外,企业在生产经营活动中发生的与生产经营活动有关的、合理的支出。

小思考

企业缴纳的增值税在计算企业所得税时是否可以税前扣除?

(三) 限定条件扣除项目

在计算应纳税所得额时,下列项目可按照实际发生额或规定标准扣除。

1. 工资、薪金支出

企业发生的合理的工资薪金支出,准予扣除。

工资、薪金支出,是指企业每一纳税年度支付给在本企业任职或者受雇的员工的所有现金形式或者非现金形式的劳动报酬,包括基本工资、奖金、津贴、补贴、年终加薪、加班工资,以及与员工任职或者受雇有关的其他支出。

企业因雇用季节工、临时工、实习生、返聘离退休人员以及接受外部劳务派遣用工所实际发生的费用,应区分为工资薪金支出和职工福利费支出,并按《企业所得税法》规定在企业所得税前扣除。其中属于工资薪金支出的，准予计入企业工资薪金总额的基数，作为计算其他各项相关费用扣除的依据。

小思考

可以税前扣除的工资、薪金应满足哪些条件？

2. 职工福利费、工会经费、职工教育经费

企业发生的职工福利费支出，不超过工资薪金总额14%的部分，准予扣除。

企业拨缴的工会经费，不超过工资薪金总额2%的部分，准予扣除。

除国务院财政、税务主管部门另有规定外，企业发生的职工教育经费支出，不超过工资薪金总额2.5%的部分，准予扣除，超过部分，准予在以后纳税年度结转扣除；软件生产企业发生的职工教育经费中的职工培训费用，可以全额在企业所得税前扣除。

【例 8-1】 某企业为居民企业，2015 年实际发生的工资薪金支出为 400 万元，实际拨缴的工会经费为 6 万元，实际发生职工福利费 60 万元，实际发生职工教育经费 15 万元。计算该企业 2015 年计算应纳税所得额时，可以扣除的“三项经费”金额。

解析：

工会经费扣除限额＝400×2%＝8(万元)

实际拨缴的工会经费为 6 万元，小于扣除限额，因此可以扣除的工会经费为 6 万元。

职工福利费扣除限额＝400×14%＝56(万元)

实际发生的职工福利费为 60 万元，大于扣除限额，因此可以扣除的职工福利费为 56 万元。

职工教育经费扣除限额＝400×2.5%＝10(万元)

实际发生的职工教育经费为 15 万余，大于扣除限额，因此可以扣除的职工教育经费为 10 万元。

该企业可以税前扣除的“三项经费”金额＝6＋56＋10＝72(万元)

3. 保险费用

(1) 企业依照国务院有关主管部门或者省级人民政府规定的范围和标准为职工缴纳的基本养老保险费、基本医疗保险费、失业保险费、工伤保险费、生育保险费等基本社会保险费和住房公积金，准予扣除。

(2) 企业为投资者或在本企业任职、受雇的全体员工支付的补充养老保险、补充医疗保险费，分别在不超过工资总额 5%标准内的部分，准予扣除；超过部分，不予扣除。

(3) 企业依照国家有关规定为特殊工种职工支付的人身安全保险费和符合国务院财政、税务主管部门规定可以扣除的商业保险费，准予扣除。

(4) 企业参加财产保险，按照规定缴纳的保险费，准予扣除。企业为投资者或者职工支付的商业保险费，不得扣除。

4. 借款费用

借款费用，是指企业因借款而发生的利息及其他相关成本，包括借款利息、折价或者溢价的摊销、辅助费用以及因外币借款而发生的汇兑差额。

(1) 借款费用的扣除方式。企业在生产经营活动中发生的合理的不需要资本化的借款费用，准予扣除；企业为购置、建造固定资产、无形资产和经过 12 个月以上的建造才能达到预定可销售状态的存货发生借款的，在有关资产购置、建造期间发生的合理的借款费用，应当作为资本性支出计入有关资产的成本，并依照规定扣除。

（2）不需要资本化的借款利息的扣除标准。非金融企业向金融企业借款的利息支出、金融企业的各项存款利息支出和同业拆借利息支出、企业经批准发行债券的利息支出，准予扣除；非金融企业向非金融企业借款的利息支出，不超过按照金融企业同期同类贷款利率计算的数额的部分，准予扣除。

企业在按照合同要求首次支付利息并进行税前扣除时，应提供"金融企业的同期同类贷款利率情况说明"，以证明其利息支出的合理性。

（3）企业向自然人借款的利息支出的扣除。

① 企业向股东或其他与企业有关联关系的自然人借款的利息支出，应根据税法规定的条件，计算企业所得税扣除额；

② 企业向股东或其他与企业有关联关系的自然人以外的内部职工或其他人员借款的利息支出，在不超过按照金融企业同期同类贷款利率计算的数额的部分，根据规定准予扣除。且必须同时符合以下条件：一是企业与个人之间的借贷是真实、合法、有效的，并且不具有非法集资目的或其他违反法律、法规的行为；二是企业与个人之间签订了借款合同。

即学即用

某企业因扩大生产规模新建厂房，由于自有资金不足2015年1月1日向银行借入长期借款1笔，金额3 000万元，贷款年利率是4.2%，2015年4月1日该厂房开始建设，2016年5月1日房屋交付使用，则2015年度该企业可以在税前直接扣除的该项借款费用是（　　）万元。（单选题）

A. 36.6　　B. 35.4　　C. 32.7　　D. 31.5

答案：D

题解：企业为购置、建造固定资产发生借款的，在有关资产购置、建造期间发生的合理的借款费用，应予以资本化，作为资本性支出计入有关资产的成本。厂房建造前发生的借款利息可以在税前直接扣除，可以扣除的借款费用＝3 000×4.2%÷12×3＝31.5（万元）。

5. 汇兑损失

企业在货币交易中，以及纳税年度终了时将人民币以外的货币性资产、负债按照期末即期人民币汇率中间价折算为人民币时产生的汇兑损失，除已经计入有关资产成本以及与向所有者进行利润分配相关的部分外，准予扣除。

6. 业务招待费

企业发生的与生产经营活动有关的业务招待费支出，按照发生额的60%扣除，但最高不得超过当年销售（营业）收入的5‰。

7. 广告费和业务宣传费

企业发生的符合条件的广告费和业务宣传费支出，除国务院财政、税务主管部门另有规定外，不超过当年销售（营业）收入15%的部分，准予扣除；超过部分，准予在以后纳税年度结转扣除。烟草企业的烟草广告费和业务宣传费支出，一律不得在计算应纳税所得额时扣除。

小思考

为什么要烟草企业的烟草广告费和业务宣传费支出不可以税前扣除？

8. 环境保护等专项资金

企业依照法律、行政法规有关规定提取的用于环境保护、生态恢复等方面的专项资金，准予扣除。但上述专项资金提取后若改变用途，则不得扣除。

9. 固定资产的租赁费

企业根据生产经营活动的需要租入固定资产支付的租赁费，按照以下方法扣除：

(1) 以经营租赁方式租入固定资产发生的租赁费支出，按照租赁期限均匀扣除；

(2) 以融资租赁方式租入固定资产发生的租赁费支出，按照规定构成融资租入固定资产价值的部分应当提取折旧费用，分期扣除。

小思考

经营租赁和融资租赁的区别有哪些?

10. 劳动保护支出

企业发生的合理的劳动保护支出，准予扣除。

合理的劳动保护支出，是指确因工作需要为雇员配备或提供工作服、手套、安全保护用品、防暑降温用品等所发生的支出。

11. 管理费

非居民企业在中国境内设立的机构、场所，就其中国境外总机构发生的与该机构、场所生产经营有关的费用，如果能够提供总机构出具的费用汇集范围、定额、分配依据和方法等证明文件，并合理分摊的，准予扣除。

12. 公益性捐赠

企业发生的公益性捐赠支出，在年度利润总额12%以内的部分，准予在计算应纳税所得额时扣除。

公益性捐赠，是指企业通过公益性社会团体或者县级以上人民政府及其部门，用于《中华人民共和国公益事业捐赠法》规定的公益事业的捐赠。

小思考

某计算机生产企业直接向希望小学捐赠自产的计算机，其发生的捐赠支出为什么不允许在企业所得税前扣除?

13. 转让资产的净值

企业转让资产，该项资产的净值，准予在计算应纳税所得额时扣除。

资产的净值，是指有关资产的计税基础减除已经按照规定扣除的折旧、折耗、摊销、准备金等后的余额。

14. 有关资产的费用

企业转让各类固定资产发生的费用，允许扣除。企业按规定计算的固定资产折旧费、无形资产和递延资产的摊销费，准予扣除。

15. 资产损失

企业当期发生的固定资产和流动资产盘亏、毁损净损失，由其提供清查盘存资料经主管税务机关审核后，准予扣除；企业因存货盘亏、毁损、报废等原因不得从销项税额中抵扣的进项税额，应视同企业财产损失，准予与存货损失一起在所得税前按规定扣除。

16. 金融企业贷款损失准备金

政策性银行、商业银行、财务公司、城乡信用社和金融租赁公司等金融企业按规定比率提取的贷款损失准备金准予税前扣除。

17. 企业员工服饰费用支出

企业根据其工作性质和特点，由企业统一制作并要求员工工作时统一着装所发生的工作服饰费用，可以作为企业合理的支出给予税前扣除。

对企业依据财务会计制度规定，并实际在财务会计处理上已确认的支出，凡没有超过《企业所得税法》和有关税收法规规定的税前扣除范围和标准的，可按企业实际会计处理确认的支出，在企业所得税前扣除，计算其应纳税所得额。

(四) 不得扣除项目

在计算应纳税所得额时，下列支出不得扣除：

(1) 向投资者支付的股息、红利等权益性支出。

(2) 企业所得税税款。

(3) 税收滞纳金，是指纳税人违反税收法规，被税务机关处以的滞纳金。

(4) 罚金、罚款和被没收财物的损失，是指纳税人违反国家有关法律、法规规定，被有关部门处以的罚款，以及被司法机关处以的罚金和被没收财物。

(5) 超过规定标准的捐赠支出。

(6) 赞助支出，是指企业发生的与生产经营活动无关的各种非广告性质支出。

(7) 未经核定的准备金支出，是指不符合国务院财政、税务主管部门规定的各项资产减值准备、风险准备等准备金支出。

(8) 企业之间支付的管理费、企业内营业机构之间支付的租金和特许权使用费，以及非银行企业内营业机构之间支付的利息，不得扣除。

(9) 与取得收入无关的其他支出。

即学即用

根据企业所得税法的规定，在计算企业所得税应纳税所得额时，下列项目不得在企业所得税税前扣除的有(　　)。(多选题)

A. 计提的用于生态恢复方面的专项资金

B. 违反法律被司法部门处以的罚金

C. 非广告性质的赞助支出

D. 银行按规定加收的罚息

答案：BC

题解：纳税人因违反法律、行政法规而交付的罚款、罚金、滞纳金，不得扣除；纳税人逾期归还银行贷款，银行按规定加收的罚息，不属于行政性罚款，允许在税前扣除。

小思考

为什么企业有些支出税法明确规定不允许税前扣除？

四、亏损弥补

纳税人发生的亏损准予向以后年度结转，用以后年度的所得弥补，但结转年限最长不超过5年。

亏损，是指企业依照《企业所得税法》及其暂行条例的规定，将每一纳税年度的收入总额减除不征税收入、免税收入和各项扣除后小于零的数额。

 **小思考**

在计算亏损弥补期限时，亏损年度是否包括在其中？

第四节 资产的税务处理

资产是由于资本投资而形成的财产，对于资本性支出以及无形资产受让、开发费用，不允许作为成本、费用从纳税人的收入总额中一次性扣除，只能采取分次计提折旧或分次摊销的方式予以扣除。纳入税务处理范围的资产形式主要包括固定资产、生物资产、无形资产、长期待摊费用、投资资产、存货等，均以历史成本为计税依据。企业持有各项资产期间资产增值或者减值，除国务院财政、税务主管部门规定可以确认损益外，不得调整该资产的计税基础。

一、固定资产的税务处理

固定资产是指企业为生产产品、提供劳务、出租或者经营管理而持有的、使用期限超过12个月的非货币性资产，包括房屋、建筑物、机器、机械、运输工具，以及其他与生产经营活动有关的设备、器具、工具等。

（一）固定资产计税基础

根据固定资产的来源不同，其计税基础分别规定如下。

(1) 外购的固定资产，以购买价款和支付的相关税费以及直接归属于使该资产达到预定用途发生的其他支出为计税基础；

(2) 自行建造的固定资产，以竣工结算前发生的支出为计税基础；

(3) 融资租入的固定资产，以租赁合同约定的付款总额和承租人在签订租赁合同过程中发生的相关费用为计税基础，租赁合同未约定付款总额的，以该资产的公允价值和承租人在签订租赁合同过程中发生的相关费用为计税基础；

(4) 盘盈的固定资产，以同类固定资产的重置完全价值为计税基础；

(5) 通过捐赠、投资、非货币性资产交换、债务重组等方式取得的固定资产，以该资产的公允价值和支付的相关税费为计税基础；

(6) 改建的固定资产，除已足额提取折旧的固定资产和经营租入固定资产的改建支出外，以改建过程中发生的改建支出增加固定资产的计税基础。

（二）固定资产折旧的计提范围

在计算应纳税所得额时，企业按照规定计算的固定资产折旧，准予扣除。下列固定资产不得计算折旧扣除。

（1）房屋、建筑物以外未投入使用的固定资产；

（2）以经营租赁方式租入的固定资产；

（3）以融资租赁方式租出的固定资产；

（4）已足额提取折旧仍继续使用的固定资产；

（5）与经营活动无关的固定资产；

（6）单独估价作为固定资产入账的土地；

（7）其他不得计算折旧扣除的固定资产。

（三）固定资产折旧的计提方法

（1）固定资产按照使用年限，采用直线法计算的折旧，准予在计算应纳税所得额时扣除。其计算公式为：

$$年折旧率=\frac{1-预计净残值率}{使用年限}$$

$$月折旧额=\frac{固定资产原价\times 年折旧率}{12}$$

（2）企业在计提折旧前，应当根据固定资产的性质和使用情况，合理确定固定资产的预计净残值，固定资产的预计净残值一经确定，不得变更。

（3）企业应当自固定资产投入使用月份的次月起计提折旧；停止使用的固定资产，应当从停止使用月份的次月起停止计提折旧。

（四）固定资产折旧的计提年限

除国务院财政、税务主管部门另有规定外，固定资产计算折旧的最低年限如下：

（1）房屋、建筑物为20年；

（2）飞机、火车、轮船、机器、机械和其他生产设备为10年；

（3）与生产经营活动有关的器具、工具、家具等为5年；

（4）飞机、火车、轮船以外的运输工具为4年；

（5）电子设备为3年。

（五）固定资产的加速折旧

1. 加速折旧的范围

（1）基本规定

下列固定资产可以采用加速折旧的方法计提折旧在应纳税所得额中扣除：

① 由于技术进步，产品更新换代较快的固定资产；

② 常年处于强震动、高腐蚀状态的固定资产。

(2) 加速折旧的其他规定

① 轻工、纺织、机械、汽车四个领域重点行业的企业2015年1月1日后新购进的固定资产,可由企业选择缩短折旧年限或采取加速折旧的方法。

② 对上述行业的小型微利企业2015年1月1日后新购进的研发和生产经营共用的仪器、设备,单位价值不超过100万元的,允许一次性计入当期成本费用在计算应纳税所得额时扣除,不再分年度计算折旧;单位价值超过100万元的,可由企业选择缩短折旧年限或采取加速折旧的方法。

③ 对所有行业企业2014年1月1日后新购进的专门用于研发的仪器、设备,单位价值不超过100万元的,允许一次性计入当期成本费用在计算应纳税所得额时扣除,不再分年度计算折旧;单位价值超过100万元的,可缩短折旧年限或采取加速折旧的方法。

④ 对所有行业企业持有的单位价值不超过5000元的固定资产,允许一次性计入当期成本费用在计算应纳税所得额时扣除,不再分年度计算折旧。

2. 加速折旧的方法

企业的固定资产确需加速折旧的,可以采取缩短折旧年限或者采取加速折旧的方法。

采用缩短折旧年限来加速折旧的固定资产,固定资产的使用年限不得低于税法规定的最低折旧年限的60%;采取加速折旧方法的固定资产,可以采取双倍余额递减法或者年数总和法计算折旧。

小思考

企业购置的设备如果采用缩短折旧年限的加速折旧方法,最短折旧年限是几年?

(六) 固定资产折旧的企业所得税处理

(1) 企业固定资产会计折旧年限如果短于税法规定的最低折旧年限,其按会计折旧年限计提的折旧高于按税法规定的最低折旧年限计提的折旧部分,应调增当期应纳税所得额;企业固定资产会计折旧年限已期满且会计折旧已提足,但税法规定的最低折旧年限尚未到期且税收折旧尚未足额扣除,其未足额扣除的部分准予在剩余的税收折旧年限继续按规定扣除。

(2) 企业固定资产会计折旧年限如果长于税法规定的最低折旧年限,其折旧应按会计折旧年限计算扣除,税法另有规定除外。

(3) 企业按会计规定提取的固定资产减值准备,不得税前扣除,其折旧仍按税法确定的固定资产计税基础计算扣除。

(4) 企业按税法规定实行加速折旧的,其按加速折旧办法计算的折旧额可全额在税前扣除。

(5) 石油天然气开采企业在计提油气资产折耗(折旧)时,由于会计与税法规定计算方法不同导致的折耗(折旧)差异,应按税法规定进行纳税调整。

小思考

融资租赁租入的固定资产、经营租赁租入的固定资产、融资租赁租出的固定资产和经营租赁租出的固定资产,企业在计算企业所得税时,分别应该做何处理?

二、生物资产的税务处理

生物资产是指有生命的动物和植物。生物资产分为消耗性生物资产、生产性生物资产和公益性生物资产。

（一）生物资产的计税基础

生产性生物资产按照以下方法确定计税基础：

（1）外购的生产性生物资产，以购买价款和支付的相关税费为计税基础。

（2）通过捐赠、投资、非货币性资产交换、债务重组等方式取得的生产性生物资产，以该资产的公允价值和支付的相关税费为计税基础。

（二）生物资产的折旧方法和折旧年限

1. 生物资产的折旧方法

生产性生物资产按照直线法计算的折旧，准予扣除。企业应当自生产性生物资产投入使用月份的次月起计算折旧；停止使用的生产性生物资产应当自停止使用月份的次月起停止计算折旧。

企业应当根据生产性生物资产的性质和使用情况，合理确定生产性生物资产的预计净残值。生产性生物资产的预计净残值一经确定，不得变更。

2. 生产性生物资产计算折旧的最低年限

① 林木类生产性生物资产为10年；

② 畜类生产性生物资产为3年。

三、无形资产的税务处理

无形资产是指企业长期使用、但没有实物形态的资产，包括专利权、商标权、著作权、土地使用权、非专利技术、商誉等。

（一）无形资产的计税基础

无形资产按照以下方法确定计税基础：

（1）外购的无形资产，以购买价款和支付的相关税费，以及直接归属于使该资产达到预定用途发生的其他支出为计税基础。

（2）自行开发的无形资产，以开发过程中该资产符合资本化条件后至达到预定用途前发生的支出为计税基础。

（3）通过捐赠、投资、非货币性资产交换、债务重组等方式取得的无形资产，以该资产的公允价值和支付的相关税费为计税基础。

（二）无形资产摊销的范围

（1）在计算应纳税所得额时，企业按照规定计算的无形资产摊销费用，准予扣除。

(2) 下列无形资产不得计算摊销费用扣除:

① 自行开发的支出已在计算应纳税所得额时扣除的无形资产;

② 自创商誉;

③ 与经营活动无关的无形资产;

④ 其他不得计算摊销费用扣除的无形资产。

(三) 无形资产的摊销方法及年限

无形资产的摊销采取直线法计算。无形资产的摊销年限不得低于10年。作为投资或者受让的无形资产,有关法律规定或者合同约定了使用年限的,可以按照规定或者约定的使用年限分期摊销。外购商誉的支出,在企业整体转让或者清算时准予扣除。

小思考

土地上使用权的摊销年限怎样确定?

四、长期待摊费用的税务处理

长期待摊费用,是指企业发生的应在一个年度以上或几个年度进行摊销的费用。企业发生的长期待摊费用可以按照规定计算摊销,准予在计算应纳税所得额时扣除,其税务处理主要包括以下内容。

(一) 固定资产改建支出的摊销

1. 已足额提取折旧的固定资产改建支出的摊销

固定资产的改建支出,是指改变房屋或者建筑物结构、延长使用年限等发生的支出。企业的固定资产改建支出,如果固定资产尚未提足折旧,应增加固定资产价值。

已足额提取折旧的固定资产的改建支出,应作为长期待摊费用,按照固定资产预计尚可使用年限分期摊销。

2. 经营租入固定资产改建支出的摊销

经营租入固定资产的改建支出应按照合同约定的剩余租赁期限分期摊销。

(二) 固定资产的大修理支出的摊销

固定资产的大修理支出,是指同时符合下列条件的支出:

(1) 修理支出达到取得固定资产时的计税基础50%以上;

(2) 修理后固定资产的使用年限延长2年以上。

企业发生的固定资产的大修理支出,按照固定资产尚可使用年限分期摊销。

(三) 其他应当作为长期待摊费用支出的摊销

其他应当作为长期待摊费用的支出,自支出发生月份的次月起分期摊销,摊销年限不得低于3年。

小思考

企业以经营租赁方式租入的门市房，对其装修发生的装修费是否属于长期待摊费用？

五、存货的税务处理

存货，是指企业持有以备出售的产品或者商品；处在生产过程中的在产品；在生产或者提供劳务过程中耗用的材料和物料等。企业使用或者销售存货，按照规定计算的存货成本，准予在计算应纳税所得额时扣除。

（一）存货的计税基础

（1）通过支付现金方式取得的存货，以购买价款和支付的相关税费为成本。

（2）通过支付现金以外的方式取得的存货，以该存货的公允价值和支付的相关税费为成本。

（3）生产性生物资产收获的农产品，以产出或者采收过程中发生的材料费、人工费和分摊的间接费用等必要支出为成本。

（二）存货成本的计算方法

企业可以在先进先出法、加权平均法、个别计价法中选用一种方法来计算使用或者销售的存货的成本。计价方法一经选用，不得随意变更。

小思考

为什么税法不允许在计算企业所得税时采用后进先出法？

六、投资资产的税务处理

投资资产是指企业对外进行权益性投资和债权性投资而形成的资产。

（一）投资资产的成本

投资资产按以下方法确定投资成本：

（1）通过支付现金方式取得的投资资产，以购买价款为成本；

（2）通过支付现金以外的方式取得的投资资产，以该资产的公允价值和支付的相关税费为成本。

（二）投资资产成本的扣除方法

企业对外投资期间，投资资产的成本在计算应纳税所得额时不得扣除，企业在转让或者处置投资资产时，投资资产的成本准予扣除。

（三）投资企业撤回或减少投资的税务处理

投资企业从被投资企业撤回或减少投资，其取得的资产中，相当于初始出资的部分，应确认为投资收回；相当于被投资企业累计未分配利润和累计盈余公积按减少实收资本比例计算的部分，应确认为股息所得；其余部分确认为投资资产转让所得。

 即学即用

根据企业所得税法的规定，关于资产的税务处理表述错误的是(　　)。(单选题)

A. 企业的各项资产，包括固定资产、生物资产、无形资产、长期待摊费用、投资资产、存货等，以历史成本为计税基础

B. 固定资产，是指企业为生产产品、提供劳务、出租或者经营管理而持有的、使用时间超过12个月的非货币性资产

C. 停止使用的固定资产，应当自停止使用月份起停止计提折旧

D. 企业应当根据固定资产的性质和使用情况，合理确定固定资产的预计净残值，固定资产的预计净残值一经确定，不得变更

答案：C

题解：停止使用的固定资产，应当自停止使用月份的次月起停止计提折旧。

第五节　应纳税所得额与应纳税额的计算

应纳税所得额是企业所得税的计税依据，企业的应纳税所得额乘以适用税率，减除依照企业所得税法规定减免和抵免的税额后的余额，为应纳税额。

一、应纳税所得额的计算

应纳税所得额是企业每一纳税年度的收入总额，减去不征税收入、免税收入、各项扣除以及允许弥补的以前年度亏损后的余额。其计算公式为：

应纳税所得额＝收入总额－不征税收入－免税收入
－各项扣除－允许弥补的以前年度亏损

应纳税所得额的计算一般包括直接结算法和间接计算法两种方法。

(一) 直接计算法

在直接计算法下，企业每一纳税年度的收入总额，减除不征税收入、免税收入、各项扣除以及允许弥补的以前年度亏损后的余额为应纳税所得的。计算公式为：

应纳税所得额＝收入总额－不征税收入－免税收入
－各项扣除－允许弥补的以前年度亏损

(二) 间接计算法

在间接计算法下，是在会计利润总额的基础上加或减按照税法规定调整的项目金额为应纳税所得额。计算公式为：

应纳税所得额＝会计利润总额±纳税调整项目金额

纳税调整项目金额包括两方面的内容：一是企业的财务会计处理和税收规定不一致的应予以调整的金额；二是企业按税法规定准予扣除的税收金额。

小思考

会计利润和应纳税所得额有哪些区别？

二、居民企业查账征收应纳税额的计算

居民企业应缴纳的所得税额等于应纳税所得额乘以适用税率，减除规定的减免和抵免的税额后的余额，计算公式为：

应纳税额＝应纳税所得额×适用税率－减免税额－抵免税额

公式中的减免税额和抵免税额，是指依照企业所得税法和国务院的税收优惠规定减征、免征和抵免的应纳税额。

其中，减免税额体现在企业所得税年度纳税申报表中，主要适用于享受优惠税率的纳税人，例如，小型微利企业、高新技术企业等。减免税额的计算公式为：

减免税额＝应纳税所得额×(基本税率25％－适用的优惠税率)

【例8-2】 某企业经税务机关核定，甲公司2015年度生产经营情况如下：全年取得产品销售收入为5 600万元，发生产品销售成本4 000万元；其他业务收入800万元，其他业务成本660万元；购买国债的利息收入40万元；缴纳非增值税销售税金及附加300万元；发生的管理费用760万元，其中业务招待费用70万元；发生财务费用200万元；取得营业外收入100万元，发生营业外支出250万元(其中含公益捐赠38万元)。根据上述资料，计算该企业2014年应纳企业所得税。

解析：

(1) 销售(营业)收入＝5 600＋800＝6 400(万元)。

销售(营业)收入是计算广告费和业务宣传费、业务招待费扣除限额的基数。

(2) 利润总额＝6 400＋40＋100－4 000－660－300－760－200－250＝370(万元)。

(3) 国债利息收入免征企业所得税，应调减所得额40万元。

(4) 按实际发生业务招待费的60％计算＝70×60％＝42(万元)。

按销售(营业)收入的5‰计算＝6 400×5‰＝32(万元)。

按照规定税前扣除限额应为32万元，实际应调增应纳税所得额＝70－32＝38(万元)。

(5) 捐赠扣除标准＝370×12％＝44.4(万元)。

实际捐赠额38万元小于扣除标准44.4万元，可按实捐数扣除，不做纳税调整。

(6) 应纳税所得额＝370－40＋38＝368(万元)。

(7) 该企业本年应缴纳企业所得税＝368×25％＝92(万元)。

三、境外所得已纳税额的抵免

对同一纳税人的同一征税对象重复征税，是双重征税。为了避免国际双重征税，各国都采取了相应的措施，包括免税法、扣除法、抵免法以及税收协定等。目前，我国采用税收抵免

法来避免国际上的双重征税。

企业的应纳税额加上境外所得应纳所得税额再减去境外所得抵免所得税额，为企业的实际应纳所得税额。

（一）一般所得税额的抵免

1. 抵免的范围

企业取得的下列所得已在境外缴纳的所得税税额，可以从其当期应纳税额中抵免：

(1) 居民企业来源于中国境外的应税所得；

(2) 非居民企业在中国境内设立机构、场所，取得发生在中国境外但与该机构、场所有实际联系的应税所得。

已在境外缴纳的所得税税额，是指企业来源于中国境外的所得依照中国境外税收法律以及相关规定应当缴纳并已经实际缴纳的企业所得税性质的税款。

2. 抵免限额的计算

抵免限额，是指企业来源于中国境外的所得，依照企业所得税法和实施条例的规定计算的应纳税额。其计算公式为：

$$\text{抵免限额}=\frac{\text{中国境内、境外所得依照税法规定计算的应纳税总额}}{}\times\frac{\text{来源于某国(地区)的应纳税所得额}}{\text{中国境内、境外应纳税所得总额}}$$

企业已在境外缴纳的所得税税额未超过抵免限额的，按照实际已纳税额抵免；超过抵免限额的部分，可以在以后五个年度内，用每年度抵免限额抵免当年应抵税额后的余额进行抵补。

除国务院财政、税务主管部门另有规定外该抵免限额应当分国(地区)不分项计算。

五个年度，是指从企业取得的来源于中国境外的所得，已经在中国境外缴纳的企业所得税性质的税额超过抵免限额的当年的次年起连续 5 个纳税年度。

【例 8-3】 华泰公司主要从事进出口贸易，分别在 A 国和 B 国设有分支机构，2015 年华泰公司境内所得为 240 万元；A 国分支机构取得所得折合人民币 90 万元，在 A 国缴纳企业所得税 13.5 万元；B 国分支机构取得所得折合人民币 70 万元，在 B 国缴纳企业所得税 21 万元。计算该公司 2014 年应纳企业所得税。

解析：

(1) 境外税额的抵免限额：

A 国所得税抵免限额＝(240＋90＋70)×25％×90÷(240＋90＋70)＝22.5(万元)

B 国所得税抵免限额＝(240＋90＋70)×25％×70÷(240＋90＋70)＝17.5(万元)

(2) 当年已缴纳的 A 国所得税的税额小于 A 国的抵免限额，所以应抵免的 A 国已缴纳的所得税税额为 13.5 万元。

当年已缴纳的 B 国所得税的税额大于 B 国的抵免限额，所以应抵免的 B 国已缴纳的所得税税额为 17.5 万元。

(3) 该公司实际应纳企业所得税税额＝(240＋90＋70)×25％－(13.5＋17.5)＝69(万元)。

（二）股息、红利等权益性投资收益的抵免

居民企业从其直接或者间接控制的外国企业分得的来源于中国境外的股息、红利等权

益性投资收益，外国企业在境外实际缴纳的所得税税额中属于该项所得负担的部分，可以作为该居民企业的可抵免境外所得税税额，在上述规定的抵免限额内抵免。

直接控制，是指居民企业直接持有外国企业 20%以上股份。

间接控制，是指居民企业以间接持股方式持有外国企业 20%以上股份，具体认定办法由国务院财政、税务主管部门另行制定。

四、居民企业核定征收企业所得税的计算

（一）核定征收企业所得税的范围

居民企业具有下列情形之一的，核定征收企业所得税：

（1）依照法律、行政法规的规定可以不设置账簿的；

（2）依照法律、行政法规的规定应当设置但未设置账簿的；

（3）擅自销毁账簿或者拒不提供纳税资料的；

（4）虽设置账簿，但账目混乱或成本资料、收入凭证、费用凭证残缺不全，难以查账的；

（5）发生纳税义务，未按照规定的期限办理纳税申报，经税务机关责令限期申报，逾期仍不申报的；

（6）申报的计税依据明显偏低，又无正当理由的。

会计、审计、资产评估、税务、房地产估价、土地估价、工程造价、律师、价格鉴证、公证机构、基层法律服务机构、专利代理、商标代理以及其他经济鉴证类社会中介机构，不适用企业所得税核定征收办法。

小思考

核定征收企业所得税的目的有哪些？

（二）核定征收的办法

税务机关应根据纳税人的具体情况，对核定征收企业所得税的纳税人，核定应税所得率或者核定应纳所得税额。

1. 核定应税所得率

居民企业具有下列情形之一的，应核定应税所得率：

（1）能正确核算收入总额，但不能正确核算成本费用总额的；

（2）能正确核算成本费用总额，但不能正确核算收入总额的；

（3）通过合理方法，能计算和推定纳税人收入总额或成本费用总额的。

采用应税所得率方式核定征收企业所得税的，其计算公式为：

应纳税所得额＝应税收入额×应税所得率

或：　应纳税所得额＝成本（费用）支出额÷（1－应税所得率）×应税所得率

应纳税额＝应纳税所得额×适用税率

【例 8-4】 滨江公司为小型建筑企业，2015 年资产总额为 900 万、员工 64 人。税务机关审定滨江公司采用核定应税所得率的方法征收企业所得税，核定其应税所得率为 20%。

2015年该公司取得收入总额150万元，其中包括免税收入5万元，不征税收入20万元，但其成本费用支出不能准确核算。计算该公司应纳企业所得税。

解析：

$$应纳税所得额=(120-5-20)\times 20\%=19(万元)$$

该公司符合小型微利企业资产、人数条件，应纳税所得额为19万元，低于20万元，其所得减按50%计入应纳税所得额，按20%的税率缴纳企业所得税。

$$应纳企业所得税=19\times 25\%-19\times(25\%-20\%\times 50\%)=1.9(万元)$$

2. 核定应纳所得税额

对不符合核定应税所得率的纳税人，由税务机关采用以下方法核定其应纳所得税额：

(1) 参照当地同类行业或者类似行业中经营规模和收入水平相近的纳税人的税负水平核定；

(2) 按照应税收入额或成本费用支出额定率核定；

(3) 按照耗用的原材料、燃料、动力等推算或测算核定；

(4) 按照其他合理方法核定。

第六节 资产损失税前扣除与特别纳税调整

一、资产损失税前扣除的所得税处理

(一) 资产损失的定义

资产损失，是指企业在生产经营活动中实际发生的、与取得应税收入有关的资产损失，包括现金损失、存款损失、坏账损失、贷款损失、股权投资损失、固定资产和存货的盘亏、损毁、报废、被盗损失、自然灾害等不可抗力因素造成的损失以及其他损失。

资产，是指企业拥有或者控制的、用于经营管理活动且与取得应税收入有关的资产，包括现金、银行存款、应收及预付款项等货币资产，存货、固定资产、在建工程、生产性生物资产等非货币资产，以及债权性投资和权益性投资。

(二) 资产损失税前扣除的规定

(1) 资产损失包括实际资产损失和法定资产损失。其中，企业在实际处置、转让上述资产过程中发生的合理损失为实际资产损失；企业虽未实际处置、转让上述资产，但符合税法规定条件计算确认的损失为法定资产损失。

(2) 企业实际资产损失，应当在其实际发生且会计上已作损失处理的年度申报扣除；法定资产损失，应当在企业向主管税务机关提供证据资料证明该项资产已符合法定资产损失确认条件，且会计上已作损失处理的年度申报扣除。

(3) 企业发生的资产损失，应按规定的程序和要求向主管税务机关申报后方能在税前扣除。未经申报的损失，不得在税前扣除。

(4) 企业以前年度发生的资产损失未能在当年税前扣除的，可以按照规定，向税务机关

说明并进行专项申报扣除。

（三）资产损失的申报管理

（1）企业资产损失按其申报内容和要求的不同，分为清单申报和专项申报两种申报形式。

（2）下列资产损失，应以清单申报的方式向税务机关申报扣除：

① 企业在正常经营管理活动中，按照公允价格销售、转让、变卖非货币资产的损失；

② 企业各项存货发生的正常损耗；

③ 企业固定资产达到或超过使用年限而正常报废清理的损失；

④ 企业生产性生物资产达到或超过使用年限而正常死亡发生的资产损失；

⑤ 企业按照市场公平交易原则，通过各种交易场所、市场等买卖债券、股票、期货、基金以及金融衍生产品等发生的损失。

小思考

采用清单申报的资产损失具有哪些特点？

（3）上述规定以外的资产损失，应以专项申报的方式向税务机关申报扣除。企业无法准确判别是否属于清单申报扣除的资产损失，可以采取专项申报的形式申报扣除。

小思考

清单申报与专项申报有何不同？

（四）资产损失确认证据

企业资产损失相关的证据包括具有法律效力的外部证据和特定事项的企业内部证据。其中，具有法律效力的外部证据，是指司法机关、行政机关、专业技术鉴定部门等依法出具的与本企业资产损失相关的具有法律效力的书面文件；特定事项的企业内部证据，是指会计核算制度健全、内部控制制度完善的企业，对各项资产发生毁损、报废、盘亏、死亡、变质等内部证明或承担责任的声明。

二、特别纳税调整

特别纳税调整是相对于一般纳税调整而言的。一般纳税调整是因会计处理方法同税收规定不一致，依照税法规定进行的税务调整。特别纳税调整是指税务机关出于反避税目的而对纳税人特定纳税事项所做的税务调整，主要是“企业与其关联方之间的业务往来，不符合独立交易原则而减少企业或者其关联方应纳税收入或者所得额的”，包括对纳税人转让定价、避税港避税、资本弱化及其他避税情况。

（一）关联交易的纳税调整

1. 关联关系的确认

关联关系，主要是指企业与其他企业、组织或个人具有下列之一关系：

(1) 一方直接或间接持有另一方的股份总和达到25%以上,或者双方直接或间接同为第三方所持有的股份达到25%以上。若一方通过中间方对另一方间接持有股份,只要一方对中间方持股比例达到25%以上,则一方对另一方的持股比例按照中间方对另一方的持股比例计算。

(2) 一方与另一方(独立金融机构除外)之间借贷资金占一方实收资本50%以上,或者一方借贷资金总额的10%以上是由另一方(独立金融机构除外)担保。

(3) 一方半数以上的高级管理人员(包括董事会成员和经理)或至少一名可以控制董事会的董事会高级成员是由另一方委派,或者双方半数以上的高级管理人员(包括董事会成员和经理)或至少一名可以控制董事会的董事会高级成员同为第三方委派。

(4) 一方半数以上的高级管理人员(包括董事会成员和经理)同时担任另一方的高级管理人员(包括董事会成员和经理),或者一方至少一名可以控制董事会的董事会高级成员同时担任另一方的董事会高级成员。

(5) 一方的生产经营活动必须由另一方提供的工业产权、专有技术等特许权才能正常进行。

(6) 一方的购买或销售活动主要由另一方控制。

(7) 一方接受或提供劳务主要由另一方控制。

(8) 一方对另一方的生产经营、交易具有实质控制,或者双方在利益上具有相关联的其他关系,包括虽未达到本条第(1)项持股比例,但一方与另一方的主要持股方享受基本相同的经济利益,以及家族、亲属关系等。

2. 关联交易

关联方之间的交易称为关联交易,主要包括有形资产的购销、转让和使用,无形资产的转让和使用,融通资金及提供劳务等。

3. 关联交易的管理

(1) 同期资料管理

实行查账征收的居民企业和在中国境内设立机构、场所并据实申报缴纳企业所得税的非居民企业向税务机关报送年度企业所得税纳税申报表时,应附送《中华人民共和国企业年度关联业务往来报告表》,以及准备、保存、提供同期资料。

企业应在关联交易发生年度的次年5月31日之前准备完毕该年度同期资料,并自税务机关要求之日起20日内提供。同期资料主要包括以下内容:组织结构、生产经营情况、关联交易情况、可比性分析、转让定价方法的选择和使用等。

(2) 转让定价管理

转让定价管理是指税务机关对企业与其关联方之间的业务往来(简称关联交易)是否符合独立交易原则进行审核评估和调查调整等工作的总称。

企业发生关联交易以及税务机关审核、评估关联交易,均应遵循独立交易原则,选用合理的转让定价方法。

独立交易原则,是指没有关联关系的交易各方,按照公平成交价格和营业常规进行业务往来遵循的原则。

(3) 预约定价安排管理

预约定价安排,是指企业就其未来年度关联交易的定价原则和计算方法,向税务机关提出申请，与税务机关按照独立交易原则协商、确认后达成的协议。

企业在与其关联方之间的业务往来，可以预先向税务机关提出与其关联方之间业务往来的定价原则和计算方法，税务机关与企业协商、确认后，达成预约定价安排。

预约定价安排的谈签与执行通常经过预备会谈、正式申请、审核评估、磋商、签订安排和监控执行6个阶段。预约定价安排包括单边、双边和多边3种类型。

预约定价安排适用于自企业提交正式书面申请年度的次年起3至5个连续年度的关联交易。预约定价安排应由设区的市、自治州以上的税务机关受理。

(4) 成本分摊协议管理

企业与其关联方共同开发、受让无形资产，或者共同提供、接受劳务发生的成本，在计算应纳税所得额时应当按照独立交易原则进行分摊。

企业可以按照独立交易原则，与其关联方分摊共同发生的成本，达成成本分摊协议。

企业与其关联方分摊成本时，应当按照成本与预期收益相配比的原则进行分摊，并在税务机关规定的期限内，按照税务机关的要求报送有关资料。企业与其关联方分摊成本时违反规定的，其自行分摊的成本不得在计算应纳税所得额时扣除。

(5) 企业向境外关联方支付费用的管理

企业向境外关联方支付费用，应当符合独立交易原则。企业向未履行功能、承担风险，无实质性经营活动的境外关联方支付的费用，在计算企业应纳税所得额时不得扣除。

小思考

特别纳税调整的目的有哪些？

(二) 资本弱化税务管理

资本弱化，是指企业通过加大借贷款(债权性筹资)而减少股份资本(权益性筹资)比例的方式增加税前扣除，以降低企业税负的一种行为。企业从其关联方接受的债权性投资与权益性投资的比例超过规定标准而发生的利息支出，不得在计算应纳税所得额时扣除。

1. 债权性投资和权益性投资

(1) 债权性投资，是指企业直接或者间接从关联方获得的，需要偿还本金和支付利息或者需要以其他具有支付利息性质的方式予以补偿的融资。

企业间接从关联方获得的债权性投资，包括：①关联方通过无关联第三方提供的债权性投资；②无关联第三方提供的、由关联方担保且负有连带责任的债权性投资；③其他间接从关联方获得的具有负债实质的债权性投资。

(2) 权益性投资，是指企业接受的不需要偿还本金和支付利息，投资人对企业净资产拥有所有权的投资。

2. 不得扣除规定标准

企业从其关联方接受的债权性投资与权益性投资的比例超过规定标准(金融企业为5∶1；其他企业为2∶1)而发生的利息支出，不得在计算应纳税所得额时扣除。

如果企业能够按照税法及其实施条例的有关规定提供相关资料，并证明相关交易活动符合独立交易原则的；或者该企业的实际税负不高于境内关联方的，其实际支付给境内关联方的利息支出，在计算应纳税所得额时准予扣除。

第七节　企业所得税的纳税管理

一、纳税期限

企业所得税按年计征，分月或者分季预缴，年终汇算清缴，多退少补。

企业所得税的纳税年度，自公历每年1月1日起至12月31日止。企业在一个纳税年度的中间开业，或者由于合并、关闭等原因终止经营活动，使该纳税年度的实际经营期不足12个月的，应当以其实际经营期为一个纳税年度。企业清算时，应当以清算期间作为一个纳税年度。

企业应自年度终了之日起5个月内，向税务机关报送年度企业所得税纳税申报表，并汇算清缴，结清应缴应退税款。企业在年度中间终止经营活动的，应当自实际经营终止之日起60日内，向税务机关办理当期企业所得税汇算清缴。

扣缴义务人每次代扣的税款，应当自代扣之日起7日内缴入国库，并向所在地的税务机关报送扣缴企业所得税报告表。

二、源泉扣缴

对非居民企业在中国境内未设立机构、场所的，或者虽设立机构、场所但取得的所得与其所设机构、场所没有实际联系的所得应缴纳的所得税，实行源泉扣缴，以支付人为扣缴义务人。税款由扣缴义务人在每次支付或者到期应支付时，从支付或者到期应支付的款项中扣缴。

对非居民企业在中国境内取得工程作业和劳务所得应缴纳的所得税，税务机关可以指定工程价款或者劳务费的支付人为扣缴义务人。

扣缴义务人未依法扣缴或者无法履行扣缴义务的，由纳税人在所得发生地缴纳。纳税人未依法缴纳的，税务机关可以从该纳税人在中国境内其他收入项目的支付人应付的款额中，追缴该纳税人的应纳税款。扣缴义务人每次代扣的税款，应当自代扣之日起七日内缴入国库，并向所在地的税务机关报送扣缴企业所得税报告表。

实行源泉扣缴的主要目的在于有效保护税源，保证国家财政收入，防止偷漏税，简化纳税手续。

三、纳税地点

(1) 除税收法律、行政法规另有规定外，居民企业以企业登记注册地为纳税地点；但登记注册地在境外的，以实际管理机构所在地为纳税地点。

(2) 居民企业在中国境内设立不具有法人资格的营业机构的，应当汇总计算并缴纳企业所得税。企业汇总计算并缴纳企业所得税时，应当统一核算应纳税所得额，具体办法由国务院财政、税务主管部门另行制定。

(3) 非居民企业在中国境内设立机构、场所的，应当就其所设机构、场所取得的来源于中国境内的所得，以及发生在中国境外但与其所设机构、场所有实际联系的所得，以机构、场所所在地为纳税地点。非居民企业在中国境内设立两个或者两个以上机构、场所的，经税务机关审核批准，可以选择由其主要机构、场所汇总缴纳企业所得税。非居民企业经批准汇总缴纳企业所得税后，需要增设、合并、迁移、关闭机构、场所或者停止机构、场所业务的，应当事先由负责汇总申报缴纳企业所得税的主要机构、场所向其所在地税务机关报告；需要变更汇总缴纳企业所得税的主要机构、场所的，依照前款规定办理。

(4) 非居民企业在中国境内未设立机构、场所的，或者虽设立机构、场所但取得的所得与其所设机构、场所没有实际联系的所得，以扣缴义务人所在地为纳税地点。

(5) 除国务院另有规定外，企业之间不得合并缴纳企业所得税。

课后讨论

甲公司采取"买冰箱送微波炉"方式进行促销，销售冰箱 10 台，赠送微波炉 10 台，冰箱不含税销售价格为 5 000 元/台，成本为 4 000 元，赠送的微波炉不含税销售价格为 500 元，成本为 350 元。讨论该公司"买一赠一"活动，增值税和企业所得税应如何处理？

练习题

一、单选题

1. 下列关于企业所得税的表述正确的有(　　)。
   A. 企业所得税是对我国境内的企业的生产经营所得和其他所得征收的所得税
   B. 在国际上又被称为公司所得税或法人所得税，是只对法人单位征收的所得税
   C. 我国企业所得税是对境内所有取得收入的企业征收的一种所得税
   D. 是国家参与企业利润分配的一个税种
2. 下列各项中，不属于企业所得税征税对象的是(　　)。
   A. 居民企业来源于境外的所得
   B. 非居民企业来源于中国境内的所得
   C. 非居民企业来源于中国境外的，与境内所设机构没有实际联系的所得
   D. 在中国设立机构、场所的非居民企业，取得的与其所设机构、场所有实际联系的所得
3. 下列所得，可以减按 10% 的税率征收企业所得税的有(　　)。
   A. 符合条件的国家重点扶持的高新技术企业取得的所得
   B. 在中国境内未设立机构、场所的非居民企业，取得的来源于中国境内的所得
   C. 在中国境内设立机构、场所的非居民企业，取得与该机构、场所有实际联系的所得
   D. 在中国境内设立的外商投资企业取得的所得
4. 企业从事下列项目取得的所得中，减半征收企业所得税的是(　　)。
   A. 饲养家禽　　B. 远洋捕捞　　C. 海水养殖　　D. 种植中药材
5. 根据企业所得税相关规定，下列收入中，属于免税收入有(　　)。

A. 国债利息　　B. 存款利息　　C. 财政补贴　　D. 财政拨款

6. 企业缴纳的下列保险金一般不可以在税前扣除的是(　　)。

A. 企业按照规定标准为投资者支付的补充养老保险

B. 企业参加财产保险,所缴纳的保险费

C. 企业依照标准为职工缴纳的社会保险

D. 企业为职工支付的商业保险

7. 下列各项中,能作为业务招待费税前扣除限额计提依据的是(　　)。

A. 特许权使用费收入　　B. 确实无法偿付的应付账款收入

C. 转让无形资产所有权收入　　D. 出售固定资产收入

8. 某企业 2009 年开始投入生产经营,各年获利情况如下:(单位:万元)

年度	2009	2010	2011	2012	2013	2014	2015
获利	−55	−10	5	15	20	−15	35

该企业 2015 年应纳税所得额为(　　)万元。

A. 0　　B. 5　　C. 10　　D. 20

9. 企业所得税的应纳税所得额等于纳税人每一纳税年度的(　　)减去税法准予扣除项目的金额。

A. 利润总额　　B. 生产经营所得

C. 收入总额　　D. 营业利润

10. 根据企业所得税的规定,下列各项中,不应计入应纳税所得额的有(　　)。

A. 股权转让收入

B. 因债权人缘故确实无法支付的应付款项

C. 财政拨款

D. 接受捐赠收入

11. 某居民企业 2015 年将自行开发的一项专利技术所有权进行转让,当年取得转让收入 900 万元,与技术所有权转让有关的成本和费用 200 万元,该项财产转让应纳企业所得税为(　　)万元。

A. 0　　B. 25　　C. 50　　D. 135

12. 根据企业所得税法的规定某国家重点扶持的高新技术企业,2014 年亏损 15 万元,2015 年度亏损 10 万元,2016 年度盈利 125 万元,根据企业所得税法的规定,企业 2016 年应纳企业所得税税额为(　　)万元。

A. 10　　B. 15　　C. 20　　D. 25

13. 某居民企业 2015 年度境内所得的应纳税所得额为 200 万元,在全年已预缴所得税 50 万元,来源于境外某国的税前所得 100 万元,境外实际缴纳税款 20 万元,该企业当年汇算清缴应补(退)的所得税款为(　　)万元。

A. 5　　B. 10　　C. 12　　D. 25

14. 根据《企业所得税法》的规定,企业所得税的征收办法是(　　)。

A. 按月征收　　B. 按季计征,分月预缴

C. 按季征收　　D. 按年计征,分月或分季预缴

15. 根据企业所得税法的规定，下列说法不正确的是(　　)。

A. 对在中国境内未设立机构、场所的居民企业应缴纳的所得税，由纳税人自行申报缴纳

B. 对非居民企业在中国境内取得劳务所得应缴纳的所得税，税务机关可以指定劳务费的支付人为扣缴义务人

C. 扣缴义务人每次代扣的税款，应当自代扣自日起7日内缴入国库

D. 应当扣缴的所得税，扣缴义务人未依法扣缴或者无法履行扣缴义务的，由企业在所得发生地缴纳

二、多选题

1. 我国企业所得税具有以下特点(　　)。

A. 征税范围广泛　　B. 实行比例税率

C. 纳税人与负税人一致　　D. 税额计算简单

2. 依据企业所得税法的规定，判定居民企业的标准有(　　)。

A. 登记注册地标准　　B. 所得来源地标准

C. 经营行为实际发生地标准　　D. 实际管理机构所在地标准

3. 符合条件的小型微利企业，减按20%的税率征收企业所得税。对于工业企业小型微利企业的判断标准是(　　)。

A. 年度应纳税所得额不超过30万元　　B. 从业人数不超过100人

C. 从业人数不超过80人　　D. 资产总额不超过3 000万元

4. 下列各项中，在计算应纳税所得额时有加计扣除规定的包括(　　)。

A. 企业开发新技术、新产品、新工艺发生的研究开发费用

B. 创业投资企业从事国家需要重点扶持和鼓励的创业投资项目

C. 企业安置残疾人员及国家鼓励安置的其他就业人员所支付的工资

D. 企业综合利用资源，生产符合国家产业政策规定的产品

5. 按照企业所得税法及实施条例规定，企业以货币形式和非货币形式从各种来源取得的收入，为收入总额。下列属于“非货币形式”收入的有(　　)。

A. 应收票据　　B. 股权投资

C. 不准备持有至到期的债券投资　　D. 准备持有至到期的债券投资

6. 按照企业所得税的有关规定，下列收入项目中，属于其他收入范围的是(　　)。

A. 固定资产盘盈收入　　B. 固定资产销售收入

C. 国家补贴收入　　D. 违约金收入

7. 纳税人提供的下列劳务中，按照开发或完成的进度确认收入实现的有(　　)。

A. 宣传媒介的收费　　B. 安装费

C. 服务费　　D. 软件费

8. 根据企业所得税法的规定，下列项目中，属于不征税收入的有(　　)。

A. 财政拨款

B. 依法收取并纳入财政管理的行政事业性收费、政府性基金

C. 国债转让收入

D. 满足规定条件的专项用途财政性资金

9. 下列各项中，可以在计算企业所得税应纳税所得额时税前扣除的税金有(　　)。

A. 城建税　　B. 增值税　　C. 消费税　　D. 房产税

10. 下列各项中，当年超过税法规定的扣除限额部分，可以结转到以后年度扣除的有(　　)。

A. 职工教育经费支出超过工资薪金总额2.5%的部分

B. 向非金融企业借款的利息支出超过按照金融企业同期同类贷款利率计算的数额的部分

C. 业务招待费超过税法规定标准的部分

D. 广告费和业务宣传费支出超过当年销售(营业)收入15%的部分

11. 按照企业所得税法的规定，下列各项中，在计算应纳税所得额时不准扣除的有(　　)。

A. 税收滞纳金　　B. 企业所得税税款

C. 公益性捐赠支出　　D. 被没收财物的损失

12. 按照企业所得税法的规定，下列各项中，不得计算折旧扣除的有(　　)。

A. 未投入使用的房屋、建筑物　　B. 未投入使用的机器设备

C. 与经营活动无关的固定资产　　D. 以经营租赁方式租入的固定资产

13. 按照企业所得税法的规定，下列各项中，可以作为长期待摊费用摊销扣除的有(　　)。

A. 经营租入固定资产的改建支出　　B. 购入固定资产的改建支出

C. 固定资产的大修理支出　　D. 已提足折旧固定资产的改建支出

14. 居民企业发生下列情形，应当核定征收企业所得税的有(　　)。

A. 依照法律、行政法规的规定应当设置但未设置账簿的

B. 虽设置账簿，但账目混乱或成本资料、收入凭证、费用凭证残缺不全，难以查账的

C. 发生纳税义务，未按照规定的期限办理纳税申报，经税务机关责令限期申报，逾期仍不申报的

D. 申报的计税依据明显偏低，又无正当理由的

15. 下列关于居民企业缴纳企业所得税纳税地点的表述中，说法正确的是(　　)。

A. 一般在实际经营管理地纳税

B. 一般在登记注册地纳税

C. 登记注册地在境外的，在注册登记地纳税

D. 登记注册地在境外的，在实际管理机构所在地纳税

三、判断题

1. 个人独资企业和合伙企业是以盈利为目的的企业形式，是企业所得税的纳税人。(　　)

2. 预提所得税只适用于非居民企业，税率为20%。目前减按10%的税率征收企业所得税。(　　)

3. 企业从事水果、花卉、中药材种植取得的所得，免征企业所得税。(　　)

4. 企业已经确认销售收入的售出货物发生销售退回的，应当在发生时冲减当期销售收入。(　　)

5. 企业持有上市公司的股权为权益性投资，收到的股利为免税收入。（ ）

6. 银行罚息具有罚款的性质，应属于不得税前扣除的项目。（ ）

7. 企业按会计规定提取的固定资产减值准备，对折旧的计提不产生影响，税前扣除的折旧额仍按原计税基础确定。（ ）

8. 企业已在境外缴纳的所得税税额超过抵免限额的部分，可以在以后五个年度内，用每年度抵免限额抵免当年应抵税额后的余额进行抵补。（ ）

9. 企业因存货、固定资产盘亏、毁损、报废、被盗等原因不得从增值税销项税额中抵扣的进项税额，可以与存货、固定资产损失一起在计算应纳税所得额时扣除。（ ）

10. 非居民企业在中国境内设立机构、场所的，应当以机构、场所所在地为纳税地点。（ ）

四、计算分析题

1. 2015 年某居民企业实现商品销售收入 1 985 万元，发生现金折扣 100 万元，接受捐赠收入 100 万元，转让无形资产所有权收入 20 万元。让渡专利使用权收入 10 万元，包装物出租收入 5 万元，债务重组收益 15 万元，该企业当年实际发生业务招待费 30 万元，广告费 240 万元，业务宣传费 80 万元。计算该企业 2015 年度可以税前扣除的业务招待费、广告费和业务宣传费合计金额。

2. 某公司注册资金 2 000 万元，2015 年度实现会计利润总额 140 万元。“财务费用”账户中包括三项利息费用：①按照年利率 8%向银行借入的期限 9 个月的生产经营用资金，支付利息 20 万元；②按照年利率 12%向持股比例 60%的股东借入与银行借款同期生产经营用资金，支付利息 45 万元；③经过批准向本企业职工合同借入同期限生产周转用资金 300 万元，支付借款利息 30 万元。假定该公司没有其他纳税调整项目，计算该公司 2015 年度的应纳税所得额。

3. 2015 年某居民企业主营业务收入 5 000 万元、营业外收入 80 万元，与收入配比的成本 4 100 万元，全年发生管理费用、销售费用和财务费用共计 700 万元，营业外支出 60 万元(其中符合规定的公益性捐赠支出 50 万元)，2014 年度经核定结转的亏损额 30 万元。计算该企业 2015 年度应缴纳的企业所得税。

4. 某公司 2015 年生产经营收入总额为 3 000 万元，发生的销售成本 2 400 万元、财务费用 50 万元、管理费用 300 万元(其中含业务招待费用 20 万元)，上缴增值税 80 万元、消费税 120 万元、城市维护建设税 14 万元、教育费附加 6 万元，营业外支出 10 万元(其中有违法经营被工商行政管理部门罚款 3 万元)。计算该公司 2015 年度应纳企业所得税。

第九章 个人所得税

本章要点

- 个人所得税概念、特点、作用
- 个人所得税的征税对象、纳税人、税率、税收优惠
- 个人所得税应纳税所得额和应纳税额的计算
- 个人所得税的征收管理

案例引入

小王是一家中国企业的雇员，2015 年 10 月，由其所在单位派遣至一家外商投资企业工作，每月取得派遣单位和雇用单位支付的工资 4 000 元和 7 000 元，派遣单位和雇用单位每月代扣代缴的个人所得税金额分别为 295 元和 245 元。小王所在单位的会计人员提醒小王应到税务机关自行办理纳税申报，汇算清缴其工资、薪金收入应纳个人所得税。

小王提出，派遣单位和雇用单位在发放工资时均已代扣代缴了个人所得税，为什么自己还要再去税务机关自行办理纳税申报？

第一节　个人所得税概述

一、个人所得税的概念

个人所得税是以自然人取得的各类应税所得为征税对象征收的一种所得税。是国家参与个人收入分配的直接形式，体现了国家与个人的分配关系，是国家对个人收入进行调整的一种手段。

个人所得税的纳税人不仅包括自然人还包括具有自然人性质的企业，他们可以通过各种渠道以各种形式取得收入，在为社会创造财富的同时实现个人所得。个人所得税，就是对个人通过各种渠道以各种形式取得的所得征收的一种税。

二、我国个人所得税的特点

（一）实行分类所得税制

个人所得税的税制模式有三种：综合所得税制、分类所得税制和混合所得税制。我国

现行的个人所得税采用分类所得税制，即将个人取得的各项应税所得按其性质划分为11类，并对不同的应税项目按照不同的税率和不同的费用扣除标准，实行按年、按月或按次征收，对不同性质的所得按不同税率和征收方法征收税款。

（二）采用不同的费用扣除办法

我国个人所得税对不同的应税项目，分别采用定额扣除和定率扣除两种不同的费用扣除方法。例如，工资薪金所得采用定额扣除办法，扣除标准为3 500元（或4 800元）；劳务报酬所得则同时采用定额和定率两种扣除办法，每次收入在4 000元以下，定额扣除标准为800元，每次收入在4 000元以上的，定率扣除的标准为20%。

（三）累进税率和比例税率并用

我国个人所得税，根据不同的应税项目，分别实行超额累进税率和比例税率两种税率形式。对工资薪金所得、个体工商户生产经营所得以及对企事业单位的承包经营和承租经营所得采用超额累进税率，对其他应税项目的所得则采取比例税率征税。另外，劳务报酬所得和稿酬所得分别实行了加成征收和减征应纳税款的措施。从而，实现对个人收入差距的合理调节作用。

（四）代扣代缴与自行申报相结合的两种申报缴纳方式

我国个人所得税主要采用税源扣缴的方法，凡是可以在应税所得支付环节扣缴的，均由法定的扣缴义务人，即支付应税所得的单位或个人，在向纳税人支付应税所得时代扣代缴个人所得税；对于没有扣缴义务人的，年所得12万元以上的，在境外取得所得的，以及个人在两处以上取得所得的，实行由纳税人自行申报纳税的方法。这样，既有利于防止个人所得税税款的流失，也便于个人所得税的征收管理。

（五）以个人作为征税单位

目前世界上征收个人所得税的国家和地区，主要有两种形式的征税单位，一种是以个人（自然人）作为征税单位，另一种是以家庭作为征税单位。我国现行的个人所得税，采取以个人（自然人）作为征税单位。

三、个人所得税的作用

（一）是处理国家与个人利益关系的主要工具

个人既是生产者，也是消费者。他们在从事生产的同时，也享受着国家为其提供的公共资源。按照正义原则的要求，国家为个人提供公共产品和公共服务，必然要参与个人的收入分配，向个人取得税收。个人所得税就是国家参与个人收入分配的直接形式。设置个人所得税，有利于正确处理国家与个人之间的利益关系，实现国家的经济权益。

（二）调节社会总需求，保持经济稳定

现代经济学中，从总需求角度看，总收入恒等于总消费加总投资。对总收入征税，可以改变可支配收入水平，进而影响总消费和总投资水平。个人所得税是对总收入征收的税，因而个人所得税具有调节社会总消费和总投资的作用。并且，在实行累进税率情况下，个人所得税的调节作用具有自动性。在经济过热时期，随着个人收入的增加，适用税率提高，缴纳税款增加，对总需求产生抑制作用；在经济衰退期，随着个人收入的减少，适用税率会下降，缴纳的税款会减少，对总需求产生激励作用。所以设置个人所得税，有利于调节社会总需求，实现经济稳定发展。

（三）调节收入差距，维护社会稳定

无论是包含垄断的市场经济，还是充分竞争的市场经济，由于每个人取得收入的能力不同，贫富差距扩大依然是其自发趋势，如果对这些差距不及时进行调节，必然造成社会矛盾激化，影响社会的稳定。个人所得税通过设定累进税率和宽泛的费用扣除标准，既可以将高收入者的一部分收入转化为国家所有，又可以保证低收入者维持其基本生活需要，缩小纳税人的税后收入，充分体现公平税负、量力负担的原则。

小思考

我国未来个人所得税的改革方向是什么？

第二节　个人所得税的税法规定

现行个人所得税的基本规范是 2011 年 6 月 30 日，由第十一届全国人民代表大会常务委员会第二十一次会议修改通过并公布的《中华人民共和国个人所得税法》。

一、个人所得税的纳税人

个人所得税的纳税人，是指在中国境内有住所，或者无住所而在中国境内居住满 1 年的个人，以及在中国境内无住所又不居住或者无住所而在境内居住不满 1 年的个人。包括中国公民、个体工商业户、个人独资企业、合伙企业投资者、在中国有所得的外籍人员（包括无国籍人员）和中国香港、澳门、台湾同胞。

根据 2015 年 1 月 1 日起施行的《个体工商户个人所得税计税办法》的规定，个体工商户包括：依法取得个体工商户营业执照，从事生产经营的个体工商户；经政府有关部门批准，从事办学、医疗、咨询等有偿服务活动的个人；其他从事个体生产、经营的个人。

我国个人所得税参照国际惯例，按照属地兼属人双重原则并依据住所和居住时间两个标准，将纳税人区分为居民纳税人和非居民纳税人，分别承担不同的纳税义务。

(一) 居民纳税人

1. 居民纳税人的界定

居民纳税人是指在中国境内有住所,或者无住所而在中国境内居住满 1 年的个人。

(1) 在中国境内有住所的个人,是指因户籍、家庭、经济利益关系,而在中国境内习惯性居住的个人。习惯性居住,是指个人因学习、工作、探亲等原因消除之后,没有理由在其他地方继续居留时,所要回到的地方,而不是指实际居住或在某一个特定时期内的居住地。例如,一个纳税人因学习、工作、探亲、旅游等原因在中国境外居住,但是在这些原因消除之后,必须回到中国境内居住的,则认为该纳税人的习惯性居住地为中国。尽管该纳税义务人在一个纳税年度内,甚至连续几个纳税年度,都未在中国境内居住过 1 天,他仍然是中国居民纳税义务人。

(2) 在境内居住满 1 年,是指在一个纳税年度(即公历 1 月 1 日起至 12 月 31 日止,下同)内,在中国境内居住满 365 日。在计算居住天数时,对临时离境应视同在华居住,不扣减其在华居住的天数。临时离境,是指在一个纳税年度内,一次不超过 30 日或者多次累计不超过 90 日的离境。中国境内,是指中国大陆地区,目前还不包括香港、澳门和台湾地区。

2. 居民纳税人的纳税义务

居民纳税人负有无限纳税义务。其所取得的应纳税所得,无论是来源于中国境内还是中国境外任何地方,都要在中国缴纳个人所得税。

(二) 非居民纳税人

1. 非居民纳税人的界定

非居民纳税人,指在中国境内无住所又不居住或者无住所而在境内居住不满 1 年的个人。即非居民纳税义务人,是指习惯性居住地不在中国境内,而且不在中国居住,或者在一个纳税年度内,在中国境内居住不满 1 年的个人。

2. 非居民纳税人的纳税义务

非居民纳税人承担有限纳税义务,即仅就其来源于中国境内的所得,向中国缴纳个人所得税。

在中国境内无住所,但是在一个纳税年度中在中国境内连续或者累计居住不超过 90 日的个人,其来源于中国境内的所得,由境外雇主支付并且不由该雇主在中国境内的机构、场所负担的部分,免予缴纳个人所得税。

即学即用

下列人员中属于个人所得税的非居民纳税人的是(　　)。(单选题)

A. 在中国境内有住所的个人　　B. 具有中国国籍的国内公民

C. 在中国境内连续居住 5 年的外国侨民　　D. 在中国境内居住不满一年的外籍人员

答案:D

题解:在中国境内居住不满一年的外籍人员为非居民纳税人。

小思考

美国一家公司在中国境内设立分支机构,总公司雇用美国公民 Jason 为其在中国境内所设分支机构工作人员进行业务培训，Jason 于 2015 年 10 月 8 日来到中国，2016 年 3 月 20 日培训结束，离开中国，获得劳务报酬 30 000 美元由美国总公司支付。Jason 应如何向我国缴纳个人所得税。

二、个人所得税的征税范围

个人所得税的征税范围，是指应该缴纳个人所得税的各项应税项目。

（一）工资、薪金所得

工资、薪金所得，是指个人因任职或者受雇而取得的工资、薪金、奖金、年终加薪、劳动分红、津贴、补贴以及与任职或者受雇有关的其他所得。

工资、薪金所得属于非独立个人劳动所得，即个人所从事的是由他人指定、安排并接受管理的劳动，并从其所工作或服务的单位取得劳动报酬。

公司职工取得的用于购买企业国有股权的劳动分红，按“工资、薪金所得”项目计征个人所得税。

出租汽车经营单位对出租车驾驶员采取单车承包或承租方式运营，出租车驾驶员从事客货营运取得的收入，按工资、薪金所得征税。

自 2014 年 1 月 1 日起，对超过标准缴付的年金中单位缴费部分，应并入当期的工资、薪金所得，缴纳个人所得税。个人达到国家规定的退休年龄，领取的年金，按照“工资、薪金所得”项目适用的税率，计征个人所得税。

个人取得的不予征收个人所得税的补贴、津贴包括：独生子女补贴；执行公务员工资制度未纳入基本工资总额的补贴、津贴差额和家属成员的副食品补贴；托儿补助费；差旅费津贴、误餐补助。

（二）个体工商户的生产、经营所得

个体工商户的生产、经营所得，是指：

（1）个体工商户从事工业、手工业、建筑业、交通运输业、商业、饮食业、服务业、修理业及其他行业取得的所得。

（2）个人经政府有关部门批准，取得执照，从事办学、医疗、咨询以及其他有偿服务活动取得的所得。

（3）上述个体工商户和个人取得的与生产、经营有关的各项应税所得。

（4）个人因从事彩票代销业务而取得所得，应按照“个体工商户的生产、经营所得”项目计征个人所得税。

（5）其他个人从事个体工商业生产、经营取得的所得。

个人独资企业和合伙企业生产经营所得，比照“个体工商户的生产经营所得”应税项目计算征收个人所得税。

（三）对企事业单位的承包经营、承租经营所得

对企事业单位的承包经营、承租经营所得，是指个人承包经营、承租经营以及转包、转租

取得的所得，包括个人按月或者按次取得的工资、薪金性质的所得。承包项目可分多种，如生产经营、采购、销售、建筑安装等各种承包。转包包括全部转包或部分转包。

个人对企、事业单位承包经营、承租经营的方式主要可以分为两类，具体税务处理如下。

(1) 企业由个人承包、承租后，如工商登记变更为个体工商户的，应按个体工商户生产经营所得项目征收个人所得税，不再征收企业所得税。

(2) 企业由个人承包、承租后，工商登记仍为企业的，不论其分配方式如何，均应先按照企业所得税的有关规定缴纳企业所得税。承包、承租经营者按照承包经营、承租经营合同规定取得的所得区别不同情况，按下列办法计税：

① 承包、承租人对企业经营成果不拥有所有权，仅是按合同规定取得一定所得的，其所得按“工资、薪金所得”项目计税；

② 承包、承租人按合同规定只向发包方、出租方交纳一定费用后，经营成果归承包、承租人所有的，承包、承租人取得的所得应按“对企事业单位承包经营、承租经营所得”项目计税。

(四) 劳务报酬所得

劳务报酬所得，指个人独立从事各种非雇佣的各种劳务所取得的所得。主要内容有：设计、装潢、安装、制图、化验、测试、医疗、法律、会计、咨询、讲学、新闻、广播、翻译、审稿、书画、雕刻、影视、录音、录像、演出、表演、广告、展览、技术服务、介绍服务、经纪服务、代办服务、其他劳务等。

另外，个人担任公司董事、监事且不在公司任职受雇所取得的董事费、监事费收入属于劳务报酬所得。

小思考

劳务报酬所得和工资、薪金所得的区别有哪些？

(五) 稿酬所得

稿酬所得，是指个人因其作品以图书、报刊形式出版、发表而取得的所得。包括文学作品、书画作品、摄影作品等出版、发表取得的所得，以及财产继承人取得的遗作稿酬。

任职、受雇于报纸、杂志等单位的记者、编辑等专业人员在本单位的刊物上发表作品取得所得，按“工资、薪金所得”项目征收个人所得税，其他人员在本单位的报纸、杂志上发表作品取得所得，按“稿酬所得”项目征收个人所得税。

(六) 特许权使用费所得

特许权使用费所得，是指个人提供专利权、商标权、著作权、非专利技术以及其他特许权的使用权取得的所得；提供著作权的使用权取得的所得，不包括稿酬所得。

(1) 专利权，是指由国家专利主管机关依法授予专利申请人或其专利继承人，在一定时期内享有的专有权利。

(2) 商标权，是指商标注册人享有的商标专用权。

(3) 著作权，即版权，是指作者依法对文学、艺术和科学作品享有的专有权。

(4) 非专利技术,是指专利技术以外的专有技术,包括技术秘密、技术诀窍等。

(七) 利息、股息、红利所得

利息、股息、红利所得,是指个人拥有债权、股权而取得的利息、股息、红利所得。

(1) 利息,是指个人拥有债权而取得的利息,包括存款利息、贷款利息和各种债券的利息。

(2) 股息,是指个人拥有股权,取得的公司按照一定的比率对每股发放的息金。

(3) 红利,是指个人拥有股权,取得的公司按股份分配的利润。

(八) 财产租赁所得

财产租赁所得,是指个人出租建筑物、土地使用权、机器设备、车船以及其他财产取得的所得。个人将财产转租取得的收入,属于转租人的财产租赁所得。

(九) 财产转让所得

财产转让所得,是指个人转让有价证券、股权、建筑物、土地使用权、机器设备、车船以及其他财产取得的所得。

股权转让包括以下情形:出售股权;公司回购股权;发行人首次公开发行新股时,被投资企业股东将其持有的股份以公开发行方式一并向投资者发售;股权被司法或行政机关强制过户;以股权对外投资或进行其他非货币性交易;以股权抵偿债务;其他股权转移行为。

个人以非货币性资产投资,属于个人转让非货币性资产和投资同时发生。对个人转让非货币性资产的所得,应按照"财产转让所得"计算缴纳个人所得税。

(十) 偶然所得

偶然所得,是指个人得奖、中奖、中彩以及其他偶然性质的所得。得奖是指参加各种有奖竞赛活动,取得名次得到的奖金;中奖、中彩是指参加各种有奖活动,如有奖销售、有奖储蓄,或者购买彩票,经过规定程序,抽中、摇中号码而取得的奖金。偶然所得应缴纳的个人所得税税款,一律由发奖单位或机构代扣代缴。

(十一) 经国务院财政部门确定征税的其他所得

除上述列举的各项个人应税所得外,其他确有必要征税的个人所得,由国务院财政部门确定。个人取得的所得,难以界定应纳税所得项目的,由主管税务机关确定。

小思考

分析下列各项所得,应分别按照哪类所得征收个人所得税?

(1) 出租汽车经营单位对出租车驾驶员采取单车承包或承租方式运营,出租车驾驶员从事客货营运取得的收入;

(2) 从事个体出租车运营的出租车驾驶员取得的收入;

(3) 企业对业绩突出的员工,通过组织免费旅游的方式实行的奖励;

(4) 个人因从事彩票代销业务而取得所得;

(5) 个体工商户参与投资联营所获得的收入；

(6) 编剧从任职单位取得的剧本使用费；

(7) 任职、受雇于报社、杂志社等单位的记者、编辑等专业人员，在本单位的报刊、杂志上发表作品取得的所得。

三、所得来源地与所得支付地

所得来源地，是指应税项目发生地，凡来源于中国境内的所得，都应向中国政府缴税，特别是对非居民纳税人能否行使征税权，关键要看其是否有来源于中国境内的所得。

所得支付地是指纳税人支付所得的企业、事业单位、机关、团体或其他经济组织的所在地。一般来说，所得来源地与所得支付地是一致的，即在哪里任职、受雇，就在哪里取得所得。但有时两者也不一致，例如，外籍人员在中国境内的某外国企业担任业务主管并常住中国境内，为此，该外籍人员的工资、薪金来源地为中国境内，但其支付地可以是中国境内的机构场所，也可以是该企业的境外总机构，当为境外总机构时，所得来源也就同所得支付地产生了不一致。

（一）所得来源地的确定

下列所得，不论支付地点是否在中国境内，均为来源于中国境内的所得：

(1) 因任职、受雇、履约等而在中国境内提供劳务取得的所得；

(2) 将财产出租给承租人在中国境内使用而取得的所得；

(3) 转让中国境内的建筑物、土地使用权等财产或者在中国境内转让其他财产取得的所得；

(4) 许可各种特许权在中国境内使用而取得的所得；

(5) 从中国境内的公司、企业以及其他经济组织或者个人取得的利息、股息、红利所得。

（二）所得支付地的相关规定

(1) 在中国境内无住所，但是居住一年以上五年以下的个人，其来源于中国境外的所得，经主管税务机关批准，可以只就由中国境内公司、企业以及其他经济组织或者个人支付的部分缴纳个人所得税；居住超过五年的个人，从第六年起，应当就其来源于中国境外的全部所得缴纳个人所得税。

(2) 在中国境内无住所，但是在一个纳税年度中在中国境内连续或者累计居住不超过90日的个人，其来源于中国境内的所得，由境外雇主支付并且不由该雇主在中国境内的机构、场所负担的部分，免予缴纳个人所得税。

四、个人所得税的税率

我国的个人所得税实行分类所得税制，按照应税所得的种类分别规定了比例税率和超额累进税率等税率形式。具体规定如下：

（一）工资、薪金所得

工资、薪金所得，适用七级超额累进税率，税率为3%～45%，如表9-1所示。

表9-1　工资、薪金所得个人所得税税率表

级数	月含税应纳税所得额	税率/%	速算扣除数
1	不超过1 500元的	3	0
2	超过1 500元至4 500元的部分	10	105
3	超过4 500元至9 000元的部分	20	555
4	超过9 000元至35 000元的部分	25	1 005
5	超过35 000元至55 000元的部分	30	2 755
6	超过55 000元至80 000元的部分	35	5 505
7	超过80 000元的部分	45	13 505

注：本表所称全月应纳税所得额是指依照税法的规定，以每月收入额减除费用3 500元后的余额或者减除附加减除费用后的余额。

（二）个体工商户的生产、经营所得和对企事业单位的承包经营、承租经营所得

个体工商户的生产、经营所得和对企事业单位的承包经营、承租经营所得，适用5%～35%的五级超额累进税率，如表9-2所示。

表9-2　个体工商户的生产、经营所得和对企事业单位的承包、承租经营所得个人所得税税率表

级数	全年应纳税所得额	税率/%	速算扣除数
1	不超过15 000元的	5	0
2	超过15 000元至30 000元的部分	10	750
3	超过30 000元至60 000元的部分	20	3 750
4	超过60 000元至100 000元的部分	30	9 750
5	超过100 000元的部分	35	14 750

注：本表所称全年应纳税所得额，是指依照税法规定，以每一纳税年度的收入总额减除成本、费用以及损失后的余额。

个人独资企业和合伙企业的生产经营所得，也适用5%～35%的五级超额累进税率。

小思考

为什么工资、薪金所得和个体工商户的生产、经营所得采用超额累进税率？

（三）稿酬所得

稿酬所得适用比例税率，税率为20%，并按应纳税额减征30%。其实际税负为14%。

小思考

稿酬所得为什么有减征的税收规定？

（四）劳务报酬所得

劳务报酬所得，适用比例税率，税率为20%。对劳务报酬所得一次收入畸高的，实行加

成征收。

劳务报酬所得一次收入畸高，是指个人一次取得劳务报酬，其应纳税所得额超过 20 000 元。对应纳税所得额超过 20 000－50 000 元的部分，依照税法规定计算应纳税额后再按照应纳税额加征五成；超过 50 000 元的部分，加征十成。因此，劳务报酬所得实际上适用 20%、30%、40%的三级超额累进税率，如表 9-3 所示。

表 9-3　劳务报酬所得个人所得税税率表

级数	每次应纳税所得额	税率/%	速算扣除数
1	不超过 20 000 元的	20	0
2	超过 20 000 元至 50 000 元的部分	30	2 000
3	超过 50 000 元的部分	40	7 000

注：本表所称每次应纳税所得额。是指每次收入额减除费用 800 元（每次收入额不超过 4 000 元时）或者减除 20%的费用（每次收入额超过 4 000 元时）后的余额。

 **小思考**

劳务报酬所得为什么有加成征收的规定？

（五）特许权使用费所得，利息、股息、红利所得，财产租赁所得，财产转让所得，偶然所得和其他所得

特许权使用费所得，利息、股息、红利所得，财产租赁所得，财产转让所得，偶然所得和其他所得，适用比例税率，税率为 20%。

五、个人所得税的优惠政策

《个人所得税法》及其实施条例以及财政部、国家税务总局的若干规定等，都对个人所得项目给予了减税、免税的优惠。

（一）免征个人所得税的优惠

（1）省级人民政府、国务院部委和中国人民解放军军以上单位，以及外国组织颁发的科学、教育、技术、文化、卫生、体育、环境保护等方面的奖金；

（2）国债和国家发行的金融债券利息；

（3）按照国家统一规定发给的补贴、津贴；

（4）福利费、抚恤金、救济金；

（5）保险赔款；

（6）军人的转业费、复员费；

（7）按照国家统一规定发给干部、职工的安家费、退职费、退休工资、离休工资、离休生活补助费；

（8）依照我国有关法律规定应予免税的各国驻华使馆、领事馆的外交代表、领事官员和其他人员的所得；

（9）中国政府参加的国际公约以及签订的协议中规定免税的所得；

(10) 企业和个人按照省级以上人民政府规定的比例提取并缴付的住房公积金、医疗保险金、基本养老保险金、失业保险金、工伤保险、生育保险(五险一金),不计入个人当期的工资、薪金收入,免予征收个人所得税。超过规定的比例缴付的部分计征个人所得税。个人领取原提存的住房公积金、医疗保险金、基本养老保险金时,免予征收个人所得税;

(11) 经国务院财政部门批准的其他免税所得。

(二) 减征个人所得税的优惠

(1) 残疾、孤老人员和烈属的所得;

(2) 因严重自然灾害造成重大损失的;

(3) 其他经国务院财政部门批准减税的。

上述减税项目的减征幅度和期限,由省、自治区、直辖市人民政府规定。

小思考

残疾人所得为什么只能政策享受减征个人所得税的优惠?

第三节 个人所得税应纳税额的计算

一、应纳税所得额的计算

个人所得税的计税依据为应纳税所得额。由于个人所得税的应税项目不同,并且取得某项所得所需费用也不相同,所以,在计算应纳税所得额时需按不同的应税项目分别计算。以某项应税项目收入额减除税法规定的该项目的费用减除标准后的余额,为该项目的应纳税所得额。

个人所得的形式,包括现金、实物、有价证券和其他形式的经济利益。如果所得为实物的,应当按照取得凭证上所注明的价格计算应纳税所得额;无凭证的实物或者凭证上所注明的价格明显偏低的,应参照市场价格核定应纳税所得额。所得为有价证券的,根据票面价格和市场价格核定应纳税所得额。所得为其他形式的经济利益的,参照市场价格核定应纳税所得额。

(一) 工资、薪金所得的应纳税所得额

工资、薪金所得以纳税人每月的收入额减除 3 500 元费用后的余额为应纳税所得额。

另外,对在中国境内无住所而在中国境内取得工资、薪金所得的纳税人和在中国境内有住所而在中国境外取得工资、薪金所得的纳税人,根据其平均收入水平、生活水平以及汇率变化情况确定了附加减除费用。

附加减除费用适用的范围:

(1) 在中国境内的外商投资企业和外国企业中工作的外籍人员;

(2) 应聘在中国境内的企业、事业单位、社会团体、国家机关中工作的外籍专家;

(3) 在中国境内有住所而在中国境外任职或者受雇取得工资、薪金所得的个人;

(4) 国务院财政、税务主管部门确定的其他人员。

附加减除费用,是指每月在减除 3 500 元费用的基础上,再减除 1 300 元。

(二) 个体工商户的生产、经营所得的应纳税所得额

个体工商户应纳税所得额的计算,以权责发生制为原则,财政部、国家税务总局另有规定的除外。

1. 计税基本规定

个体工商户的生产、经营所得,以每一纳税年度的收入总额,减除成本、费用、税金、损失、其他支出以及允许弥补的以前年度亏损后的余额,为应纳税所得额。

(1) 收入总额,是指个体工商户从事生产经营以及与生产经营有关的活动(以下简称生产经营)取得的货币形式和非货币形式的各项收入。包括:销售货物收入、提供劳务收入、转让财产收入、利息收入、租金收入、接受捐赠收入、其他收入。

(2) 成本,是指个体工商户在生产经营活动中发生的销售成本、销货成本、业务支出以及其他耗费。

(3) 费用,是指个体工商户在生产经营活动中发生的销售费用、管理费用和财务费用,已经计入成本的有关费用除外。

(4) 税金,是指个体工商户在生产经营活动中发生的除个人所得税和允许抵扣的增值税以外的各项税金及其附加。

(5) 损失,是指个体工商户在生产经营活动中发生的固定资产和存货的盘亏、毁损、报废损失,转让财产损失,坏账损失,自然灾害等不可抗力因素造成的损失以及其他损失。

(6) 其他支出,是指除成本、费用、税金、损失外,个体工商户在生产经营活动中发生的与生产经营活动有关的、合理的支出。

(7) 个体工商户纳税年度发生的亏损,准予向以后年度结转,用以后年度的生产经营所得弥补,但结转年限最长不得超过五年。

(8) 个体工商户下列支出不得扣除:个人所得税税款;税收滞纳金;罚金、罚款和被没收财物的损失;不符合扣除规定的捐赠支出;赞助支出;用于个人和家庭的支出;与取得生产经营收入无关的其他支出;国家税务总局规定不准扣除的支出。

(9) 个体工商户生产经营活动中,应当分别核算生产经营费用和个人、家庭费用。对于生产经营与个人、家庭生活混用难以分清的费用,其 40% 视为与生产经营有关费用,准予扣除。

(10) 个体工商户使用或者销售存货,按照规定计算的存货成本,准予在计算应纳税所得额时扣除。

(11) 个体工商户转让资产,该项资产的净值,准予在计算应纳税所得额时扣除。

2. 扣除项目及标准

(1) 个体工商户实际支付给从业人员的、合理的工资薪金支出,准予扣除。

个体工商户业主、个人独资企业和合伙企业自然人投资者个人所得税费用扣除标准,应按照其实际经营月份数,以每月 3 500 元的减除标准确定。

个体工商户业主的工资薪金支出不得税前扣除。

(2) 个体工商户按照国务院有关主管部门或者省级人民政府规定的范围和标准为其业

主和从业人员缴纳的基本养老保险费、基本医疗保险费、失业保险费、生育保险费、工伤保险费和住房公积金，准予扣除。

(3) 除个体工商户依照国家有关规定为特殊工种从业人员支付的人身安全保险费和财政部、国家税务总局规定可以扣除的其他商业保险费外，个体工商户业主本人或者为从业人员支付的商业保险费，不得扣除。

(4) 个体工商户在生产经营活动中发生的合理的不需要资本化的借款费用，准予扣除。

(5) 个体工商户在生产经营活动中发生的下列利息支出，准予扣除：

① 向金融企业借款的利息支出；

② 向非金融企业和个人借款的利息支出，不超过按照金融企业同期同类贷款利率计算的数额的部分。

(6) 个体工商户在货币交易中，以及纳税年度终了时将人民币以外的货币性资产、负债按照期末即期人民币汇率中间价折算为人民币时产生的汇兑损失，除已经计入有关资产成本部分外，准予扣除。

(7) 个体工商户向当地工会组织拨缴的工会经费、实际发生的职工福利费支出、职工教育经费支出分别在工资薪金总额的2%、14%、2.5%的标准内据实扣除。

(8) 个体工商户发生的与生产经营活动有关的业务招待费，按照实际发生额的60%扣除，但最高不得超过当年销售(营业)收入的5‰。

业主自申请营业执照之日起至开始生产经营之日止所发生的业务招待费，按照实际发生额的60%计入个体工商户的开办费。

(9) 个体工商户每一纳税年度发生的与其生产经营活动直接相关的广告费和业务宣传费不超过当年销售(营业)收入15%的部分，可以据实扣除；超过部分，准予在以后纳税年度结转扣除。

(10) 个体工商户代其从业人员或者他人负担的税款，不得税前扣除。

(11) 个体工商户按照规定缴纳的摊位费、行政性收费、协会会费等，按实际发生数额扣除。

(12) 个体工商户根据生产经营活动的需要租入固定资产支付的租赁费，按照以下方法扣除：

① 以经营租赁方式租入固定资产发生的租赁费支出，按照租赁期限均匀扣除；

② 以融资租赁方式租入固定资产发生的租赁费支出，按照规定构成融资租入固定资产价值的部分应当提取折旧费用，分期扣除。

(13) 个体工商户参加财产保险，按照规定缴纳的保险费，准予扣除。

(14) 个体工商户发生的合理的劳动保护支出，准予扣除。

(15) 个体工商户自申请营业执照之日起至开始生产经营之日止所发生符合本办法规定的费用，除为取得固定资产、无形资产的支出，以及应计入资产价值的汇兑损益、利息支出外，作为开办费，个体工商户可以选择在开始生产经营的当年一次性扣除，也可自生产经营月份起在不短于3年期限内摊销扣除，但一经选定，不得改变。

(16) 个体工商户通过公益性社会团体或者县级以上人民政府及其部门，用于《中华人民共和国公益事业捐赠法》规定的公益事业的捐赠，捐赠额不超过其应纳税所得额30%的部分可以据实扣除。

(17) 个体工商户研究开发新产品、新技术、新工艺所发生的开发费用，以及研究开发新产品、新技术而购置单台价值在10万元以下的测试仪器和试验性装置的购置费准予直接扣除；单台价值在10万元以上(含10万元)的测试仪器和试验性装置，按固定资产管理，不得在当期直接扣除。

另外，个体工商户资产的税务处理，参照企业所得税相关法律、法规和政策规定执行。

小思考

个体工商户应纳税所得额的计算和企业所得税应纳税所得额的计算有哪些异同？

(三) 对企、事业单位承包经营、承租经营所得的应纳税所得额

对企、事业单位承包经营、承租经营所得，以纳税人每一纳税年度的收入总额，减除必要费用后的余额为应纳税所得额。

收入总额，是指纳税人按照承包经营、承租经营合同规定分得的经营利润和工资、薪金性质的所得。必要费用，是指按月减除3 500元。

在一个纳税年度内，承包、承租经营不足12个月的，以实际承包、承租经营的月份数为一个纳税年度计算应纳税所得额。

(四) 劳务报酬所得、稿酬所得、特许权使用费所得、财产租赁所得的应纳税所得额

1. 一般规定

每次收入不超过4 000元的，定额减除费用800元；每次收入在4 000元以上的，定率扣除20%，其余额为应纳税所得额。

2. 财产租赁所得的应纳税所得额

由于财产租赁有其特殊性，税法作了如下规定：

纳税人在出租财产过程中缴纳的税金和教育费附加，持完税证明准予扣除。

纳税人在出租财产过程中，除了规定的费用和有关税、费外，实际发生的修缮费，能够提供有效、准确证明的准予扣除，但每次允许扣除的修缮费以800元为限，一次扣除不完的，准予下次继续扣除，直到扣完为止。

个人出租财产取得的财产租赁收入，在计算缴纳个人所得税时，应依次扣除以下费用：

(1) 财产租赁过程中缴纳的税费；

(2) 由纳税人负担的该出租财产实际开支的修缮费用；

(3) 税法规定的费用扣除标准。

3. 每次收入的确定

由于劳务报酬所得、稿酬所得、特许权使用费所得、财产租赁所得是按次计算应纳税额的，因此，“次”的划分，对于上述所得项目费用的扣除以及应纳税所得额的计算起到了重要的作用。

(1) 劳务报酬所得：只有一次性收入的，以取得该项收入为一次；属于同一事项连续取得收入的，以一个月内取得的收入为一次。

(2) 稿酬所得：以每次出版、发表取得的收入为一次。具体规定如下。

同一作品再版取得的所得，应视作另一次稿酬所得计征个人所得税；同一作品先在报刊

上连载，然后再出版，或先出版，再在报刊上连载，应视为两次稿酬所得征税，即连载作为一次，出版作为一次；同一作品在报刊上连载取得的收入，以连载完成后，取得的全部收入合并为一次收入计征个人所得税；同一作品在出版和发表时，以预付稿酬或分次支付稿酬等形式取得的稿酬收入，应合并作为一次收入计征个人所得税；同一作品出版、发表后，因添加印数而追加稿酬的，应与以前出版、发表取得的稿酬合并作为一次收入计征个人所得税。

小思考

某教师与一培训机构签约，2015 年 2 月 1 日至 2015 年 4 月 30 日，每周二、周六、周日为该培训机构讲课 3 小时，支付报酬每小时 400 元，在计算该教师劳务报酬所得应纳税款时，该如何确定一次收入。

任职、受雇于报纸、杂志等单位的记者、编辑等专业人员在本单位的刊物上发表作品取得所得，按"工资、薪金所得"项目征收个人所得税，其他人员在本单位的报纸、杂志上发表作品取得所得，按"稿酬所得"项目征收个人所得税。

小思考

某作家在报刊上连载小说，共计取得报社支付稿酬 12 000 元，该连载小说完结后，该作家又将该小说出版，又取得稿酬 20 000 元，则该作家的稿酬所得应如何征税。

(3) 特许权使用费所得：以某项特许权的使用权的一次转让所取得的收入为一次。

(4) 财产租赁所得：以一个月内取得的收入为一次。

(五) 财产转让所得的应纳税所得额

1. 一般规定

财产转让所得，以纳税人每次转让财产取得的收入额减除财产原值和合理费用后的余额为应纳税所得额。

转让财产的收入额，指转让方因财产转让而获得的现金、实物、有价证券和其他形式的经济利益。

财产转让收入，应当按照公平交易原则确定。不符合规定的，主管税务机关可以核定股权转让收入。

财产原值是指：

(1) 有价证券，为买入价以及买入时按照规定交纳的有关费用；

(2) 建筑物，为建造费或购进价格以及其他有关费用；

(3) 土地使用权，为取得土地使用权时支付的金额，开发土地的费用及其他有关费用；

(4) 机器设备、车船，为购进价格、运输费、安装费以及其他有关费用；

(5) 其他财产，参照以上方法确定。

合理费用，是指卖出财产时按照规定支付的有关费用。

纳税义务人未提供完整、准确的财产原值凭证，不能正确计算财产原值的，由主管税务机关核定其财产原值。

2. 特殊规定

（1）个人转让住房个人所得税的应纳税所得额

对个人住房转让所得征收个人所得税时，应以实际成交价格为转让收入。如果纳税人申报的住房成交价格明显低于市场价格且无正当理由的，征收机关有权根据有关信息核定其转让收入。

纳税人未提供完整、准确的房屋原值凭证，不能正确计算房屋原值和应纳税额的，税务机关可对其实行核定征税，即按纳税人住房转让收入的一定比例核定应纳个人所得税额。

出售自有住房并拟在现住房出售 1 年内按市场价重新购房的纳税人，其出售现住房所缴纳的个人所得税，先以纳税保证金形式缴纳，再视其重新购房的金额与原住房销售额的关系，全部或部分退还纳税保证金；对个人转让自用 5 年以上，并且是家庭唯一生活用房取得的所得，免征个人所得税。

（2）个人转让股权个人所得税的应纳税所得额

个人转让股权，以股权转让收入减除股权原值和合理费用后的余额为应纳税所得额，按“财产转让所得”缴纳个人所得税。

合理费用是指股权转让时按照规定支付的有关税费。

个人股权转让所得的个人所得税，以股权转让方为纳税人，以受让方为扣缴义务人。

（3）个人以非货币性资产投资的个人所得税应纳税所得额

个人以非货币性资产投资，于非货币性资产转让、取得被投资企业股权时，确认非货币性资产转让收入的实现，按评估后的公允价值确认非货币性资产转让收入。以非货币性资产转让收入减除该资产原值及合理税费后的余额为应纳税所得额。

（六）利息、股息、红利所得，偶然所得和其他所得的应纳税所得额

1. 一般规定

利息、股息、红利所得，偶然所得和其他所得，以纳税人每次收入额为应纳税所得额，不扣除任何费用。

2. 每次收入的确定

（1）利息、股息、红利所得，以支付利息、股息、红利时取得的收入为一次。

（2）偶然所得，以每次取得该项收入为一次。

二、个人所得税应纳税额的计算

（一）工资、薪金所得应纳税额的计算

1. 工资、薪金所得应纳税额的一般规定

工资、薪金所得应纳税额的计算公式为：

应纳税额＝应纳税所得额×适用税率－速算扣除数

＝(每月收入额－3 500 元或 4 800 元)×适用税率－速算扣除数

以每月收入额减去费用 3 500 或 4 800 元后的余额，为应纳税所得额。由于工资、薪金所得在计算应纳个人所得税额时，适用的是超额累进税率，所以，计算比较烦琐。运用速算

扣除数计算法,可以简化计算过程。

【例 9-1】 李某为中国公民,不适用附加减除费用的规定。2015 年 3 月李某取得工资收入为 5 200 元,计算其当月应缴纳个人所得税。

解析:

应纳税所得额=5 200−3 500=1 700(元)

应纳个人所得税=1 700×10%−105=65(元)

2. 工资、薪金所得应纳税额的特殊规定

(1) 从两处取得工资、薪金应纳税额的计算

纳税人从两处取得工资、薪金,为了便于征管,对雇佣单位和派遣单位分别支付工资、薪金的,采取由支付者中的一方减除费用的方法,即只由雇佣单位在支付工资、薪金时,按税法规定减除费用,计算扣缴个人所得税;派遣单位支付的工资、薪金不再减除费用,以支付全额直接确定适用税率,计算扣缴个人所得税。

对两处取得工资、薪金所得的个人,应当按照规定选择并固定在任职、受雇的一地单位所在地主管税务机关自行办理纳税申报,汇算清缴其工资、薪金收入的个人所得税,多退少补。

本章引入案例解析

本章引入案例中小王从两处取得工资、薪金所得,派遣单位和雇佣单位均已代扣代缴个人所得税。因为两处所得均属于工资、薪金所得,合并金额后,可能会出现税率上升的情况,所以必须自行申报,汇算清缴其工资、薪金收入的个人所得税,多退少补。

【例 9-2】 2016 年 4 月,中国公民张先生由一中方企业派往国内一外商投资企业工作,当月派遣单位和雇佣单位分别支付给张先生工资 4 000 元和 6 000 元,计算张先生 2015 年 4 月应纳的个人所得税。

解析:

① 外商投资企业代张先生扣缴的个人所得税:

应纳税所得额=6 000−3 500=2 500(元)

外商投资企业代扣代缴个人所得税=2 500×10%−105=145(元)

② 派遣单位代张先生扣缴的个人所得税:

应纳税所得额=4 000(元)

派遣单位代扣代缴个人所得税=4 000×10%−105=295(元)

③ 张先生应汇算清缴个人所得税:

应纳税所得额=6 000+4 000−3 500=6 500(元)

应补税额=6 500×20%−555−145−295=305(元)

(2) 对个人取得全年一次性奖金应纳税额的计算

全年一次性奖金是指行政机关、企事业单位等扣缴义务人根据全年经济效益和对雇员全年工作业绩的综合考核情况,向雇员发放的一次性奖金。一次性奖金也包括年终加薪、实行年薪制和绩效工资办法的单位根据考核情况兑现的年薪和绩效工资。

纳税人一次取得全年一次性奖金或年终加薪、劳动分红,应单独作为一个月工资、薪金所得计算纳税,并按以下计税办法,由扣缴义务人发放时代扣代缴:

① 查找税率及速算扣除数

先将雇员当月内取得的全年一次性奖金，除以 12 个月，按其商数确定适用税率和速算扣除数。

如果在发放年终一次性奖金的当月，雇员当月工资、薪金所得低于税法规定的费用扣除额，应将全年一次性奖金减除“雇员当月工资、薪金所得与费用扣除额的差额”后的余额，按上述办法确定全年一次性奖金的适用税率和速算扣除数。

② 计算应纳税额

将雇员个人当月内取得的全年一次性奖金，按照确定的适用税率和速算扣除数计算征税，计算公式如下：

如果雇员当月工资、薪金所得高于(或等于)税法规定的费用扣除额的，适用公式为：

应纳税额＝雇员当月取得全年一次性奖金×适用税率－速算扣除数

如果雇员当月工资、薪金所得低于税法规定的费用扣除额的，适用公式为：

$$应纳税额=\left(\begin{matrix}雇员当月取得全年\\一次性奖金\end{matrix}-\begin{matrix}雇员当月工资薪金所得与\\费用扣除额的差额\end{matrix}\right)\times适用税率-速算扣除数$$

【例 9-3】 中国公民李某，2015 年 12 月取得工资、薪金收入 4 500 元，当月取得全年一次性奖金收入 24 000 元，计算李某取得全年一次性奖金应缴纳的个人所得税。

解析：李某取得全年一次性奖金收入按 12 个月分摊后，每月为 24 000÷12＝2 000(元)，适用 10％的税率，速算扣除数为 105。

全年一次性奖金收入应纳个人所得税＝24 000×10％－105＝2 295(元)

【例 9-4】 如果李某 2015 年 12 月取得工资、薪金收入 2 900 元，当月取得全年一次性奖金收入 24 000 元，计算 2015 年 12 月李某应缴纳的个人所得税。

解析：李某 12 月工资、薪金所得低于税法规定的费用扣除额，所以全年一次性奖金按 12 个月分摊后，每月为[24 000－(3 500－2 900)]÷12＝1 950(元)，适用 10％的税率，速算扣除数为 105。

全年一次性奖金收入应纳个人所得税＝[24 000－(3 500－2 900)]×10％－105＝2 235(元)

实行年薪制和绩效工资的单位，个人取得年终兑现的年薪和绩效工资也按照上述规定计算其应纳的个人所得税。

雇员取得除全年一次性奖金以外的其他各种名目奖金，如半年奖、季度奖、加班奖、先进奖、考勤奖等，应一律与当月工资、薪金收入合并，按规定缴纳个人所得税。

(二) 个体工商户的生产、经营所得应纳税额的计算

个体工商户的生产、经营所得，应纳税额的计算有以下两种方法。

1. 查账征收

对于查账征收的个体工商户的生产、经营所得应纳税额的计算公式为：

应纳税额＝应纳税所得额×适用税率－速算扣除数

＝(全年收入总额－成本、费用以及损失)×适用税率－速算扣除数

【例 9-5】 某裁缝店系个体工商户，账证健全，2014 年取得生产经营收入为 120 000 元，经税务机关核定准予扣除的成本、费用、损失及相关税金共计 88 000 元，计算该裁缝店

2014 年应纳的个人所得税。

解析：

应纳税所得额＝120 000－88 000＝32 000(元)

应纳个人所得税＝32 000×20％－3 750＝2 650(元)

2. 核定征收

对从事生产、经营的纳税人未提供完整、准确的纳税资料，不能正确计算应纳税所得额的，由主管税务机关核定其应纳税所得额。核定征收包括定额征收、核定应税所得率征收以及其他合理的征收方式。

实行核定应税所得率征收方式的，应纳所得税额的计算公式如下：

$$应纳所得税额=应纳税所得额\times适用税率$$

$$应纳税所得额=收入总额\times应税所得率$$

$$=\frac{成本费用支出额}{1-应税所得率}\times应税所得率$$

应税所得率如表 9-4 所示。

表 9-4 个人所得税应税所得率表

行　业	应税所得率/％
工业、交通运输业、商业	5～20
建筑业、房地产开发业	7～20
饮食服务业	7～25
娱乐业	20～40
其他行业	10～30

企业经营多业的，无论其经营项目是否单独核算，均应根据其主营项目确定其适用的应税所得率。实行核定征税的投资者，不能享受个人所得税的优惠政策。

3. 个人独资企业和合伙企业投资者征收个人所得税的规定

(1) 个人独资企业以投资者为纳税义务人，合伙企业以每一个合伙人为纳税义务人(以下简称投资者)。

(2) 个人独资企业的投资者以全部生产经营所得为应纳税所得额；合伙企业的投资者按照合伙企业的全部生产经营所得和合伙协议约定的分配比例确定应纳税所得额，合伙协议没有约定分配比例的，以全部生产经营所得和合伙人数量平均计算每个投资者的应纳税所得额。

(3) 个人独资企业和合伙企业的生产经营所得比照个体工商户个人所得税计税办法的规定确定。

(4) 投资者兴办两个或两个以上企业的(包括参与兴办)，年度终了时，应汇总从所有企业取得的应纳税所得额，据此确定适用税率并计算缴纳应纳税款。

(5) 企业在纳税年度的中间开业，或者由于合并、关闭等原因，使该纳税年度的实际经营期不足 12 个月的，应当以其实际经营期为一个纳税年度。

(三) 对企事业单位的承包经营、承租经营所得应纳税额的计算

对企事业单位的承包经营、承租经营所得，其个人所得税应纳税额的计算公式为：

应纳税额＝应纳税所得额×适用税率－速算扣除数

＝(纳税年度收入总额－必要费用)×适用税率－速算扣除数

在一个纳税年度中，承包经营或者承租经营期限不足 1 年的，以其实际经营期为纳税年度。对企事业单位的承包经营、承租经营所得适用的税率和速算扣除数，同个体工商户的生产、经营所得适用的税率和速算扣除数。

【例 9-6】 2015 年 1 月 1 日，李某与某事业单位签订承包经营合同经营招待所，合同规定承包人每年应从承包经营利润中上缴承包费 50 000 元，承包期为 5 年，2015 年该招待所实现经营利润 180 000 元。计算李某 2015 年承包经营招待所所得应缴纳个人所得税。

解析：

2015 年应纳税所得额＝180 000－50 000－3 500×12＝88 000(元)

李某 2015 年承包经营所得应缴纳个人所得税＝88 000×30%－9 750＝16 650(元)

(四) 劳务报酬所得应纳税额的计算

对劳务报酬所得，其个人所得税应纳税额的计算公式为：

(1) 每次收入不足 4 000 元的：

应纳税额＝应纳税所得额×适用税率＝(每次收入额－800)×20%

(2) 每次收入的应纳税所得额在 3 200－20 000 元之间的：

应纳税额＝应纳税所得额×适用税率＝每次收入额×(1－20%)×20%

(3) 每次收入的应纳税所得额超过 20 000 元的：

应纳税额＝应纳税所得额×适用税率－速算扣除数

＝每次收入额×(1－20%)×适用税率－速算扣除数

【例 9-7】 2016 年 4 月，某专家为某商业培训机构举办的培训班授课，共计 20 课时，取得收入 20 000 元，计算该专家 2015 年 4 月的劳务报酬所得的个人所得税。

解析：

应纳税所得额＝20 000×(1－20%)＝16 000(元)

应纳税额＝16 000×20%＝3 200(元)

(五) 稿酬所得应纳税额的计算

稿酬所得应纳税额的计算公式为：

应纳税额＝应纳税所得额×适用税率×(1－30%)

1. 每次收入不足 4 000 元的

应纳税额＝(每次收入额－800)×20%×(1－30%)

2. 每次收入在 4 000 元以上的

应纳税额＝每次收入额×(1－20%)× 20%×(1－30%)

【例 9-8】 某作家 2016 年 4 月出版一部小说，当月取得稿酬收入 20 000 元，计算该作家当月稿酬所得应纳个人所得税。

解析：

应纳税所得额＝20 000×(1－20%)＝18 000(元)

应纳税额＝18 000×20%×(1－30%)＝2 240(元)

（六）特许权使用费所得应纳税额的计算

特许权使用费所得应纳税额的计算公式为：

应纳税额＝应纳税所得额×适用税率

1. 每次收入不足 4 000 元的

应纳税额＝(每次收入额－800)×20％

2. 每次收入在 4 000 元以上的

应纳税额＝每次收入额×(1－20％)×20％

（七）财产租赁所得应纳税额的计算

财产租赁所得，应纳税额的计算公式为：

应纳税额＝应纳税所得额×适用税率

1. 每次收入不超过 4 000 元的

应纳税额＝[每次(月)收入额－准予扣除的项目－准予扣除的修缮费－800]×20％

2. 每次收入在 4 000 元以上的

应纳税额＝[每次(月)收入额－准予扣除的项目－准予扣除的修缮费]×(1－20％)×20％

财产租赁所得适用 20％的比例税率。但对个人按市场价格出租的居民住房取得的所得，自 2001 年 1 月 1 日起暂减按 10％的税率征收个人所得税。

另外，个人将承租房屋转租取得的租金收入，属于个人所得税应税所得，应按“财产租赁所得”项目计算缴纳个人所得税。取得转租收入的个人向房屋出租方支付的租金，凭房屋租赁合同和合法支付凭据允许在计算个人所得税时，从该项转租收入中扣除，税前扣除税费的扣除次序为：

(1) 财产租赁过程中缴纳的税费；

(2) 向出租方支付的租金；

(3) 由纳税人负担的租赁财产实际开支的修缮费用；

(4) 税法规定的费用扣除标准。

（八）财产转让所得应纳税额的计算

财产转让所得应纳税额的计算公式为：

应纳税额＝应纳税所得额×适用税率

＝(收入总额－财产原值－合理税费)×20％

【例 9-9】 2016 年 8 月，刘女士转让其 2013 年购入的普通住房一套，取得销售收入 92 万元，刘女士取得该住房时支付的金额为 60 万元，支付其他费用 5 万元。计算刘女士转让该住房应缴纳的个人所得税。

解析：

应纳税所得额＝92－(60＋5)＝27(万元)

应纳税额＝27×20％＝5.4(万元)

（九）利息、股息、红利所得，偶然所得和其他所得的应纳税额的计算

利息、股息、红利所得，偶然所得和其他所得的应纳税额的计算公式为：

应纳税额＝应纳税所得额×适用税率＝每次收入额×适用税率

【例 9-10】 刘先生在商场购物时，参加购物抽奖活动获得一等奖，奖金金额 10 000 元。计算刘先生中奖所得应纳个人所得税。

解析：刘先生中奖所得属于偶然所得，以每次收入额为应纳税所得额，则

应纳税额＝10 000×20％＝2 000(元)

（十）个人所得税计算中的特殊问题

1. 公益、救济性捐赠的税务处理

个人通过社会团体、国家机关向教育和其他公益事业以及遭受严重自然灾害地区、贫困地区的捐赠支出，捐赠额未超过纳税义务人申报的应纳税所得额 30％的部分，可以从其应纳税所得额中扣除。

【例 9-11】 王某为一家私营企业非任职的董事，2015 年 6 月从该企业取得董事费收入 50 000 元，王某将其中 20 000 元通过教育部门捐赠给当地某希望小学，计算王某董事费收入应纳个人所得税。

解析：不在本企业任职的董事费收入按“劳动报酬所得”征税。

公益救济性捐赠扣除限额＝50 000×(1－20％)×30％＝12 000(元)

所以，王某的 20 000 元捐赠只允许从其应纳税所得额中扣除 12 000 元。

应纳税额＝[50 000×(1－20％)－12 000]×30％－2 000＝6 400(元)

2. 两个或两个以上的纳税人共同取得同一项所得的税务处理

两个或者两个以上的个人共同取得同一项目收入的，应当对每个人取得的收入分别按照规定减除费用后并分别计算纳税。

【例 9-12】 甲、乙、丙三人共同承担某项设计劳务，共取得报酬 40 000 元，其中甲分得 30 000 元，乙分得 8 000 元，丙分得 2 000 元。计算甲、乙、丙三人承担该项设计劳务取得收入应纳个人所得税。

解析：

甲应纳个人所得税＝30 000×(1－20％)×30％－2 000＝5 200(元)

乙应纳个人所得税＝8 000×(1－20％)×20％＝1 280(元)

丙应纳个人所得税＝(2 000－800)×20％＝240(元)

三人合计纳税＝5 200＋1 280＋240＝6 720(元)

3. 境外所得已纳税款的抵免

在对纳税人的境外所得征税时，存在其境外所得已在所得的来源国或地区缴纳税款的实际情况。基于国家之间对同一所得应避免双重征税的原则，我国在对纳税人的境外所得行使税收管辖权时，对该所得在境外已纳税款采取了区分不同情况从应纳税额中予以扣除的做法。

纳税人从中国境外取得的所得，准予其在应纳税额中扣除已在境外缴纳的个人所得税税额。但扣除额不得超过该纳税人境外所得依照我国个人所得税法规定计算的应纳

税额。

已在境外缴纳的个人所得税税额，是指纳税人从中国境外取得的所得，依照该所得来源国家或者地区的法律应当缴纳并且实际已经缴纳的税额。

依照税法规定计算的应纳税额，是指纳税人从中国境外取得的所得，区别不同国家或者地区和不同所得项目，依照税法规定的费用减除标准和适用税率计算的应纳税额；同一国家或者地区内不同所得项目的应纳税额之和，为该国家或者地区的扣除限额。

纳税人在中国境外一个国家或者地区实际已经缴纳的个人所得税税额，低于依照规定计算出的该国家或者地区扣除限额的，应当在中国缴纳差额部分的税款；超过该国家或者地区扣除限额的，其超过部分不得在本纳税年度的应纳税额中扣除，但是可以在以后纳税年度的该国家或者地区扣除限额的余额中补扣。补扣期限最长不得超过五年。

纳税人依照规定申请扣除已在境外缴纳的个人所得税税额时，应当提供境外税务机关填发的完税凭证原件。

【例 9-13】 中国演员李某在 A 国参加影视剧演出，取得劳务报酬 90 000 元，已经按该国的税法缴纳的个人所得税 18 000 元。计算李某该项收入在境内应缴纳个人所得税。

解析：

李某该项所得应纳个人所得税在我国抵免限额＝90 000×(1－20％)×40％－7 000＝21 800(元)

李某该项所得在境内应纳个人所得税＝21 800－18 000＝3 800(元)

第四节 个人所得税的申报管理

一、个人所得税的纳税办法

个人所得税的纳税办法，有自行申报和代扣代缴两种。

(一) 自行申报

自行申报纳税，是由纳税人自行在税法规定的纳税期限内，向税务机关申报取得的应税所得项目和数额，如实填写个人所得税纳税申报表，并按照税法规定计算应纳税额，据此缴纳个人所得税的一种方法。

自行申报纳税的纳税义务人包括：

(1) 年所得 12 万元以上的；

(2) 从中国境内两处或者两处以上取得工资、薪金所得的；

(3) 从中国境外取得所得的；

(4) 取得应税所得，没有扣缴义务人的；

(5) 国务院规定的其他情形。

(二) 代扣代缴

代扣代缴，是指按照税法规定负有扣缴税款义务的单位或者个人，在向个人支付应纳税所得时,应计算应纳税额,从其所得中扣出并缴入国库,同时向税务机关报送扣缴个人所得税报告表。这种方法,有利于控制税源、防止漏税和逃税。

扣缴义务人,是指凡支付个人应纳税所得的企业(公司)、事业单位、机关、社会团体、军队、驻华机构、个体户等单位或者个人,为个人所得税的扣缴义务人。

扣缴义务人向个人支付下列所得,应代扣代缴个人所得税:

(1) 工资、薪金所得;

(2) 对企、事业单位承包经营、承租经营所得;

(3) 劳务报酬所得;

(4) 稿酬所得;

(5) 特许权使用费所得;

(6) 利息、股息、红利所得;

(7) 财产租赁所得;

(8) 财产转让所得;

(9) 偶然所得;

(10) 经国务院财政部门确定征税的其他所得。

扣缴义务人在向个人支付应税所得(包括现金、实物和有价证券)时,不论纳税人是否属于本单位人员,均应代扣代缴其应纳的个人所得税款。

二、个人所得税纳税期限

(1) 扣缴义务人每月所扣的税款,自行申报纳税人每月应纳的税款,都应当在次月15日内缴入国库,并向税务机关报送纳税申报表。

(2) 工资、薪金所得应纳的税款,按月计征,由扣缴义务人或者纳税义务人在次月15日内缴入国库,并向税务机关报送纳税申报表。特定行业的工资、薪金所得应纳的税款,可以实行按年计算、分月预缴的方式计征,具体办法由国务院规定。

(3) 个体工商户的生产、经营所得应纳的税款,按年计算,分月预缴,由纳税人在次月15日内预缴,年度终了后3个月内汇算清缴,多退少补。

(4) 对企事业单位的承包经营、承租经营所得应纳的税款,按年计算,由纳税人在年度终了后30日内缴入国库,并向税务机关报送纳税申报表。纳税人在一年内分次取得承包经营、承租经营所得的,应当在取得每次所得后的15日内预缴,年度终了后3个月内汇算清缴,多退少补。

(5) 从中国境外取得所得的纳税义务人,应当在年度终了后30日内,将应纳的税款缴入国库,并向税务机关报送纳税申报表。

三、纳税地点

自行申报的纳税人,其申报纳税地点一般为收入来源地的主管税务机关。纳税人从两处或两处以上取得工资、薪金所得的,可选择并固定在其中一地税务机关申报纳税;从境外取得所得的,应向境内户籍所在地或经常居住地税务机关纳税。纳税人要求变更申报纳税地点的须经原主管税务机关批准。

课后讨论

从国际上看，个人所得税按照征收方式可分为综合税制、分类税制、综合与分类相结合的税制三种类型。当前我国现行的个人所得税是实行分类或分项课征模式，即对纳税人的各项收入进行"分别征收、各个清缴"的征管方式。这样的个税征收制度会忽略家庭负担的轻重，同时也造成了收入来源单一的工薪阶层缴税较多、收入来源多元化的高收入阶层缴税较少的问题。下一步我国个人所得税的改革应如何考虑这个问题？

练习题

一、单选题

1. 依据个人所得税法的相关规定，中国居民纳税人与非居民纳税人的划分标准是（　　）。

A. 户籍所在地标准　　B. 住所标准和居住时间标准

C. 住所标准和国籍标准　　D. 工作地点所在地标准

2. 以下属于中国居民纳税人的是（　　）。

A. 美国人甲 2014 年 9 月 1 日入境，2015 年 10 月 1 日离境

B. 日本人乙来华学习 180 天

C. 法国人丙 2015 年 1 月 1 日入境，2015 年 12 月 20 日离境

D. 英国人丁 2015 年 1 月 1 日入境，2015 年 11 月 20 日离境至 12 月 31 日

3. 以下项目所得，应按"工资、薪金所得"缴纳个人所得税的是（　　）。

A. 个人提供担保取得的收入

B. 兼职收入

C. 出租汽车经营单位将出租车所有权转移给驾驶员的，出租车驾驶员从事客货运营取得的收入

D. 出租汽车经营单位对出租车驾驶员采取单车承包或承租方式运营，出租车驾驶员从事客货营运取得的收入

4. 以下属于工资薪金所得的项目有（　　）。

A. 托儿补助费　　B. 劳动分红

C. 投资分红　　D. 独生子女补贴

5. 下列各项中，应按"个体工商户生产、经营所得"项目征税的是（　　）。

A. 个人因从事彩票代销业务而取得的所得

B. 个人独资企业对外投资取得的股息所得

C. 私营企业的个人投资者以企业资本金为本人购买的汽车

D. 出租汽车经营单位对出租车驾驶员采取单车承包或承租方式运营，出租车驾驶员从事客货营运取得的收入

6. 下列各项中不应按特许权使用费所得，征收个人所得税的是（　　）。

A. 专利权　　B. 著作权　　C. 稿酬　　D. 非专利技术

7. 下列所得中，免缴个人所得税的是(　　)。

A. 年终加薪　　B. 拍卖本人文字作品原稿的收入

C. 个人保险所获赔款　　D. 从投资管理公司取得的派息分红

8. 对于县级政府颁发的科学、教育、技术、文化、卫生、体育、环境保护等方面的奖金，应当(　　)。

A. 征收个人所得税　　B. 免征个人所得税

C. 减半征收个人所得税　　D. 适当减征个人所得税

9. 下列应税项目中，以一个月为一次确定应纳税所得额的有(　　)。

A. 劳务报酬所得　　B. 特许权使用费所得

C. 财产租赁所得　　D. 财产转让所得

10. 下列各项中以每次收入额为应纳税所得额的是(　　)。

A. 特许权使用费所得　　B. 劳务报酬所得

C. 利息、股息、红利所得　　D. 财产转让所得

11. 下列项目中，属于劳务报酬所得的是(　　)。

A. 发表论文取得的报酬

B. 提供著作的版权而取得的报酬

C. 将国外的作品翻译出版取得的报酬

D. 高校教师受出版社委托进行审稿取得的报酬

12. 依据个人所得税法的相关规定，计算财产转让所得时，下列各项准予扣除的是(　　)。

A. 定额 800 元　　B. 定额 800 元或定率 20%

C. 财产净值　　D. 财产原值和合理税费

13. 中国居民王某 2015 年 2 月办理了正式退休手续，每月领取退休工资 4 500 元，2015 年 10 月 1 日被一家公司聘用，每月工资 3 600 元。2015 年 10 月王某应缴纳个人所得税(　　)元。

A. 3　　B. 135　　C. 275　　D. 370

14. 中国居民王某 2015 年 12 月取得工资、薪金所得 4 000 元，取得全年一次性奖金 60 000 元，王某 12 月份应缴纳个人所得税(　　)元。

A. 1 815　　B. 5 000　　C. 11 345　　D. 11 460

15. 国内某作家的一篇小说在一家日报上连载两个月，第一个月月末报社支付稿酬 2 000 元；第二个月月末报社支付稿酬 5 000 元。该作家两个月所获稿酬应缴纳的个人所得税为(　　)元。

A. 728　　B. 784　　C. 812　　D. 868

二、多选题

1. 下列各项中，应当按照“工资、薪金所得”项目征收个人所得税的有(　　)。

A. 劳动分红　　B. 独生子女补贴

C. 差旅费津贴　　D. 年终加薪

2. 下列项目，不属于稿酬所得的有(　　)。

A. 摄影作品发表取得的所得　　B. 拍卖文学手稿取得的所得

C. 帮企业写发展史取得的所得　　　　　D. 帮出版社审稿取得的所得

3. 下列各项中,应当按照“个体工商户的生产、经营所得”项目征收个人所得税的有(　　)。

A. 个人独资企业的个人投资者从独资企业领取的工资

B. 合伙企业投资者从合伙企业分得的利润

C. 个体工商户的业主中奖取得的所得

D. 个体工商户的业主对外投资取得的股息所得

4. 依据个人所得税法的相关规定,下列项目中,属于劳务报酬所得的有(　　)。

A. 某教授在杂志上发表论文取得的报酬

B. 歌手演出取得的报酬

C. 教师自行举办培训班取得的办班收入

D. 某教师受出版社委托审稿取得的所得

5. 下列各项中,应当按照“稿酬所得”项目征收个人所得税的有(　　)。

A. 将国外的作品翻译出版取得的报酬

B. 作者将自己的文字作品手稿原件或复印件公开拍卖取得的所得

C. 任职、受雇于报纸、杂志等单位的记者、编辑等专业人员,因在本单位的报纸、杂志上发表作品取得的所得

D. 任职、受雇于报纸、杂志等单位的记者、编辑等专业人员以外的其他人员,因在本单位的报纸、杂志上发表作品取得的所得

6. 依据个人所得税法的相关规定,下列说法中,正确的有(　　)。

A. 个人在公司任职,同时兼任该公司董事的,取得的董事费收入应与工资收入合并,统一按“工资、薪金所得”项目缴纳个人所得税

B. 个人在公司任职,同时兼任关联公司监事的,取得的监事费收入,应按“劳务报酬所得”项目缴纳个人所得税

C. 个人担任公司董事,且不在该公司(包括关联公司)任职、受雇的,取得的董事费收入,应按“劳务报酬所得”项目缴纳个人所得税

D. 企业和单位对营销业绩突出的雇员以培训班、研讨会、工作考察等名义组织旅游活动,通过免收差旅费、旅游费对个人实行的营销业绩奖励,应根据所发生费用的全额并入营销人员当期的工资、薪金所得,按照“工资、薪金所得”项目征收个人所得税

7. 下列个人所得中,适用20%比例税率的有(　　)。

A. 工资、薪金所得　　　　　B. 劳务报酬所得

C. 特许权使用费所得　　　　D. 企业职工的奖金所得

8. 下列所得适用五级超额累进税率计缴个人所得税的有(　　)。

A. 个体工商户的生产经营所得

B. 个人独资企业和合伙企业投资者的生产经营所得

C. 承包经营者对企业经营成果拥有所有权取得的承包所得

D. 财产租赁所得

9. 下列所得,免征个人所得税的有(　　)。

A. 残疾、孤老人员和烈属的所得　　B. 国债和国家发行的金融债券利息
C. 福利费、抚恤金、救济金　　D. 政府部门颁发的各种奖金

10. 下列所得中，在计算个人所得税应纳税所得额时，费用的扣除采取定额和定率两种扣除办法的有(　　)。
A. 财产转让所得　　B. 劳务报酬所得
C. 特许权使用费所得　　D. 财产租赁所得

11. 依据个人所得税法的相关规定，计算下列所得的应纳税所得额时，不得扣除任何费用的有(　　)。
A. 稿酬所得　　B. 偶然所得
C. 劳务报酬所得　　D. 利息、股息、红利所得

12. 依据个人所得税法的相关规定，个人取得的下列所得中，应由扣缴义务人代扣代缴个人所得税的有(　　)。
A. 稿酬所得　　B. 偶然所得
C. 财产转让所得　　D. 个体工商户的生产、经营所得

13. 个人所得税自行申报的纳税人有(　　)。
A. 从两处或两处以上取得工资、薪金的
B. 取得应纳税所得，没有扣缴义务人的
C. 年所得 12 万元以上
D. 取得应纳税所得，扣缴义务人未按规定扣缴税款的

三、判断题

1. 某日本公民于 2014 年 1 月 2 日至 2015 年 12 月 31 日在中国境内工作，该日本公民不是我国个人所得税的居民纳税人。(　　)

2. 对非居民纳税人来源于中国境内但支付地点在国外的所得，免征个人所得税。(　　)

3. 某歌星取得一次劳务报酬 2.4 万元，对此应实行加成征收办法计算个人所得税。(　　)

4. 企业和个人按照省级人民政府规定的比例收取缴付的基本养老金、失业保险金，不计入个人当期的工资、薪金收入，免予征收个人所得税。但个人领取时，则应征收个人所得税。(　　)

5. 城镇企事业单位及职工个人按照《失业保险条例》规定的比例实际缴付的失业保险费，均不计入职工个人当期工资、薪金收入，免予征收个人所得税。(　　)

6. 某作者由出版社出版一部小说，取得稿酬 3 万元，该书在北京晚报上连载刊登，连载完后报社支付其稿酬 2 万元。该作者的两笔稿酬应该合并缴纳个人所得税。(　　)

四、计算分析题

1. 某工程师(中国公民)2016 年 5 月被派遣到某外资企业提供业务指导，当月外资企业支付其工资 7 000 元(需上交派遣单位 40%，有合同证明)，原派遣单位支付其工资 4 000 元，已知派遣单位和雇佣单位均扣缴了个人所得税，计算当月该工程师应补缴个人所得税。

2. 张某承揽一项房屋装饰工程。工程两个月完工。房主第 1 个月支付给张某 15 000 元，第 2 个月支付 20 000 元。计算张某应缴纳个人所得税。

3. 中国公民李某8月份出版一本著作，取得出版社稿酬8 000元。在此之前，部分章节6月至7月被某晚报连载，6月份取得稿酬1 000元，7月份取得稿酬1 500元，因该书畅销，9月份出版社增加印数，又取得追加稿酬4 000元，后被电影公司拍成电影，取得报酬1万元。计算李某上述所得应缴纳的个人所得税。

4. 中国公民王某为某文艺团体演员，2015年6月收入情况如下：

(1) 每月取得工薪收入6 000元，第二季度的奖金4 000元；

(2) 自编剧本取得某文工团给予的剧本使用费10 000元；

(3) 录制个人专辑取得劳务报酬45 000元；

(4) 为他人提供贷款担保获得报酬5 000元；

(5) 在乙国出版自传作品一部，取得稿酬160 000元，已按乙国税法规定在该国缴纳了个人所得税16 000元。

要求：分别计算王某的各项所得应纳(或补缴)个人所得税。

5. 2016年2月我国某作家出版一部短篇小说，取得稿酬30 000元，当即拿出8 000元通过国家机关捐赠给受灾地区。当年一家报社将该篇小说在2016年4月和5月报刊上连载两个月，4末报社支付稿酬6 000元，5月末报社支付稿酬3 000元。计算该作家上述稿酬所得应缴纳的个人所得税。

第十章 违反税法的法律责任

本章要点

- 违反税法的法律责任
- 税务行政处罚
- 税务行政复议与诉讼
- 税务行政赔偿

案例引入

某政府机关按照税法规定为个人所得税扣缴义务人。该机关认为自己是国家机关，因此，虽经税务机关多次通知，还是未按照税务机关确定的申报期限报送《代扣代缴税款报告表》，被税务机关责令限期改正并处以罚款 1 000 元。对此，该机关负责人非常不理解，认为自己不是个人所得税的纳税义务人，而是替税务机关代扣税款，只要税款没有少扣，晚几天申报不应受到处罚。

扣缴义务人未按照法定期限履行扣缴义务是否承担法律责任呢？

第一节 违反税法的法律责任

违反税法的法律责任，是指征税主体和纳税主体的行为违反了税收法律、法规所应承担的法律后果，分为税收违法行政法律责任和税收违法刑事法律责任。

一、纳税人、扣缴义务人的违反税法的法律责任

（一）违反税务管理基本规定行为的法律责任

(1) 纳税人有下列行为之一的，由税务机关责令限期改正，可以处 2 000 元以下的罚款；情节严重的，处以 2 000 元以上 10 000 元以下的罚款：

① 纳税人未按照规定的期限申报办理税务登记、变更或注销登记的；

② 未按照规定设置、保管账簿或保管记账凭证和有关资料的；

③ 未按照规定将财务、会计制度或者财务会计处理办法和会计核算软件报送税务机关备查的；

④ 未按照规定将其全部银行账号向税务机关报告的；

⑤ 未按照规定安装、使用税控装置或损毁或擅自改动税控装置的。

(2) 纳税人不办理税务登记的，由税务机关责令限期改正；逾期不改正的，经税务机关提请，由工商行政管理部门吊销其营业执照。

扣缴义务人未按照规定办理扣缴税款登记的，税务机关应当自发现之日起 3 日内责令其限期改正，并可处以 1 000 元以下的罚款。

(3) 纳税人未按照规定使用税务登记证件，或者转借、涂改、损毁、买卖、伪造税务登记证件的，处 2 000 元以上 10 000 元以下的罚款；情节严重的，处 10 000 元以上 50 000 元以下的罚款。

(4) 扣缴义务人未按照规定设置、保管代扣代缴、代收代缴税款账簿或者保管代扣代缴、代收代缴税款记账凭证及有关资料的，由税务机关责令限期改正，可以处 2 000 元以下的罚款；情节严重的，处以 2 000 元以上 5 000 元以下的罚款。

(5) 纳税人未按照规定的期限办理纳税申报和报送纳税资料的，或者扣缴义务人未按照规定期限办理报送代扣代缴、代收代缴税款报告的，由税务机关责令限期改正，可以处 2 000 元以下罚款；情节严重的，可处以 2 000 元以上 10 000 元以下的罚款。

（二）偷税行为的法律责任

(1) 偷税，是指纳税人伪造、变造、隐匿、擅自销毁账簿、记账凭证，或者在账簿上多列支出或者不列、少列收入，或者经税务机关通知申报而拒不申报或者进行虚假的纳税申报，不缴或者少缴应纳税款的行为。对纳税人偷税的，由税务机关追缴其不缴或者少缴的税款、滞纳金，并处不缴或者少缴的税款 50%以上 5 倍以下的罚款；构成犯罪的，依法追究刑事责任。

扣缴义务人采取前款所列手段，不缴或者少缴已扣、已收税款，由税务机关追缴其不缴或者少缴的税款、滞纳金，并处不缴或者少缴的税款 50%以上 5 倍以下的罚款；构成犯罪的，依法追究刑事责任。

(2) 纳税人采取欺骗、隐瞒手段进行虚假纳税申报或者不申报，逃避缴纳税款税额较大并且占应纳税额 10%以上的，处 3 年以下有期徒刑或者拘役，并处罚金；数额巨大并且占应纳税额 30%以上的，处 3 年以上 7 年以下有期徒刑，并处罚金。

扣缴义务人采取前款所列手段，不缴或者少缴已扣、已收税款，税额较大的依照上述的规定处罚。

对多次实施偷税行为，未经处理的，按照累计数额计算。

（三）虚假申报或不进行申报行为的法律责任

纳税人、扣缴义务人编造虚假计税依据的，由税务机关责令限期改正，并处 5 万元以下的罚款。

纳税人不进行纳税申报，不缴或者少缴应纳税款的，由税务机关追缴其不缴或者少缴的税款、滞纳金，并处不缴或者少缴的税款 50%以上 5 倍以下的罚款。

（四）逃避追缴欠税的法律责任

纳税人欠缴应纳税款，采取转移或者隐匿财产的手段，妨碍税务机关追缴欠缴的税款的，由税务机关追缴欠缴的税款、滞纳金，并处欠缴税款50%以上5倍以下的罚款；构成犯罪的，依法追究刑事责任。

纳税人欠缴应纳税款，采取转移或隐匿财产的手段，致使税务机关无法追缴欠缴的税款，数额在1万元以上不满10万元的，处3年以下有期徒刑或者拘役，并处或者单处欠缴税款1倍以上5倍以下罚金；数额在10万元以上的，处3年以上7年以下有期徒刑，并处欠缴税款1倍以上5倍以下罚金。

（五）骗税的法律责任

以假报出口或者其他欺骗手段，骗取国家出口退税款的，由税务机关追缴其骗取的退税款，并处骗取税款1倍以上5倍以下的罚款；构成犯罪的，依法追究刑事责任。

对骗取国家出口退税款的，税务机关可以在规定期间内停止为其办理出口退税。

以假报出口或者其他欺骗手段，骗取国家出口退税款，数额较大的，处5年以下有期徒刑或者拘役，并处骗取税款1倍以上5倍以下罚金；数额巨大或者有其他严重情节的，处5年以上10年以下有期徒刑，并处骗取税款1倍以上5倍以下罚金；数额特别巨大或者有其他特别严重情节的，处10年以上有期徒刑或者无期徒刑，并处骗取税款1倍以上5倍以下罚金。

小思考

偷税和骗税有哪些区别？

（六）抗税的法律责任

抗税，是指纳税人以暴力、威胁方法拒不缴纳税款的行为。除由税务机关追缴其拒缴的税款、滞纳金外，依法追究刑事责任；情节轻微，未构成犯罪的，由税务机关追缴其拒缴的税款、滞纳金，并处拒缴税款一倍以上五倍以下的罚款。

以暴力、威胁方法拒不缴纳税款的，处3年以下有期徒刑或者拘役，并处拒缴税款1倍以上5倍以下罚金；情节严重的，处3年以上7年以下有期徒刑，并处拒缴税款1倍以上5倍以下罚金。

（七）在规定期限内不缴少缴税款等行为的法律责任

纳税人、扣缴义务人在规定期限内不缴或者少缴应纳或者应解缴的税款，经税务机关责令限期缴纳，逾期仍未缴纳的，税务机关除依照《税收征管法》规定采取强制执行措施追缴其不缴或者少缴的税款外，可以处以不缴或者少缴税款50%以上5倍以下的罚款。

（八）扣缴义务人不履行扣缴义务的法律责任

扣缴义务人应扣未扣、应收而不收税款的，由税务机关向纳税人追缴税款，对扣缴义务人处以应扣未扣、应收未收税款50%以上3倍以下的罚款。

本章引入案例解析

扣缴义务人依法负有扣缴义务，应在规定期限内向税务机关申报缴纳税款，在规定期限内不缴或者少缴应纳或者应解缴的税款，经税务机关责令限期缴纳，逾期仍未缴纳的，税务机关除依照《税收征管法》规定采取强制执行措施追缴其不缴或者少缴的税款外，可以处以不缴或者少缴税款50%以上5倍以下的罚款。

（九）不配合税务检查的法律责任

纳税人、扣缴义务人逃避、拒绝或者以其他方式阻挠税务机关检查的，由税务机关责令改正，可以处1万元以下的罚款；情节严重的，处1万元以上5万元以下的罚款。

二、其他有关人员的税收法律责任

（一）非法印制发票的法律责任

（1）非法印制发票的，由税务机关销毁非法印制的发票，没收违法所得和作案工具，并处1万元以上5万元以下的罚款；构成犯罪的，依法追究刑事责任。

（2）伪造或者出售伪造的增值税专用发票的，处3年以下有期徒刑、拘役或者管制，并处2万元以上20万元以下罚金；数量较大或者有其他严重情节的，处3年以上10年以下有期徒刑，并处5万元以上50万元以下罚金；数量巨大或者有其他特别严重情节的，处10年以上有期徒刑或者无期徒刑，并处5万元以上50万元以下罚金或者没收财产。

单位犯本条规定之罪的，对单位判处罚金，并对其直接负责的主管人员和其他直接责任人员，处3年以下有期徒刑，拘役或者监管；数量较大或者有其他严重情节的，处3年以上10年以下有期徒刑；数量巨大或者有其他特别严重情节的，处10年以上有期徒刑或者无期徒刑。

（3）伪造、擅自制造或者出售伪造、擅自制造的可以用于骗取出口退税、抵扣发票的，处3年以上7年以下有期徒刑、拘役或者管制，并处2万元以上20万元以下罚金；数量巨大的，处3年以上7年以下有期徒刑，并处5万元以上50万元以下罚金；数额特别巨大的，处7年以下有期徒刑，并处5万元以上50万元以下罚金或者没收财产。

伪造、擅自制造或者出售伪造、擅自制造的其他发票的，处2年以下有期徒刑、拘役或者管制，并处或者单处1万元以上5万元以下罚金；情节严重的，处2年以上7年以下有期徒刑，并处5万元以上50万元以下罚金。

（4）非法印制、转借、倒卖、变造或者伪造完税凭证的，由税务机关责令改正，处2 000元以上1万元以下的罚款；情节严重的，处1万元以上5万元以下的罚款；构成犯罪的，依法追究刑事责任。

（二）银行和其他金融机构的法律责任

（1）银行和其他金融机构未依照《税收征管法》的规定在从事生产、经营的纳税人的账户中登录税务登记证件号码，或者未按规定在税务登记证件中登录从事生产、经营的纳税人的账户账号的，由税务机关责令其限期改正，处2 000元以上2万元以下的罚款；情节严重的，处2万元以上5万元以下的罚款。

（2）为纳税人、扣缴义务人非法提供银行账户、发票、证明或者其他方便，导致未缴、少缴税款或者骗取国家出口退税款的，税务机关除没收其违法所得外，可以处未缴、少缴或者骗取的税款1倍以下的罚款。

(3) 纳税人、扣缴义务人的开户银行或者其他金融机构拒绝接受税务机关依法检查纳税人、扣缴义务人存款账户，或拒绝执行税务机关作出的冻结存款或者扣缴税款的决定，或在接到税务机关的书面通知后帮助纳税人、扣缴义务人转移存款，造成税款流失的，由税务机关处10万元以上50万元以下的罚款；对直接负责的主管人员和其他直接责任人员处1 000元以上1万元以下的罚款。

(三) 税务代理人的法律责任

税务代理人违反税收法律、行政法规，造成纳税人未缴或者少缴税款的，除由纳税人缴纳或者补缴应纳税款、滞纳金外，对税务代理人处纳税人未缴或者少缴税款50%以上3倍以下的罚款。

(四) 其他有关单位的法律责任

税务机关依照《税收征管法》的规定，到车站、码头、机场、邮政企业及其分支机构检查纳税人有关情况时，有关单位拒绝的，由税务机关责令改正，可以处1万元以下的罚款；情节严重的，处10 000元以上50 000元以下的罚款。

第二节 税务行政处罚

税务行政处罚，是指公民、法人或者其他组织有违反税收征收管理秩序的违法行为，尚未构成犯罪，依法应当承担行政责任的，由税务机关给予的处罚。1996年3月17日，第八届全国人民代表大会第四次会议通过了《中华人民共和国行政处罚法》(以下简称《行政处罚法》)，自1996年10月1日起施行。税务行政处罚是行政处罚的重要部分。1996年9月28日，国家税务总局发布了《税务案件调查取证与处罚决定分开制度实施办法(试行)》和《税务行政听证程序实施办法(试行)》，并于1996年10月1日起施行。《行政处罚法》和《税收征管法》是税务行政处罚活动的基本法律依据。

一、税务行政处罚的原则与种类

(一) 税务行政处罚的原则

1. 法定原则

税务行政处罚要由法定的税务机关在法定的职权范围内，根据法定依据，按照法定程序，以法定的形式实施。具体包括以下四方面内容：

第一，依据法定。税务行政处罚必须有法定依据，法无明文规定不得处罚。

第二，主体法定。税务行政处罚必须由法定的国家机关在其职权范围内设定、实施。

第三，形式法定。税务行政处罚必须由税务机关采取法定的形式实施。

第四，程序法定。税务行政处罚必须由税务机关按照法定程序实施。

2. 公正、公开原则

公正,是指行政处罚应当合法、实施行政处罚应当适当。税务机关给予税务行政处罚时,防止偏听偏信,并且应使当事人了解违法行为的性质,并给其申辩的机会。

公开,要求税务行政处罚的规定、处罚的程序要公开。公开是公正的保障,税务行政处罚需要公正,而公正则需要公开。

3. 以事实为依据原则

任何法律规范的适用必然基于一定的法律行为和事件,法律事实不清或者脱离了法律事实,法律的适用就不可能准确,法律对各种社会关系的调整功能就不可能有效发挥。因此,税务行政处罚必须以事实为依据,以法律为准绳。

4. 过罚相当原则

过罚相当是指在税务行政处罚的设定和实施方面,都要根据当事人税收违法行为的性质、情节、社会危害性的大小而定,所科罚种和处罚幅度要与违法行为人的违法过错程度相适应,既不轻过重罚,也不重过轻罚,防止处罚畸轻畸重或者"一刀切"的现象。税务机关在运用自由裁量权时,要把握好执法的尺度。

5. 一事不二罚原则

行政处罚的一事不二罚原则,是指符合一个行政违法构成要件的行为,除法律有特别规定外,行政主体只能给予一个和一次处罚。因此,税务行政处罚中,税务机关对违法行为人的同一个违法行为,不得以同一事实和同一依据给予两次以上罚款的行政处罚。其目的在于防止法律规范之间的设定冲突,重复规定处罚,保护行政相对人的合法权益。

小思考

因发票违法被处罚后再次出现同样的问题,是否还要进行处罚,再次处罚是否违反一事不二罚的原则?

6. 处罚与教育相结合原则

处罚与教育相结合原则,是指税务行政处罚既要体现对违法行为人的惩罚或制裁,同时还要贯彻教育违法行为人自觉守法的精神。处罚只是手段,其最终目的是纠正税收违法行为,教育公民自觉遵守税法。因此,税务机关在实施行政处罚时,要责令当事人改正或者限期改正违法行为,对情节轻微的违法行为也不一定都要实施处罚。

7. 监督、制约原则

对税务机关实施行政处罚实行两方面的监督制约。一是内部的,如对违法行为的调查与处罚决定的分开,决定罚款的机关与收缴的机构分立,当场作出的处罚决定向所属行政机关备案等。二是外部的,包括税务系统上下级之间的监督制约和司法监督,具体体现主要是税务行政复议和诉讼。

(二)税务行政处罚的种类

根据税务行政处罚的设定原则,税务行政处罚的种类是可变的,它将随着税收法律、法规、规章设定的变化而变化或者增减。根据税法的规定,现行的税务行政处罚的种类主要包括:罚款、没收财务非法所得、停止出口退税权。

二、税务行政处罚程序

税务机关在处理税务违法案件时,针对违法案件的不同情况分别按简易程序和一般程序进行处理。

(一) 税务行政处罚的简易程序

税务行政处罚的简易程序,是指税务机关及其执法人员对于公民、法人或者其他组织违反税收征收管理程序的行为,当场作出税务行政处罚决定的行政处罚程序。

1. 简易程序的适用条件

(1) 案情简单、事实清楚、违法后果比较轻微且有法定依据应当给予处罚的违法行为;

(2) 给予的处罚较轻,仅适用于对公民处以 50 元以下和对法人或者其他组织处以 1 000 元以下罚款的违法案件。

2. 当场作出税务行政处罚的程序

税务行政执法人员当场作出税务行政处罚决定,应当按照下列程序进行:

(1) 向当事人出示税务行政执法身份证件;

(2) 告知当事人受到税务行政处罚的违法事实、依据和陈述申辩权;

(3) 听取当事人陈述申辩意见;

(4) 填写具有预定格式、编有号码的税务行政处罚决定书,并当场交付当事人。

税务行政执法人员当场制作的税务行政处罚决定书,应当报所属税务机关备案。

(二) 税务行政处罚的一般程序

除了适用简易程序的税务违法案件外,对于其他违法案件,税务机关在作出处罚决定之前都要经过立案、调查取证、告知与听证、审查、决定、执行程序。适用一般程序的案件是情节比较复杂,处罚比较重的案件。

1. 选案和立案

选案和立案是进行调查取证的前提,是查处税务行政违法行为的首要环节。税务机关通过行政管理或者社会公众的举报发现行政违法行为线索,再经过计算机或者人工归类对采集的案源进行选案,立案确定具体的调查对象。

2. 调查取证

调查是税务机关对当事人发生的违法行为经过检查、勘验、鉴定等手段获取证据,查清事实的过程。税务机关在进行调查或者进行检查时,执法人员不得少于两人,并应当向当事人或有关人员出示税务执法身份证件。当事人或有关人员应根据事实回答询问,并协助调查或者检查,不得阻挠。询问或者检查应当制作笔录。税务执法人员与当事人有直接利害关系的,应当回避。

3. 告知与听证

税务机关在作出行政处罚决定之前,应当告知当事人作出行政处罚决定的事实、理由及依据,并告知当事人依法享有的权利。因此,税务机关在对当事人的违法行为调查终结以后,必须及时以税务机关的名义向当事人发出《税务行政处罚事项告知书》,告知当事人查处情况。当事人有权进行陈述和申辩。

听证是税务机关在对当事人某些违法行为作出处罚决定之前，按照一定形式听取调查人员和当事人意见的程序。听证的范围是对公民作出 2 000 元以上（含本数）或者对法人或其他组织作出 1 万元以上（含本数）罚款的案件。要求听证的当事人，应当在收到《税务行政处罚事项告知书》后，3 日内向税务机关书面提出听证要求，逾期不提出的，视为放弃听证权利；税务机关应当在当事人提出听证要求后的 15 日内举行听证，并在举行听证的 7 日前，将《税务行政处罚听证通知书》送达当事人，通知当事人举行听证的时间、地点、主持人的情况。税务行政处罚听证主持人应由税务机关内设的非本案调查机构的人员（如法制机构工作人员）担任。

4. 审查

调查终结，行政机关负责人应当对调查结果进行审查，审查机构应对下列事项进行审查：

（1）调查机构认定的事实、证据和处罚建议适用的处罚种类、依据是否正确；

（2）调查取证是否符合法定程序；

（3）当事人陈述申辩的事实、证据是否成立；

（4）经听证的，当事人听证申辩的事实、证据是否成立。

审查机构应在自收到调查机构移交案卷之日起 10 日内审查终结，制作审查报告，并连同案卷材料报送税务机关负责人审批。

5. 决定

审查机构作出审查意见并报送税务机关负责人审批后，应当根据不同情况分别制作以下处理决定书再报税务机关负责人签发：

（1）确有应受行政处罚的违法行为的，根据情节轻重及具体情况，予以处罚；

（2）违法行为轻微，依法可以不予行政处罚的，不予行政处罚；

（3）违法事实不能成立，不得予以行政处罚；

（4）违法行为已构成犯罪的，移送司法机关。

税务机关作出罚款决定的同时制作《税务行政处罚决定书》并送达当事人。

6. 执行

税务行政处罚决定依法作出后，应当依法送达当事人执行。

税务行政处罚的执行，是指履行税务机关依法作出的行政处罚决定的活动。税务机关依法作出行政处罚决定后，当事人应当在行政处罚决定规定的期限内，予以履行。

税务机关对当事人作出罚款行政处罚决定的，当事人应当在收到税务行政处罚决定书之日起 15 日内，到指定的银行缴纳罚款。银行应当收受罚款，并将罚款直接上缴国库。

当事人在法定期限内不申请复议又不起诉，并且在规定期限内不履行的，税务机关可以对当事人每日按罚款数额的 3%加处罚款，并且依法采取下列措施强制执行：

（1）根据法律规定，将查封、扣押的财物拍卖、变卖或者将冻结的存款划拨抵缴罚款；

（2）申请人民法院强制执行。

当事人确有困难，需要延期或分期缴纳罚款的，经当事人申请和税务行政机关批准，可以暂缓或者分批缴纳。在暂缓或者分批缴纳的期限内，不加收罚款。

第二节 税务行政复议

税务行政复议，是指纳税人及其他行政相对人认为税务机关及其工作人员的某一具体行政行为侵害了自己的合法权益，依法向有复议权的税务机关申请复议，受理申请的税务机关依照法定程序对引起争议的具体行政行为进行审查并作出维持、变更、撤销等裁决的活动。税务行政复议既是依法保护纳税人、扣缴义务人税收权益的税收管理制度，也是保证税务机关依法行政的重要渠道。

为了防止和纠正违法或者不当的具体行政行为，保护公民、法人和其他组织的合法权益，保障和监督税务机关依法行使职权，根据《中华人民共和国行政复议法》、《中华人民共和国税收征收管理法》和其他有关规定，国家税务总局制定了《税务行政复议规则》，自 2010 年 4 月 1 日起施行。

一、税务行政复议的受案范围与管辖

（一）税务行政复议的受案范围

税务行政复议的受案范围是由法律明确规定的税务行政复议机关受理税务行政争议案件的范围。复议机关受理申请人对税务机关下列具体行政行为不服提出行政复议申请：

(1) 征税行为，包括确认纳税主体、征税对象、征税范围、减税、免税、退税、抵扣税款、适用税率、计税依据、纳税环节、纳税期限、纳税地点和税款征收方式等具体行政行为，征收税款、加收滞纳金，扣缴义务人、受税务机关委托的单位和个人作出的代扣代缴、代收代缴、代征行为等。

(2) 行政许可、行政审批行为。

(3) 发票管理行为，包括发售、收缴、代开发票等。

(4) 税收保全措施、强制执行措施。

(5) 行政处罚行为：

① 罚款；

② 没收财物和违法所得；

③ 停止出口退税权。

(6) 不依法履行下列职责的行为：

① 颁发税务登记；

② 开具、出具完税凭证、外出经营活动税收管理证明；

③ 行政赔偿；

④ 行政奖励；

⑤ 其他不依法履行职责的行为。

(7) 资格认定行为。

(8) 不依法确认纳税担保行为。

(9) 政府信息公开工作中的具体行政行为。

(10) 纳税信用等级评定行为。

(11) 通知出入境管理机关阻止出境行为。

(12) 其他具体行政行为。

除了上述具体行政行为外，税务行政复议还把部分抽象的行政行为也列入了受案范围。申请人认为税务机关的具体行政行为所依据的下列规定不合法，对具体行政行为申请行政复议时，可以一并向行政复议机关提出对有关规定的审查申请；申请人对具体行政行为提出行政复议申请时不知道该具体行政行为所依据的规定的，可以在行政复议机关作出行政复议决定以前提出对该规定的审查申请：

① 国家税务总局和国务院其他部门的规定；

② 其他各级税务机关的规定；

③ 地方各级人民政府的规定；

④ 地方人民政府工作部门的规定。

小思考

如何正确理解税务行政复议的受案范围？

（二）税务行政复议的管辖

税务行政复议的管辖，是指税务行政复议机关之间受理税务行政复议案件的权限划分。我国税务行政复议实行一级复议制，即由作出具体行政行为的税务机关的上一级税务机关管辖。具体的管辖范围包括一般管辖和特殊管辖。

1. 一般管辖

(1) 对各级国家税务局的具体行政行为不服的，向其上一级国家税务局申请行政复议。

(2) 对各级地方税务局的具体行政行为不服的，可以选择向其上一级地方税务局或者该税务局的本级人民政府申请行政复议。

省、自治区、直辖市人民代表大会及其常务委员会、人民政府对地方税务局的行政复议管辖另有规定的，从其规定。

(3) 对国家税务总局的具体行政行为不服的，向国家税务总局申请行政复议。对行政复议决定不服，申请人可以向人民法院提起行政诉讼，也可以向国务院申请裁决，国务院的裁决为最终裁决。

2. 特殊管辖

对下列税务机关的具体行政行为不服的，按照下列规定申请行政复议：

(1) 对计划单列市税务局的具体行政行为不服的，向省税务局申请行政复议。

(2) 对税务所(分局)、各级税务局的稽查局的具体行政行为不服的，向其所属税务局申请行政复议。

(3) 对两个以上税务机关共同作出的具体行政行为不服的，向共同上一级税务机关申请行政复议；对税务机关与其他行政机关共同作出的具体行政行为不服的，向其共同上一级行政机关申请行政复议。

(4) 对被撤销的税务机关在撤销以前所作出的具体行政行为不服的，向继续行使其职权的税务机关的上一级税务机关申请行政复议。

(5) 对税务机关作出逾期不缴纳罚款加处罚款的决定不服的,向作出行政处罚决定的税务机关申请行政复议。但是对已处罚款和加处罚款都不服的,一并向作出行政处罚决定的税务机关的上一级税务机关申请行政复议。

有上述(2)、(3)、(4)、(5)项所列情形之一的,申请人也可以向具体行政行为发生地的县级地方人民政府提出行政复议申请,由接受申请的县级地方人民政府依法转送。

二、税务行政复议的程序

(一) 税务行政复议申请

1. 税务行政复议参加人

(1) 税务行政复议的申请人

税务行政复议的申请人,是指认为税务机关的具体行政行为侵犯其合法权益,向税务行政复议机关申请行政复议的公民、法人和其他组织,也包括在中华人民共和国境内向税务机关申请行政复议的外国人、无国籍人和外国组织。

(2) 税务行政复议的被申请人

税务行政复议的被申请人是纳税人及其他当事人对税务机关的具体行政行为不服申请行政复议的,作出具体行政行为的税务机关。

(3) 税务行政复议的第三人

税务行政复议的第三人,是指与申请复议的具体行政行为有利害关系的个人或组织。所谓利害关系,一般是指经济上的债务债权关系、股权控股关系等。

第三人不参加行政复议,不影响行政复议案件的审理。

(4) 税务行政复议的代理人

税务行政复议的代理人,是指接受当事人委托,以被代理人的名义,在法律规定或当事人授予的权限范围内,为代理复议行为而参加复议的个人。

申请人、第三人可以委托 1 至 2 名代理人参加行政复议。被申请人不得委托本机关以外人员参加行政复议。

2. 申请的期限

申请人可以在知道税务机关作出具体行政行为之日起 60 日内提出行政复议申请。因不可抗力或者被申请人设置障碍等原因耽误法定申请期限的,申请期限的计算应当扣除被耽误时间,自障碍消除之日起继续计算。

税务机关作出具体行政行为,依法应当向申请人送达法律文书而未送达的,视为该申请人不知道该具体行政行为。

税务机关作出的具体行政行为对申请人的权利、义务可能产生不利影响的,应当告知其申请行政复议的权利、行政复议机关和行政复议申请期限。

3. 申请的法定要求

申请人对税务机关作出的征税行为不服的,应当先向复议机关申请行政复议;对复议决定不服的,再向人民法院提起行政诉讼。同时,需要强调的是,申请人要申请复议,必须先依照税务机关根据法律、行政法规确定的税额、期限,先行缴纳或者解缴税款及滞纳金或者提供相应的担保,只有在缴清税款和滞纳金后或者所提供的担保得到作出具体行政行为的税务机关确认之日起60日内提出行政复议申请。

作出具体行政行为的税务机关应当对抵押人、出质人提供的抵押担保、质押担保进行审查,对不符合法律规定的抵押担保、质押担保,不予确认。

申请人对税务机关作出的征税行为以外的其他具体行政行为不服,可以申请行政复议,也可以直接向人民法院提起行政诉讼。

4. 申请的方式

申请人申请行政复议,既可以书面申请,也可以口头申请。口头申请的,复议机关要当场记录申请人的基本情况、行政复议请求、申请行政复议的主要事实、理由和时间。

申请人向复议机关申请行政复议,复议机关已经受理的,在法定行政复议期限内申请人不得再向人民法院提起行政诉讼;申请人向人民法院提起行政诉讼,人民法院已经依法受理的,不得申请行政复议。

(二)税务行政复议受理

复议机关收到行政复议申请后,应当在5日内进行审查,决定是否受理。对不符合规定的,决定不予受理,并书面告知申请人。对于符合知申请人向有关复议机关提出。复议机关收到行政复议申请后未按规定期限审查并作出不予受理决定的,视为受理。对于符合规定的,自复议机关法制工作机构收到之日起即为受理,并应当书面告知申请人。对行政复议申请材料不齐全、表述不清楚的,行政复议机构可以自收到该行政复议申请之日起5日内书面通知申请人补正。补正通知应当载明需要补正的事项和合理的补正期限。无正当理由逾期不补正的,视为申请人放弃行政复议申请。补正申请材料所用时间不计入行政复议审理期限。

复议期间具体行政行为不停止执行。但有下列情形的,可以停止执行:一是被申请人认为需要停止执行的;二是复议机关认为需要停止执行的;三是申请人申请停止执行,复议机关认为其要求合理,决定停止执行的;四是法律规定停止执行的。

(三)税务行政复议审查

行政复议原则上采用书面审查的办法,但是申请人提出要求或者行政复议机构认为有必要时,应当听取申请人、被申请人和第三人的意见,并可以向有关组织和人员调查了解情况。对重大、复杂的案件,申请人提出要求或者行政复议机构认为必要时,可以采取听证的方式审理。除涉及国家秘密、商业秘密或者个人隐私的以外,听证应当公开举行。

复议机关应当客观公正地对被申请人作出的具体行政行为所依据的事实证据、法律程序、法律依据及设定的权利义务内容的合法性、适当性进行全面审查。

行政复议决定作出前,申请人要求撤回行政复议申请的,经行政复议机构同意,可以撤回。但是,被批准撤回,申请人不得以同一事实和理由重新申请复议。

（四）税务行政复议决定

1. 决定

税务行政复议机关，应当对被申请人作出的具体行政行为进行合法性与适当性审查，提出意见，经复议机关负责人同意，按照下列规定作出行政复议决定：

（1）具体行政行为认定事实清楚，证据确凿，适用依据正确，程序合法，内容适当的，决定维持。

（2）被申请人不履行法定职责的，决定其在一定期限内履行。

（3）具体行政行为有下列情形之一的，决定撤销、变更或者确认该具体行政行为违法；决定撤销或者确认该具体行政行为违法的，可以责令被申请人在一定期限内重新作出具体行政行为：

① 主要事实不清、证据不足的；

② 适用依据错误的；

③ 违反法定程序的；

④ 超越职权或者滥用职权的；

⑤ 具体行政行为明显不当的。

（4）被申请人不按照相关规定提出书面答复，提交当初作出具体行政行为的证据、依据和其他有关材料的，视为该具体行政行为没有证据、依据，决定撤销该具体行政行为。

（5）有下列情形之一的，行政复议机关可以决定变更：

① 认定事实清楚，证据确凿，程序合法，但是明显不当或者适用依据错误的；

② 认定事实不清，证据不足，但是经行政复议机关审理查明事实清楚，证据确凿的。

复议机关应当自受理复议申请之日起 60 日内作出复议决定。情况复杂，不能在规定期限内作出行政复议决定的，经复议机关负责人批准，可以适当延期，并告之申请人和被申请人，但延长期限最多不超过 30 日。

复议机关作出行政复议决定，应当制作行政复议决定书，并加盖印章。行政复议决定书一经送达，即发生法律效力。

2. 执行

被申请人应当履行行政复议决定。被申请人不履行或者无正当理由拖延履行行政复议决定的，复议机关或者有关上级行政机关应当责令其限期履行。申请人、第三人逾期不起诉又不履行行政复议决定的，或者不履行最终裁决的行政复议决定的，按照下列规定分别处理：

（1）维持具体行政行为的行政复议决定，由作出具体行政行为的税务机关依法强制执行，或者申请人民法院强制执行；

（2）变更具体行政行为的行政复议决定，由行政复议机关依法强制执行，或者申请人民法院强制执行。

（五）税务行政复议的和解与调解

1. 适用范围

对下列行政复议事项，按照自愿、合法的原则，申请人和被申请人在复议机关作出行政

复议决定以前可以达成和解,复议机关也可以调解:

(1) 行使自由裁量权作出的具体行政行为,如行政处罚、核定税额、确定应税所得率等;

(2) 行政赔偿;

(3) 行政奖励;

(4) 存在其他合理性问题的具体行政行为。

申请人和被申请人达成和解的,应当向复议机构提交书面和解协议。和解内容不损害社会公共利益和他人合法权益的,复议机构应当准许。经复议机构准许和解终止行政复议的,申请人不得以同一事实和理由再次申请行政复议。

2. 税务行政复议调解应当符合下列要求

(1) 尊重申请人和被申请人的意愿;

(2) 在查明案件事实的基础上进行;

(3) 遵循客观、公正和合理原则;

(4) 不得损害社会公共利益和他人合法权益。

3. 税务行政复议机关按照下列程序调解

(1) 征得申请人和被申请人同意;

(2) 听取申请人和被申请人的意见;

(3) 提出调解方案;

(4) 达成调解协议;

(5) 制作行政复议调解书。

行政复议调解书应当载明行政复议请求、事实、理由和调解结果,并加盖复议机关印章。行政复议调解书经双方当事人签字,即具有法律效力。调解未达成协议,或者行政复议调解书不生效的,复议机关应当及时作出行政复议决定。申请人不履行行政复议调解书的,由被申请人依法强制执行,或者申请人民法院强制执行。

小思考

行政复议调解书具有法律效力吗?

第三节　税务行政诉讼

税务行政诉讼,是指公民、法人和其他组织认为税务机关及其工作人员的具体税务行政行为违法或者不当,侵犯了其合法权益,依法向人民法院提起诉讼,由人民法院对具体税务行政行为的合法性和适当性进行审理并作出裁决的司法活动。税务行政诉讼活动的主要法律依据是《中华人民共和国行政诉讼法》(以下简称《行政诉讼法》)。由于税务行政诉讼具有税收专业自身的一些特点,为了规范税务机关的应诉行为,1995 年 1 月,国家税务总局发布了《税务行政应诉工作规程(试行)》。

一、税务行政诉讼的受案范围与管辖

（一）税务行政诉讼的受案范围

税务行政诉讼的受案范围是指人民法院对税务机关的哪些行为拥有司法审查权。界定税务行政诉讼的受案范围，便于明确人民法院、税务机关及其他国家机关间在解决税务行政争议方面的分工和权限。通常，税务行政诉讼的受案范围包括：

（1）税务机关作出的征税行为；

（2）税务机关作出的责令纳税人提交纳税保证金或者纳税担保行为；

（3）税务机关作出的行政处罚行为；

（4）税务机关作出的通知出境管理机关阻止出境行为；

（5）税务机关作出的税收保全措施；

（6）税务机关作出的税收强制执行措施；

（7）认为符合法定条件申请税务机关颁发税务登记证和发售发票，税务机关拒绝颁发、发售或者不予答复的行为；

（8）税务机关的复议行为。

（二）税务行政诉讼的管辖

税务行政诉讼管辖，是指人民法院之间受理第一审税务行政诉讼案件的职权分工。具体分为级别管辖、地域管辖和裁定管辖。

1. 级别管辖

级别管辖，是指上下级人民法院之间受理第一审税务案件的分工和权限。基层人民法院管辖除上级法院管辖的第一审税务行政案件以外的所有的第一审税务刑侦案件，即一般性的税务行政案件；中、高级人民法院管辖本辖区内重大、复杂的第一审税务行政案件；最高人民法院管辖全国范围内的重大、复杂的第一审税务行政案件。

2. 地域管辖

地域管辖，是指同级人民法院之间受理第一审税务案件的分工和权限，包括一般地域管辖和特殊地域管辖。

（1）一般地域管辖

一般地域管辖，是指按照最初作出具体行政行为的税务机关所在地确定管辖法院，适用于一般行政案件。

（2）特殊地域管辖

特殊地域管辖，是指根据特殊行政法律关系或特殊行政法律关系所指的对象确定管辖法院。经过税务行政复议且复议机关改变原具体行政行为的案件，由原告选择最初作出具体行政行为的税务机关所在地法院或者复议机关所在地法院管辖；经复议的案件，也可以由复议机关所在地人民法院管辖。

3. 裁定管辖

裁定管辖，是指人民法院以裁定或确定的方式，决定税务行政诉讼案件的管辖权，包括移送管辖、指定管辖及转移管辖。

(1) 移送管辖

移送管辖,是指人民法院发现受理的税务行政案件不属于自己管辖时,将其移送给有管辖权的人民法院。

(2) 指定管辖

指定管辖,是指上级人民法院以裁定的方式,指定某下级人民法院管辖某一案件。

(3) 转移管辖

转移管辖,是指上级人民法院有权审理下级人民法院管辖的第一审税务行政案件,也可以将自己管辖的第一审行政案件移交下级人民法院审判。

二、税务行政诉讼的程序

税务行政诉讼主要包括起诉、受理、审理、判决和执行等程序。

(一) 税务行政诉讼起诉

税务行政诉讼起诉,是指公民、法人或者其他组织认为自己的合法权益受到税务机关行政行为的侵害,而向人民法院提出诉讼请求,要求人民法院刑事审判权,依法予以保护的诉讼行为。

纳税人及其他当事人在提起税务行政诉讼时,必须符合下列条件:

(1) 原告是认为具体行政行为侵犯其合法权益的公民、法人或其他组织;

(2) 有明确的被告;

(3) 有具体的诉讼请求和事实、法律根据;

(4) 属于法院的受案范围和受诉法院管辖。

此外,提起税务行政诉讼,还必须符合法定的期限和必经的程序。纳税人及其他当事人对税收机关作出的征税行为,不服的,必须先向复议机关申请行政复议,对行政复议决定不服的,可以在接到复议决定书之日起 15 日内向人民法院提起诉讼。对其他具体行政行为不服的,当事人可以在接到通知或者知道之日起 15 内直接向人民法院起诉。

税务机关作出具体行政行为时,未告知当事人诉权或起诉期限,致使当事人逾期向人民法院起诉的,其起诉期限从当事人实际知道诉权或者起诉期限时计算。但最长不得超过 2 年。

(二) 税务行政诉讼受理

受理,是指原告起诉,经人民法院审查,认为符合起诉条件并立案审理的行为。

人民法院对当事人的起诉,一般从以下几个方面审查并作出是否受理的决定:一是审查是否属于法定诉讼受案范围;二是审查是否具备法定的起诉条件;三是审查是否已经受理或者正在受理;四是审查是否有管辖权;五是审查是否符合法定的期限;六是审查是否经过必经复议程序。

人民法院接到诉状时,对符合诉讼条件的,应当登记立案。对当场不能判定是否符合起诉条件的,应当接受起诉状,出具注明收到日期的书面凭证,并在 7 日内决定是否立案。不符合起诉条件的，作出不予立案的裁定。裁定书应当载明不予立案的理由。原告对不予受理的裁定不服的，可以提起上诉。

人民法院既不立案，又不作出不予立案裁定的，当事人可以向上一级人民法院起诉。上一级人民法院认为符合起诉条件的，应当立案、受理，也可以指定其下级人民法院立案、审理。

（三）税务行政诉讼判决和执行

人民法院对税务行政诉讼案件审理之后，根据不同的情况，分别作出以下判决：

（1）维持判决。适用于具体行政行为证据确凿，适用法律、法规正确，符合法定程序的案件。

（2）撤销判决。被诉的具体行政行为有下列情形之一的，判决撤销或者部分撤销其行为，并可以判决重新作出具体行政行为：主要证据不足；适用法律、法规错误；违反法定程序；超越职权；滥用职权的。

（3）履行判决。被告不履行或者拖延履行法定职责的，判决其在一定期限内履行法定职责。

（4）变更判决。税务行政处罚显失公正的，可以判决变更。

对人民法院一审判决不服的，当事人可以向上一级人民法院提起上诉。对发生法律效力的判决，当事人必须执行，否则人民法院有权依对方当事人的申请予以强制执行。

小思考

税务行政诉讼中复议前置的情形有哪些？

第四节　税务行政赔偿

税务行政赔偿，是指税务机关及其工作人员在税收执法的过程中，违法行使职权给纳税人及其他当事人的合法权益造成损害，由国家承担赔偿责任，并由税务机关具体履行赔偿义务的一项法律制度。1994 年 5 月，第八届全国人大常委会第 7 次会议通过了《中华人民共和国国家赔偿法》。2010 年 4 月 29 日和 2012 年 10 月 26 日，全国人大常委会对《中华人民共和国国家赔偿法》进行了两次修正。

一、税务行政赔偿的范围和请求时效

（一）税务行政赔偿的范围

税务行政赔偿的范围是指税务机关对本机关及其工作人员在行使职权时给受害人造成的损害予以赔偿。依据国家赔偿法的规定，税务行政赔偿的范围包括以下几项。

1. 侵犯人身权的赔偿

（1）非法拘禁纳税人和其他税务当事人或者以其他方式剥夺纳税人和其他税务当事人

人身自由的。

(2) 以殴打、虐待等行为或者唆使、放纵他人以殴打、虐待等行为造成纳税人和其他税务当事人身体伤害或者死亡的。

(3) 造成纳税人和其他税务当事人身体伤害或者死亡的其他违法行为的。

2. 侵犯财产权的赔偿

(1) 违法征收税款及滞纳金的。

(2) 对纳税人和其他税务当事人违法实施罚款、没收财物等行政处罚的。

(3) 对纳税人和其他税务当事人违法采取强制执行措施或者税收保全措施的,以及采取强制执行措施或者税收保全措施不当的。

(4) 违反国家规定向纳税人和其他税务当事人征收财物、摊派费用的。

(5) 造成纳税人和其他税务当事人财产损害的其他违法行为。

3. 税务机关不承担赔偿责任的情形

一般情况下,有损害必须赔偿,但在法定情况下,虽有损害发生,国家也不予赔偿。国家赔偿法规定了一些情形作为行政赔偿的例外,具体包括:

(1) 税务机关工作人员与行使行政管理职权无关的个人行为。

(2) 因纳税人和其他税务当事人自己的行为致使损害发生的。

(3) 法律规定的其他情形。

(二) 税务行政赔偿的请求时效

税务行政赔偿请求人请求国家赔偿的时效为 2 年,自其知道或者应当知道税务机关及其工作人员行使职权时的行为侵犯其人身权、财产权之日起计算,但被羁押等限制人身自由期间不计算在内。在申请行政复议或者提起行政诉讼时一并提出赔偿请求的,适用行政复议法、行政诉讼法有关时效的规定。如果税务行政赔偿请求人在赔偿请求时效的最后 6 个月内,因不可抗力或者其他障碍不能行使请求权的,时效中止。从中止时效的原因消除之日起,赔偿请求时效期间继续计算。

二、税务行政赔偿的程序

(一) 赔偿请求的提出

税务行政赔偿请求人应当先向负有赔偿义务的税务机关提出赔偿要求,也可以在申请行政复议或者提起行政诉讼时一并提出。其赔偿的项数可以是一项,也可以是数项。在共同税务职务行为侵害赔偿案件中,赔偿请求人可以向共同赔偿义务机关中的任何一个赔偿义务机关要求赔偿,该赔偿义务机关应当先予赔偿。

赔偿请求人要求赔偿应当递交申请书,赔偿请求人书写申请书确有困难的,可以委托他人代书;也可以口头申请,由赔偿义务机关记入笔录。

赔偿请求人不是受害人本人的,应当说明与受害人的关系,并提供相应证明。

赔偿请求人当面递交申请书的,赔偿义务机关应当当场出具加盖本行政机关专用印章并注明收讫日期的书面凭证。申请材料不齐全的,赔偿义务机关应当当场或者在 5 日内一次性告知赔偿请求人需要补正的全部内容。

（二）赔偿请求的处理

赔偿义务机关应当自收到申请之日起 2 个月内，作出是否赔偿的决定。赔偿义务机关作出赔偿决定，应当充分听取赔偿请求人的意见，并可以与赔偿请求人就赔偿方式、赔偿项目和赔偿数额依照有关的规定进行协商。

赔偿义务机关决定赔偿的，应当制作赔偿决定书，并自作出决定之日起 10 日内送达赔偿请求人。

赔偿义务机关决定不予赔偿的，应当自作出决定之日起 10 日内书面通知赔偿请求人，并说明不予赔偿的理由。

赔偿义务机关在规定期限内未作出是否赔偿的决定，赔偿请求人可以自期限届满之日起 3 个月内，向人民法院提起诉讼。

赔偿请求人对赔偿的方式、项目、数额有异议的，或者赔偿义务机关作出不予赔偿决定的，赔偿请求人可以自赔偿义务机关作出赔偿或者不予赔偿决定之日起 3 个月内，向人民法院提起诉讼。

人民法院审理税务行政赔偿案件，赔偿请求人和赔偿义务机关对自己提出的主张，应当提供证据。

赔偿义务机关采取行政拘留或者限制人身自由的强制措施期间，被限制人身自由的人死亡或者丧失行为能力的，赔偿义务机关的行为与被限制人身自由的人的死亡或者丧失行为能力是否存在因果关系，赔偿义务机关应当提供证据。

（三）税务行政追偿

税务机关向税务行政赔偿请求人赔偿了损失后，应当责令有故意或者重大过失的工作人员或者受委托的组织或者个人承担部分或者全部赔偿费用。

对有故意或者重大过失的责任人员，应当依法给予行政处分；构成犯罪的，应当依法追究刑事责任。

三、税务行政赔偿的方式

（一）支付赔偿金

支付赔偿金，是指在计算受害者所受损害的程度后，以支付货币的形式给予受害者相应的赔偿。它是国家赔偿的主要方式。其特点是使用范围广和便于操作，是一种较为理想的赔偿方式。

（二）返还财产

返还财产，是指税务机关将违法取得的财产返还给受害人的赔偿方式。适用返还财产的前提是财产或原物存在，如果原物已经损毁或灭失，也就不存在返还财产的问题了。应当注意的是，返还财产应当包括财产在相对人失去控制期间的孳息物。

（三）恢复原状

恢复原状，是指赔偿义务机关按照受害人的愿望和要求，使被损害的物体或关系恢复到损害发生之前的状态或性能。当恢复原状比赔偿金赔偿更容易、更便捷时，才使用恢复原状的赔偿方式。

除了以上三种经济赔偿方式以外，如果税务机关及其工作人员的职务违法行为，致人精神损害的，应当在侵权行为影响的范围内，为受害人消除影响，恢复名誉，赔礼道歉；造成严重后果的，应当支付相应的精神损害抚慰金。

课后讨论

甲公司为某市一家新成立企业，甲公司在成立当期没有应税收入，因此该公司会计人员没有进行纳税申报，而次月当会计人员到主管税务部门办理其他业务时，税收管理员告诉该公司的会计人员，由于该公司没有按期进行申报，要处以500元罚款。

该会计人员不解，公司并没有应税收入，也没有应纳税款，不进行纳税申报为何还要受到处罚？如果企业申请税务行政复议，税务行政复议与其他行政复议有何不同？

练习题

一、单选题

1. 纳税人伪造、变造、隐匿、擅自销毁账簿、记账凭证，或者在账簿上多列支出或者不列、少列收入，或者经税务机关通知申报而拒不申报或者进行虚假的纳税申报，不缴或者少缴应纳税款的行为是（　　）。

A. 骗税　　B. 抗税　　C. 偷税　　D. 漏税

2. 下列不会承担刑事责任的行为是（　　）。

A. 偷税　　B. 不进行申报

C. 逃避追缴税款　　D. 抗税

3. 纳税人伪造、变造、隐匿、擅自销毁账簿、记账凭证，或者在账簿上多列支出或者不列、少列收入，或者经税务机关通知申报而拒不申报或者进行虚假的纳税申报，不缴或者少缴应纳税款的行为是（　　）。

A. 骗税　　B. 抗税　　C. 偷税　　D. 漏税

4. 下列不会承担刑事责任的行为是（　　）。

A. 偷税　　B. 不进行申报

C. 逃避追缴税款　　D. 抗税

5. 符合一个行政违法构成要件的行为，除法律有特别规定外，行政主体只能给予一个和一次处罚，指的是税务行政处罚原则中的（　　）。

A. 过罚相当原则　　B. 一事不二罚原则

C. 以事实为依据原则　　D. 处罚与教育相结合原则

6. 被查对象或者其他涉税当事人要求听证的，应当依法组织听证。听证主持人由（　　）担任。

A. 检查人员

B. 税政法规人员

C. 税务机关内设的非本案调查机构的人员

D. 上级税务机关安排的人员

7. 税务机关对当事人作出罚款行政处罚决定的，当事人应当在收到税务行政处罚决定书之日起(　　)日内，到指定的银行缴纳罚款。

A. 10　　B. 15　　C. 30　　D. 60

8. 对行政复议决定不服的，申请人可以向(　　)提起行政诉讼。

A. 人民法院　　B. 仲裁委员会　　C. 国税总局　　D. 财政部

9. 税务行政复议机关应当自收到复议申请之日起(　　)日内作出复议决定。

A. 60　　B. 30　　C. 20　　D. 10

10. 税务行政赔偿请求人应当向(　　)提出赔偿要求。

A. 作出具体税务行政行为的税务人员　　B. 负有赔偿义务的税务机关

C. 负有赔偿义务的上级税务机关　　D. 国家税务总局

二、多选题

1. 下列属于偷税行为的是(　　)。

A. 纳税人伪造、变造、隐匿、擅自销毁账簿、记账凭证

B. 在账簿上多列支出或者不列、少列收入

C. 经税务机关通知申报而拒不申报或者进行虚假的纳税申报

D. 不缴或者少缴应纳税款的

2. 下列违反税务管理基本规定的行为中，经税务机关责令限期改正，处 2 000 元以下的罚款；情节严重的，处以 2 000 元以上 10 000 元以下的罚款的是(　　)。

A. 未按照规定的期限申报办理税务登记、变更或注销登记的

B. 未按照规定设置、保管账簿或保管记账凭证和有关资料的

C. 未按照规定使用税务登记证件，或者转借、涂改、损毁、买卖、伪造税务登记证件的

D. 未按照规定安装、使用税控装置或损毁或擅自改动税控装置的

3. 现行的税务行政处罚种类包括(　　)。

A. 罚款　　B. 没收财务非法所得

C. 停止出口退税权　　D. 行政拘留

4. 下列关于税务行政复议申请的有关说法正确的有(　　)。

A. 申请人对税务机关作出的征税行为不服的，应当先向复议机关申请行政复议

B. 申请人对复议决定不服的，再向人民法院提起行政诉讼

C. 申请人要申请复议，必须先依照税务机关根据法律、行政法规确定的税额、期限，先行缴纳或者解缴税款及滞纳金或者提供相应的担保

D. 申请人可以在知道税务机关作出具体行政行为之日起 90 日内提出行政复议申请

5. 纳税人及其他当时人在提起税务行政诉讼时，应符合的条件包括(　　)。

A. 原告是认为具体行政行为侵犯其合法权益的公民、法人或其他组织

B. 有明确的被告

C. 有具体的诉讼请求和事实、法律根据

D. 属于法院的受案范围和受诉法院管辖

6. 下列属于税务行政赔偿的构成要件的有(　　)。

A. 侵权主体是行使国家税收征管职权的税务机关及其工作人员，并且必须是税务机关及其工作人员行使税收征管职权的行为

B. 必须是行使税收征管职权的行为具有违法性

C. 必须有公民、法人和其他组织的合法权益受到损害的事实

D. 必须是违法行为与损害后果有因果关系

7. 下列关于税务行政赔偿说法正确的有(　　)。

A. 税务行政赔偿由国家承担赔偿责任

B. 税务行政赔偿由税务机关承担赔偿责任

C. 税务行政赔偿由税务工作人员履行赔偿义务

D. 税务行政赔偿由税务机关履行赔偿义务

8. 税务行政赔偿的方式包括(　　)。

A. 支付赔偿金　　B. 返还财产

C. 恢复原状　　D. 支付精神损害慰问金

三、判断题

1. 对骗取国家出口退税款的，税务机关可以在规定期间内停止为其办理出口退税。(　　)

2. 税务机关给予税务行政处罚时，防止偏听偏信，并且应使当事人了解违法行为的性质，并给其申辩的机会。(　　)

3. 根据税务行政处罚的设定原则，税务形成处罚的种类是固定不变的。(　　)

4. 税务机关在进行调查或者进行检查时，执法人员不得少于两人，并应当向当事人或有关人员出示税务执法身份证件。(　　)

5. 税务行政复议制度是保护纳税人、扣缴义务人税收权益的税收管理制度，同时保障和监督税务机关依法行使职权。(　　)

6. 申请人向复议机关申请行政复议，复议机关已经受理的，在法定行政复议期限内申请人可以向人民法院提起行政诉讼。(　　)

7. 税务行政诉讼的受案范围不包括税务机关的复议行为。(　　)

8. 税务行政赔偿请求人在申请行政复议或者提起行政诉讼时一并提出赔偿请求的，适用行政复议法、行政诉讼法有关时效的规定。(　　)

四、案例分析题

1. 某企业是一家国有建筑施工企业，今年6月，该市地税稽查局在对该企业进行正常纳税检查时发现其存在虚假纳税申报的情况，经进一步核实后，认定为偷税，并作出对所偷税款0.5倍罚款的处罚。该企业感到冤枉，并认为自己并没有故意偷税的念头，的确是建设单位一直拖欠工程款，造成企业资金严重短缺，拿不出钱缴税，只好将申报表中的应税收入额改小了，待将来有所缓解后，再把欠税补上去。何况其企业账簿上已如实记载了“工程施工收入”及应计提的税金，这种情况是否应受罚？

2. 个体工商户王某于2015年5月10日领取营业执照，并开始从事生产经营活动，同年8月25日，该县地税局在漏征漏管户清理工作中，发现王某未向地税机关申请办理税务登记，也未申报纳税（应纳税款共计5 000元）。该县地税局于是对王某未按规定期限办理税务登记的行为，责令限期改正，依照法定程序作出罚款1 000元的决定；对未申报纳税的行为，责令限期改正，同时依照法定程序作出追缴税款及加收滞纳金、并处未缴税款3倍即15 000元罚款的决定。王某对此不服，于是在接到税务处理和处罚决定书后的第二天向市地税局申请行政复议。问：对王某的行政复议申请，市地税局应该受理吗？

3. 某事一家建材公司，主营业务为销售散装水泥，2016年3月该公司将散装水泥改为袋装水泥，并在水泥价款之外以每条4元的价格向客户售出水泥袋20 000条，收取水泥袋款80 000元，计入与水泥袋厂的往来账户中。当年5月15日，该市国税稽查局在对该建材公司的税务检查中发现，以上水泥袋收入没有申报纳税，在依法履行了告知程序后，于5月20日作出税务处理决定书，责令该建材公司于5月30日前，补交税款及滞纳金，同时处于所欠税款6倍的罚款。建材公司承认其水泥贷款收入应缴纳税款，但对于税务机关的6倍罚款不服，在交纳了税款和滞纳金后，于5月23日向人民法院提起税务行政诉讼，人民法院受理此案，5月28日，税务机关采取强制执行措施，从建材公司的银行账户中划走罚款。

根据以上材料分析：

(1) 税务机关的行政行为是否有不当之处；

(2) 建材公司是否可以不经复议直接提起行政诉讼。

参考文献

[1] 中国注册会计师协会. 税法[M]. 北京：经济科学出版社，2016.
[2] 全国税务师职业资格考试教材编写组. 税法(Ⅰ)[M]，北京：中国税务出版社，2016.
[3] 全国税务师职业资格考试教材编写组. 税法(Ⅱ)[M]，北京：中国税务出版社，2016.
[4] 马海涛. 中国税制[M]. 北京：中国人民大学出版社，2014.
[5] 伊虹，王建聪. 税法实务[M]. 北京：清华大学出版社，2016.
[6] 黄桦. 税收学[M]. 北京：中国人民大学出版社，2014.

相关法规：

[1] 全国人民代表大会. 中华人民共和国企业所得税法. 2007-03-16.
[2] 全国人民代表大会. 中华人民共和国个人所得税法. 2011-06-30.
[3] 全国人民代表大会. 中华人民共和国车船税法. 2011-02-25.
[4] 全国人民代表大会. 中华人民共和国税收征管法. 2001-04-28.
[5] 国务院. 中华人民共和国发票管理办法，2010-12-20.
[6] 国务院. 中华人民共和国增值税暂行条例，2008-11-10.
[7] 国务院. 中华人民共和国消费税暂行条例，2008-11-10.
[8] 国务院. 中华人民共和国车辆购置税暂行条例，2000-10-22.
[9] 国务院. 中华人民共和国耕地占用税暂行条例，2007-12-01.
[10] 国务院. 中华人民共和国房产税暂行条例，1986-09-15.
[11] 国务院. 中华人民共和国资源税暂行条例，2011-09-30.
[12] 国务院. 中华人民共和国印花税暂行条例，1988-08-06.
[13] 国务院. 中华人民共和国土地增值税暂行条例，1993-12-13.
[14] 国务院. 中华人民共和国城镇土地使用税暂行条例，2006-12-31.
[15] 国务院. 中华人民共和国契税暂行条例，1997-07-07.
[16] 国务院. 中华人民共和国企业所得税法实施条例，2007-12-06.
[17] 国务院. 中华人民共和国个人所得税法实施条例，2011-07-19.
[18] 国务院. 中华人民共和国车船税法实施条例，2011-12-05.
[19] 财政部、国家税务总局. 中华人民共和国增值税暂行条例实施细则，2008-12-18.
[20] 财政部、国家税务总局. 中华人民共和国消费税暂行条例实施细则，2008-12-18.
[21] 财政部 国家税务总局. 关于全面推开营业税改征增值税试点的通知. 财税〔2016〕36. 2016-03-23 颁布，2016-05-01 施行.